“十四五”时期国家重点出版物出版专项规划项目

国宏智库丛书（2021）

新时代城乡区域发展体系研究

XINSHIDAI CHENGXIANG QUYU FAZHAN TIXI YANJIU

张燕　申兵　等著

中国计划出版社
北　京

图书在版编目（CIP）数据

新时代城乡区域发展体系研究 / 张燕等著. -- 北京：中国计划出版社，2022.3
（国宏智库丛书. 2021）
ISBN 978-7-5182-1346-7

Ⅰ. ①新… Ⅱ. ①张… Ⅲ. ①城乡建设－区域经济发展－研究－中国 Ⅳ. ①F299.27

中国版本图书馆CIP数据核字（2021）第191614号

责任编辑：赵　瑜　　　　封面设计：锋尚设计
责任校对：杨奇志　谭佳艺　　责任印制：李　晨

中国计划出版社出版发行
网址：www.jhpress.com
地址：北京市西城区木樨地北里甲11号国宏大厦C座3层
邮政编码：100038　电话：（010）63906433（发行部）
北京虎彩文化传播有限公司印刷

787mm×1092mm　1/16　25.75印张　350千字
2022年3月第1版　2022年3月第1次印刷

定价：89.00元

总　序

自 1999 年以来，我院每年都从课题研究中，选出一些社会各界较为关注的优秀成果，结集为《中国宏观经济丛书》和《中国经济学术基金丛书》公开出版。自 2015 年入选首批国家高端智库试点单位以来，我院进一步加强智库建设，连续几年在全国智库排名中位居前列。为进一步加大对优秀研究成果的宣传力度，持续扩大我院的学术影响力、决策影响力、社会影响力和国际影响力，我们进一步整合院内优秀研究成果，将原有丛书合并为《国宏智库丛书》品牌，以更有效地加强与同行的学术交流，更好地为经济管理部门、科研机构和社会各界提供服务。

《国宏智库丛书》（2021）是我院优秀课题研究成果的集合，研究领域围绕中央提出的现代化经济体系建设的主要内容，对产业体系、市场体系、收入分配体系、城乡区域发展体系、全面开放体系和经济体制进行系统研究，形成系列成果。

由于水平所限，丛书内容难免有不足之处。诚恳期待社会各界进行批评指正，以帮助我们不断提高研究水平和丛书质量。

中国宏观经济研究院

2021 年 3 月

前　言

2018年1月30日，习近平总书记在主持中共中央政治局第三次集体学习时指出："建设现代化经济体系是一篇大文章，既是一个重大理论命题，更是一个重大实践课题，需要从理论和实践的结合上进行深入探讨。"其中，建设彰显优势、协调联动的城乡区域发展体系是现代化经济体系建设的重要任务之一，就是要"实现区域良性互动、城乡融合发展、陆海统筹整体优化，培育和发挥区域比较优势，加强区域优势互补，塑造区域协调发展新格局"。应该说，关于城乡、区域和陆海关系的研究由来已久，但将这三方面统一起来构建城乡区域发展体系，目前还鲜有这方面的研究尝试，需要从更宏大、更系统的视角来阐释。当前，优化构建我国城乡区域发展体系，要紧扣中国特色社会主义新时代背景条件的深刻变化，按照高质量发展要求，着眼有力服务支撑现代化经济体系建设。在研究过程中，本书课题组总体上把握以下几个方面的技术路径：

一是把握时代背景，顺应新要求新变化。构建彰显优势、协调联动的城乡区域发展体系是在中国特色社会主义进入新时代、国内外环境发生重大变化这一深刻背景下提出的，课题组将深入分析新时代背景和发展环境的变化，反映在城乡区域发展层面的新表现新动向作为研究的认识起点。

二是扎实做好调研，发现新条件新问题。课题组先后到国内东中西和东北四大板块十多个省（区、市）做了实地调研，了解当前城乡区域发展的一些新情况新态势，并以问题为导向开展本课题研究。课题组主要成员还赴欧洲就欧盟促进区域协调发展的最新进展和政策措施等进行了专题调研。

三是重视专家咨询意见，抓住关键性问题研究。在课题研究过程中，通过组织专家咨询会、研讨会等方式，邀请了多位专家对课题研究提出了诸多宝贵的指导性意见和建议，课题组认真梳理，逐一对照、充分吸收到研究中，确保课题研究能够抓住关键性问题，聚焦重大思路、重点任务和重要举措。

四是做好基础性分析，务求研究有理有据。在开展文献观点综述的基础上，特别重视对基础性数据的深入分析和对比研究，以及对政策文件的系统性梳理，切实为研究得出的主要思路和观点的形成提供有力支撑。

通过研究，我们形成了一些总体认识、判断和结论。

一是深化理论和时代背景认识。城乡区域发展体系是一个国家或地区经济体系的空间表达，是人地关系的重要内容，在人类社会发展不同阶段和不同制度框架下，城乡区域发展系统会表现出不同的演化状态和趋势，总体上趋向高级化形态和更高质量的状态演进。当今世界生产力和生产关系正发生深刻的变革，推动我国城乡区域发展从简单的“路径依赖”走向通过“延续、破坏与创新重塑”形成的新体系，将不断优化提升城乡区域发展的形态和质态。

二是梳理新内涵和框架。中国特色社会主义新时代赋予城乡区域发展体系五个方面新的内涵要义，即比较优势充分发挥、要素资源顺畅流动、空间结构优化重塑、城乡区域共同发展和承载能力夯实提升。从框架上看，现代化经济空间格局是新时代城乡区域发展体系的主体形态，比较优势新版图是基础，城乡区域协调联动是路径，城乡融合发展、区域良性互动、陆海统筹优化是内在特征。

三是明确重点任务。紧扣高质量发展要求，着眼服务支撑现代化经济体系建设，破除城乡区域发展不平衡不充分瓶颈，提出城乡区域发展体系构建的重点任务，包括优化重塑现代化经济体系新版图，搭建城乡区域动态演化、梯级联动的比较优势体系，以协调“人地钱”关系为关键推动城乡融合发展，以深化分工协作为抓手促进区域良性互动，以陆促海积极拓展蓝色发展空间等。

四是强化重要对策举措落地。坚持问题导向、目标导向和结果导向，加强顶层设计，突出战略导向，紧抓“牛鼻子”问题，从搭建现代化经济体系的区域动力梯队，增强农村、欠发达地区和海洋发展新动能，建立健全城乡区域协调发展新机制，分类分步推进区域市场一体化建设，构建精准有力的城乡区域政策体系，适时推动建设跨区域重大基础设施工程等方面提出了具体的对策、举措和建议。

本书是国家发展改革委宏观经济研究院 2018 年度重点课题成果，在课题研究开题立项、中期验收和最终成果验收过程中，国家发展改革委宏观经济研究院学术委员会多位专家给予了悉心指导。在研究过程中，课题组还得到了国家发展改革委地区经济司、国家发展改革委地区振兴司、海南省发展改革委、泉州市丰泽区创建大众创业万众创新示范基地工作领导小组办公室等单位的大力支持。国家发展改革委国土开发与地区经济研究所的领导和同事们对研究工作给予了诸多的指导和帮助。特别是时任国家发展改革委国土开发与地区经济研究所所长史育龙研究员先后提了很多有益的意见建议。国家发展改革委宏观经济研究院科研部领导和同事也给予了热情指导支持。在此一并表示衷心感谢！

本书各章执笔人如下：

第一章：张燕、申兵；第二章：汪阳红；第三章：李智；第四章：李爱民；第五章：姚鹏；第六章：刘堃；第七章：王继源；第八章：贾若祥；第九章：张燕、李智、李爱民、王继源；第十章：张燕、王继源、窦红涛；第十一章：

张燕、王继源、窦红涛；第十二章：张燕、赵国营；第十三章：张燕、朱雄军；第十四章：王继源、张燕；第十五章：王继源、贾若祥、张燕；第十六章：张燕。窦红涛还负责了文字校对工作。全书由张燕、申兵进行结构设计和修改定稿。

本书从研究到成稿到交付出版，离不开课题组每一位成员的辛勤付出，是大家共同劳动的结晶。尽管课题组付出了艰辛的努力，但受时间、精力和研究水平等方面限制，书中还存在诸多不足，有不少问题有待今后深化探究，欢迎读者批评指正，不吝赐教，共同推动该领域研究不断深化。

张燕

2021 年 8 月

目　录

总 论 篇

分 论 篇

案　例　篇

总 论 篇

第一章
建设彰显优势、协调联动的城乡区域发展体系

内容提要：当今世界生产力和生产关系正在发生深刻的变革，推动我国城乡区域发展从简单的“路径依赖”走向通过“延续、破坏与创新重塑”形成的新体系。本章在深化对时代背景、城乡区域发展体系内涵框架和存在突出问题等方面认知的基础上，深入研究了新时代建设城乡区域发展体系需要推进的三大重点任务，即优化重塑现代化经济体系新版图、充分彰显城乡区域比较优势和促进城乡区域协调联动发展，并从搭建区域梯队、培育新动能、建立新机制、促进市场一体化、完善政策体系和实施重大工程等方面提出了具体的对策建议。

城乡区域发展体系是一个国家或地区经济体系的空间表达，既反映了经济要素在空间上的配置效率，也体现了经济发展在城乡之间、区域之间的协调水平和公平程度，并由此决定了经济社会发展质量的高低。2018 年 1 月 30 日，习近平总书记在中共中央政治局建设现代化经济体系集体学习会议上强调，要建设彰显优势、协调联动的城乡区域发展体系，实现区域良性互动、

城乡融合发展、陆海统筹整体优化，培育和发挥区域比较优势，加强区域优势互补，塑造区域协调发展新格局。彰显优势、协调联动的城乡区域发展体系是现代化经济体系的重要组成部分，为现代化经济体系的构建提供空间载体，是高质量发展的根本要求。

一、对时代背景与城乡区域发展体系内涵框架的认识

建设彰显优势、协调联动的城乡区域发展体系是在中国特色社会主义进入新时代、发展环境发生重大变化这一深刻背景下提出的，赋予了城乡区域发展体系新的内涵与框架。

（一）新时代对城乡区域发展体系建设的新要求

当今世界全球化已从过去国家主导的1.0时代、企业主导的2.0时代迈进个人主导的3.0时代①，中国特色社会主义已经进入了新时代，生产力和生产关系同步交织变革，对城乡区域发展提出了新的更高要求。

1. 牢牢把握高质量发展这个根本要求

党的十九大提出，我国经济已由高速增长阶段转向高质量发展阶段。2017年中央经济工作会议明确，推动高质量发展是全面建成小康社会、全面建设社会主义现代化国家的必然要求，是当前和今后一个时期确定发展思路、制定经济政策、实施宏观调控的根本要求。2017年12月21日，人民日报发

① 托马斯·弗里德曼．世界是平的——21世纪简史（内容升级和扩充版）[M]．何帆，等，译．长沙：湖南科学技术出版社，2008.

表社论，定义“高质量发展就是能够很好满足人民日益增长的美好生活需要的发展，是体现新发展理念的发展，是创新成为第一动力、协调成为内生特点、绿色成为普遍形态、开放成为必由之路、共享成为根本目的发展”。

显然，高质量发展是新时代推进城乡区域发展体系建设的根本遵循和最终落脚点。一是在空间上，要优化构建具有高质量发展特征的空间新格局；二是在目标上，要确保大中小城市、乡村、不同区域、陆地和海洋都能够实现高质量发展；三是在路径上，要积极探索因地制宜的高质量发展路子；四是在手段上，要深入贯彻和践行创新、协调、绿色、开放和共享的新发展理念。

2．服务支撑现代化经济体系建设

2018 年 1 月 30 日，中共中央政治局第三次集体学习时，习近平总书记指出，现代化经济体系是由社会经济活动各个环节、各个层面、各个领域的相互关系和内在联系构成的一个有机整体，要建设创新引领、协同发展的产业体系，统一开放、竞争有序的市场体系，体现效率、促进公平的收入分配体系，彰显优势、协调联动的城乡区域发展体系，资源节约、环境友好的绿色发展体系，多元平衡、安全高效的全面开放体系，充分发挥市场作用、更好发挥政府作用的经济体制。

其中，彰显优势、协调联动的城乡区域发展体系是现代化经济体系的重要组成部分，为现代化经济体系的构建提供更加有效有序有力的城乡区域空间载体支撑，要在城乡、区域、陆海等不同空间尺度上进一步理顺产业发展、市场建设、收入分配、绿色发展和对外开放等方面关系。

3．新背景新条件推动城乡区域优势和关系发生深刻变化

从全球看，一是新科技革命方兴未艾，大数据、智能制造、新材料、新能源、基因工程、生物医药、航空航天、海洋工程等技术变革日新月异，新

的产业组织形态和商业模式不断涌现，掌握全球技术变革的新动向就把握了发展的前沿和未来；二是全球互联日益深化，固态世界更加被赋予流动特性，能否深入和广泛地置身世界经济分工体系中很大程度上决定着一个地区和城市的发展活力和竞争力；三是后金融危机时代，全球经济结构深度调整，发达国家再工业化和新兴市场国家追赶并存，新一轮的资源要素争夺加剧；四是全球治理体系和国际秩序正在加速变革重塑，中国作为世界第二大经济体、第一大工业国和货物贸易国，既是世界贸易主角，也是各国发起贸易争端摩擦的头号对象，国际规则和合作机制将在冲突博弈中走向新的包容均衡。

从国内看，一是“一带一路”建设正在改变传统的地缘关系，东部沿海世界经济走廊提升、内陆开放高地建设、沿边开发开放经济带崛起，陆海内外联动、东西双向开放的全面开放新格局逐步形成，日益催生一批沿海、内陆和沿边开放型城市或经济中心，在全国将布局形成一批外向型产业集群、具有全球影响力的先进制造业基地、边境经济合作区、国际性消费中心等。二是经济增长从过去依赖资源要素投入驱动向创新驱动转变。加快新旧动能转换是城乡区域转变发展方式、提升竞争力的必由之路。三是老龄化、城镇化和人口流动正悄然改变城乡区域发展的人口动力。我国业已进入老龄化社会和城市社会且日益深化，2019 年，我国 65 岁及以上老人占比为 12.6%，城镇化率达到 60.6%。此外，人口跨地区、跨大中小城市间流动更加频繁。四是消费结构升级加速。近年来消费对经济增长的贡献率正在大幅度提升，2014 年以来持续超过出口和投资对经济增值的贡献，2018 年达到 76.2%（见图 1–1）。消费侧升级倒逼提高供给侧质量，包括高品质的工业制成品、服务产品和绿色、休闲、康养产品等。五是交通、信息等基础设施网络日益完善，促进人流、物流、信息流等跨地区加速流动，一批交通物流节点城市、信息枢纽中心正在形成。

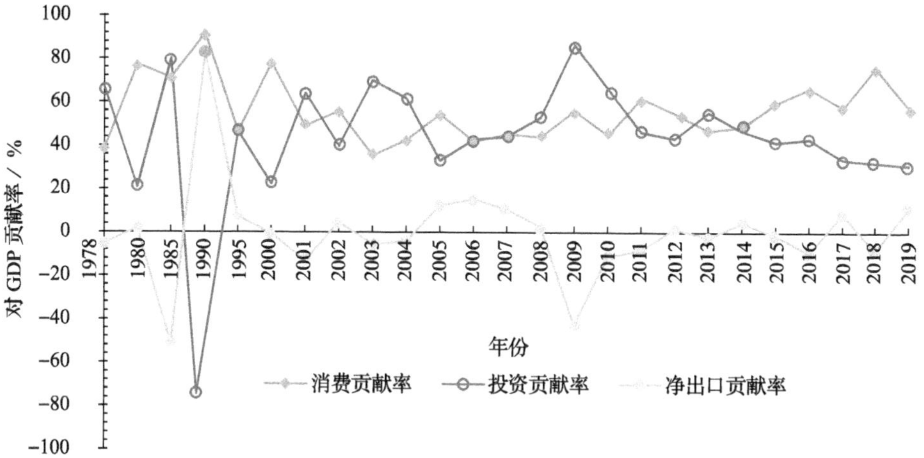

图 1-1　1978—2019 年我国消费、投资和净出口在 GDP 中的贡献率

数据来源：《中国统计年鉴 2019》、2019 年中国统计公报。

国内外环境的深刻变化，反映在城乡区域发展层面至少有以下四个方面的新表现新动向（见表 1-1）。

表 1-1　国内外背景条件变化对城乡区域发展的影响

背景	关键词	特征	影响
全球	新科技革命	一大批新技术诞生，业态融合深化，不断催生新经济	城乡区域加速传统产业更新升级和培育壮大新经济
	流动世界	全球互联日益深化，固态世界更加被赋予流动特性	城乡区域便利化对接融入全球经济体系中，开放性增强
	后金融危机时代	经济结构深度调整，发达国家再工业化和新兴市场国家追赶	引起新一轮资源要素全球争夺与再配置，波及我国区域结构
	全球治理	贸易摩擦常态化长期化，逆全球化风险增多，规则调整	调整区域进出口结构，倒逼提高我国自主创新能力
国内	“一带一路”建设	东西双向全方位对外开放新格局逐渐形成	改变传统的地缘关系，沿边地区、内陆区开放性提高
	新旧动能转换	经济增长动力从要素驱动向创新驱动转变	培育经济增长新动能，推动城乡区域发展方式转变

续表

背景	关键词	特征	影响
国内	人口结构变化	老龄化、城镇化深化；人口跨区域、大中小城市间流动频繁	城乡区域人力资本、劳动力结构变化，竞相争夺人才
	消费结构升级	高端制成品、高品质服务、健康养生和绿色消费品等需求增加	优势变化、供给结构变化，形成新的消费经济和消费中心
	现代化设施	高铁时代、智慧时代、大数据时代	城乡区域联系日益紧密，协作分工范围更广、更加柔性

一是比较优势正在更替重塑。由于增长动力和内外部发展条件变化，城乡区域的一些传统优势正在削弱，新的优势正在形成，潜在优势有待培育激发；同时，比较优势的发挥不再是孤立的，更加依赖于城乡区域之间的深化协作。

二是要素空间分布形态发生新变化。由于人口、经济要素大规模、快速流动更加便捷，新的产业组织方式和新业态层出不穷，要素向中心集聚和向外围扩散同为趋势，区域发展由单极化向多极化、扁平化深度演化。

三是城乡区域从简单供求关系向分工关系转变。以农村向城市输出农业原材料、劳动力等为主正在转向城乡要素双向流动、城乡经济协作新趋势。区域间长距离、大规模的资源要素供给由于更大范围分工协作深化也正在发生改变。

四是生产要素竞争更加激烈。城乡区域发展的不确定因素在增多，人才、劳动力、资金、创新要素的争夺日趋激烈，城乡、区域、行业企业乃至不同人群之间的发展机会持续分化，新的不公平、不均等、不协调风险增加。

（二）中国特色社会主义新时代城乡区域发展体系的新内涵要义

城乡区域发展体系是人地关系的重要内容，具有客观属性和动态演化的内在规律，在人类社会发展不同阶段和不同制度框架下，城乡区域系统会表现出不同的演化状态和趋势，总体上趋向高级化形态和更高质量的发展状态演进。当前，中国特色社会主义新时代赋予城乡区域发展体系新的内涵要义。

1. 比较优势充分发挥

一个地区市场竞争优势本质上是其比较优势的价值体现，市场机制作用使一个地区基于比较优势的产品能够与其他地区进行有价值交换，从而获利。当前，由于时代背景和条件发生深刻变化，城乡区域比较优势也在动态演变中。顺应传统优势和新优势动态变化趋势，加快培育形成富有竞争力的动态比较新优势，理顺城乡区域比较优势关系，有力彰显城乡区域特色和竞争优势，是新时代促进城乡融合发展、区域良性互动和陆海整体优化统筹的逻辑起点。

2. 要素资源顺畅流动

要素资源在城乡区域间自由顺畅流动是促进实现市场经济最优化的必要条件。建设彰显优势、协调联动的城乡区域发展体系，就是要切实发挥市场配置资源的决定性作用，逐步消除各类制度性障碍和壁垒，促进各类要素资源在城乡、区域间自由流动和有效配置，尽可能减少恶性同质竞争，建立起良性互动、公平竞争、开放共享的城乡区际利益关系，促进不同行政区之间、发达地区和欠发达地区之间以及城乡之间实现劳动力、资金、技术等要素资源有序高效流动。

3. 空间结构优化重塑

现代化经济体系建设需要落实到具体的空间载体上。当前生产力和生产关系正同步发生深刻变化，驱动城乡、区域和陆海空间在承载内容、组织方式、结构形态等方面发生新的调整优化。因此，应依据资源环境承载能力、开发密度和发展潜力，进一步优化城乡、区域、陆海空间关系，在延续中推动空间结构更新再造，统筹要素集聚、经济布局和国土开发利用，确保各类空间相得益彰、梯级联动、协调互补，全国一盘棋构建形成现代化经济体系新版图。

4．城乡区域共同发展

城乡区域协调发展的最终落脚点是以人民为中心聚焦共享发展。在城乡区域发展关系上，就是要确保城市和农村、不同发展水平地区、不同主体功能区域等均能获得高质量发展的机会，让全体居民共享现代化建设的成果。构建起城乡区域均等化的基本公共服务体系，城乡区域间的基础设施通达程度较为均衡，城乡区域发展各有侧重、各具特色和竞争力，促进实现城乡区域之间的发展差距保持在合理区间，人民生活水平大体相当，持续推动城乡区域共同发展。

5．承载能力夯实提升

现代化是人与自然和谐共生的现代化。要以人与自然是生命共同体为底线，统筹城乡、区域和陆海空间国土开发活动，各地区人口规模、经济增长应不超出当地生态环境容量的上限。不同区域应立足自然条件适宜性、资源环境承载能力和开发潜力，承担不同的主体功能，走各具特色的高质量发展之路。切实发挥技术进步、制度建设等先进生产力和生产关系的作用，完善城乡、区域及陆海等空间的承载功能，提高对经济高质量发展的国土空间承载能力。

（三）城乡区域发展体系的基本框架

一是重塑空间格局，这是建设新时代城乡区域发展体系的起点。城乡区域体系本质上就是空间关系。为服务支撑现代化经济体系建设，要进一步理顺城乡之间、不同类型空间之间、陆海空间之间的发展关系，形成新的空间格局，增强各类空间协同性、联动性，确保各类空间在相互协作中走差异化、特色高质量发展之路，实现各类空间共创共享改革开放和现代化建设成果。

二是彰显比较优势，这是建设新时代城乡区域发展体系的基础。基于新的空间格局，顺应新时代城乡区域发展条件的深刻变化，认真梳理各类空间的传统优势、当前优势和未来优势，厘清比较优势关系，确保因地制宜、因势利导地激发城乡区域各类空间的发展活力和潜力，增强各类空间的动态竞争力。

三是促进协调联动，这是建设新时代城乡区域发展体系的路径。基于新的空间关系及其比较优势版图，充分发挥比较优势，构建新的城乡区域分工体系，补齐城乡区域发展的短板，促进经济要素自由流动和资源优化配置，通过增强城乡区域发展的协调联动性，切实提高全域国土城乡区域发展的质量。

综上所述，优化重塑现代化经济体系新版图、充分彰显城乡区域比较优势、促进城乡区域协调联动发展是新时代建设城乡区域发展体系的三大重点任务。其中，城乡融合发展、各类区域良性互动、陆海整体统筹优化是落脚点和空间关系的内在特征，由此构建形成新时代城乡区域发展体系的基本框架（见图 1-2）。

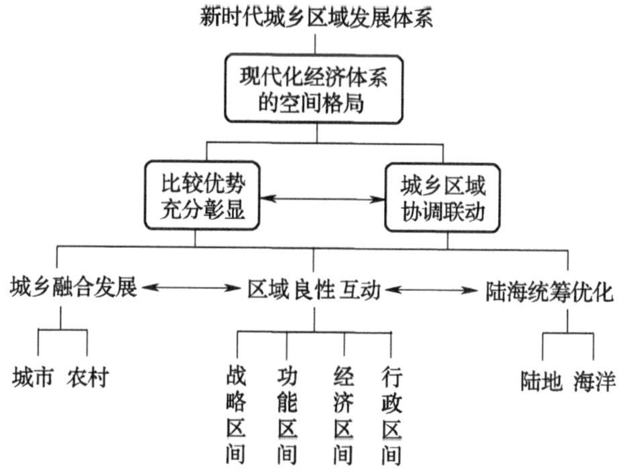

图 1-2 新时代建设城乡区域发展体系的基本框架

二、当前城乡区域协调发展存在的新问题和新矛盾

党中央、国务院一直高度重视促进城乡区域协调发展，改革开放以来制定实施了一系列涉及城乡、区域和陆海发展的重大战略、规划和政策文件，推动城乡区域发展格局不断优化，长期落后的中西部和东北地区经济加快发展，初步扭转了东部“一枝独秀”的区域增长态势，优化布局建设了一批重大改革创新平台，形成了一批新的增长极和增长亮点，美丽乡村建设、海洋空间拓展已显成效，城乡区域发展总体上呈现出协调性不断增强、活力竞相迸发的良好局面。但是，在总结成绩的同时，也应该看到，随着内外部发展环境的变化，特别是我国经济社会结构的深化调整，新老问题交织叠加，城乡区域发展过程中还存在诸多不平衡不充分的问题，制约着现代化经济体系建设和全域国土共同实现高质量发展。

（一）比较优势难以发挥或形成

受发展阶段、发展条件、经济要素逐利等各方面因素综合影响，我国城乡区域比较优势在不同程度上存在发挥不充分不到位的情况。

1. 农村优势部分向城市转移、部分未被激发

长期以来，农村的劳动力、居民储蓄资金、农业原材料等源源不断向城市集聚，支持了我国大规模城镇化工业化进程，却给农村留下了农业不强、农村不美、农民不富的“三农”问题。例如，大量农业转移人口转入城市，2019 年农民工总量达到 29 077 万人①，造就了城市的人口红利，而农村的兼业

① 数据来源于《2019 年中国农民工监测报告》。

化、老龄化、低文化现象普遍，来自农村的大中院校毕业生也大多留在城市，鲜有回到农村发展。农民储蓄资金流动性差，通过银行金融体系运转流向了城市。农业原材料从农村廉价输往城市加工成品，再高附加值卖给乡村，形成“剪刀差”。此外，特别是在短缺经济、脱贫攻坚的发展阶段，农村的优质生态环境、文化资源、绿色农产品等特色优势，也未得到足够重视和充分挖掘，没有充分转换成经济价值。

2．区域传统优势削弱、新优势正在形成

一是中西部地区劳动力、能源资源未有效转换为本地经济优势。长期以来，为支持东部沿海地区率先发展，我国在资源配置上出现了大规模、长距离、高频次的劳动力、能源资源跨区域流动。如“西气东输”“西电东送”“北煤南运”“孔雀东南飞”等，也抑制了中西部的创新能力、高端制造能力。在当前经济结构深度调整和去产能时期，劳动密集型、资源密集型的传统产业优势正在削弱，中西部劳动力及能源资源优势就地转化为经济优势的难度进一步加大。

二是生态功能区的生态优势、农业主产区的绿色农业优势、人文资源富集地区的文化优势长期被忽视或未被挖掘。受消费能力限制和观念意识制约，一段时期内对于生态环保、绿色健康、文化旅游等产品的市场需求未被充分激发。近年来，随着消费结构升级的加快和生态文明意识深入人心，一些地区的生态优势、绿色农产品优势、文化旅游优势等有望成为新的发展优势。

三是中西部地区的交通区位和开放优势有待进一步挖掘提升。近年来，随着综合交通运输体系的加快建设和“一带一路”建设的深化推进，一批交通枢纽城市、内陆开放城市和沿边开放城市正在形成，但由于缺乏功能配套和业态支撑，还远未形成枢纽经济优势、开放型经济优势，有待深入挖掘。

3. 海洋优势有待深入挖掘

海域是我国国土的重要组成部分，根据《联合国海洋法公约》有关规定和我国主张，我国管辖海域面积约 300 万平方公里。但是，长期以来，受技术条件、发展能力等方面的制约，我国生产力布局的重点在陆地，对海洋的利用主要集中在海洋运输、海洋渔业和滨海旅游等方面，总体上较为粗放；对于海洋生物、动力、能源、矿产等资源以及海洋文明等方面的优势挖掘滞后。此外，海洋国土开发程度较低，沿海 10 ~ 30m 等深线以内的浅海和滩涂面积的利用率不足 10%，20 ~ 30m 等深线以内的空间资源开发利用则更少。[①]

（二）新旧不平衡问题交织共长

伴随着新旧动能的加速转换和高质量发展的更高要求，城乡区域发展的不平衡问题也进一步深化，新旧矛盾交织共长。

1. 区域分化持续深化

近年来除了四大板块和板块内部分化外，南北分化也呈扩大趋势，应引起高度重视。北方地区经济平稳增长的压力持续加大，这主要是由于长期以来，北方地区计划经济思维重，资源型产业、重化工企业、国有企业比重大，民营经济发展不充分，导致在经济结构调整中新旧动能转换慢，普遍存在“吃老本”现象，实体经济增长乏力，有效需求明显不足，经济持续平稳增长的基础表现不牢。近年来，南北方地区生产总值在国内生产总值中占比差距

① 韩立民，王金环．“蓝色粮仓”空间拓展策略选择及其保障措施［J］．中国渔业经济，2013（2）：53-58.

和经济增速差距都呈扩大之势。

2. 新旧特殊类型地区现代化建设任务重

一是传统的“老、少、边、穷”地区既是当下脱贫攻坚的重点，也是今后现代化建设的短板。特别是西藏、四省藏区、南疆四地州和四川凉山州、云南怒江州、甘肃临夏州等深度贫困地区，不仅贫困发生率高、贫困程度深，而且基础条件薄弱、致贫原因复杂、发展严重滞后、公共服务不足，脱贫难度更大。① 可以预见，今后，这些传统困难地区要与全国同步建设现代化难度会更大。

二是衰退型的特殊困难地区转型发展压力加大。这类地区主要包括资源枯竭、产业衰退、生态严重退化等地区，如老工业区、独立工矿区、采煤沉陷区、国有林区、产业结构单一地区等，这些地区逐渐失去了原有的资源和产业优势地位，抗外部市场冲击能力弱，新经济培育慢，经济发展后劲不足，新的经济增长点尚未形成，地方政府财政收支平衡压力大。

三是潜在的特色经济地区发展滞后。一些地区创新能力弱或不具备大规模生产制造条件，但有丰富的文化、旅游、农林产品、山水林田湖草生态和特色气候条件等资源，适宜发展特色经济，目前受资金、人才、政策等方面投入的制约，特色经济发展不足，亟待创新发展模式，走具有地方特色的高质量发展之路。

3. 城乡区域发展不均等依然存在

从城乡发展看，二元结构短期内难以根本性改变。一是在城乡居民收入差距上，2018 年农村居民人均可支配收入为 14 627 元，城镇居民人均可支配收入为 39 251 元，城乡收入比为 2.69：1；城镇居民的财产净收入、工资性收入、转

① 资料来源：中共中央 国务院关于打赢脱贫攻坚战三年行动的指导意见 .2018-8-19.

移净收入分别是农村居民的 11.77 倍、3.97 倍、2.39 倍。二是农村人居环境建设短板依然较明显。如，2017 年，我国城市和农村集中供水比例分别为 98.30% 和 85.29%，城市地区比农村地区供水普及率高出 13 个百分点；农村地区仅 25.02% 的村落开通了燃气，远落后于城市地区 96.26% 的燃气普及率；城市污水处理率和生活垃圾处理率达到 94.54% 和 99.00%，而农村地区仅为 17.19% 和 72.99%，分别低于城市 77.35 个百分点和 26.01 个百分点。三是在城乡公共服务水平上，均等化任务仍然繁重。2018 年，城市每千人医疗卫生机构床位数为农村的 1.9 倍，城市每万人拥有卫生技术人员数是农村的 2.4 倍，城市小学专任教师人数为农村的 2.3 倍，农村在享有医疗、教育资源方面远远落后于城市。

从区域发展看，中西部地区在基本公共服务供给、基础设施通达均衡程度、人民生活水平等方面与东部地区仍有较大差距。一是基本公共服务均等化方面，中西部地区教育水平、医疗卫生、文化体育设施条件远落后于东部沿海发达省份，特别是教师队伍、医疗人才等方面差距最大。二是基础设施通达均衡度有待进一步提高。例如，铁路建设方面，2018 年，东部、中部、西部、东北铁路总里程分别达到 3.15 万公里、2.89 万公里、5.28 万公里、1.85 万公里，每万平方公里铁路长度分别为 340 公里、281 公里、77 公里、228 公里，西部铁路密度为东部的 22.6%。公路建设方面，2018 年，东部、中部、西部、东北等级公路总里程分别为 112.8 万公里、121.7 万公里、176.2 万公里、35.9 万公里，每万平方公里等级公路长度分别为 12 170 公里、11 831 公里、2 563 公里、4 444 公里，西部公路密度为东部的 21.1%。三是人民生活水平差距有扩大化风险。如，在城镇居民人均可支配收入上，中部、西部、东北相当于东部的百分比从 2005 年的 66.1%、65.6%、65.2% 提高到了 2012 年的 70.0%、69.5%、70.1%，到 2018 年分别提高到了 72.8%、71.9% 和 71.1%，近年来差距缩减幅度不大，甚至 2013 年以来东北地区与东部地区的差距有逐步扩大倾向（见图 1–3）；同期，四大板块农村居民人均可支配收入的比值变化趋势类似（见图 1–4）。四是近年来经济发展差距有扩大化倾向。2005—2013 年，各省区人均 GDP 变异系数逐年缩小，但 2014—2018 年出现了上升态势；同期，各省区经济增速的变异系数总体上也呈类似变化趋势。

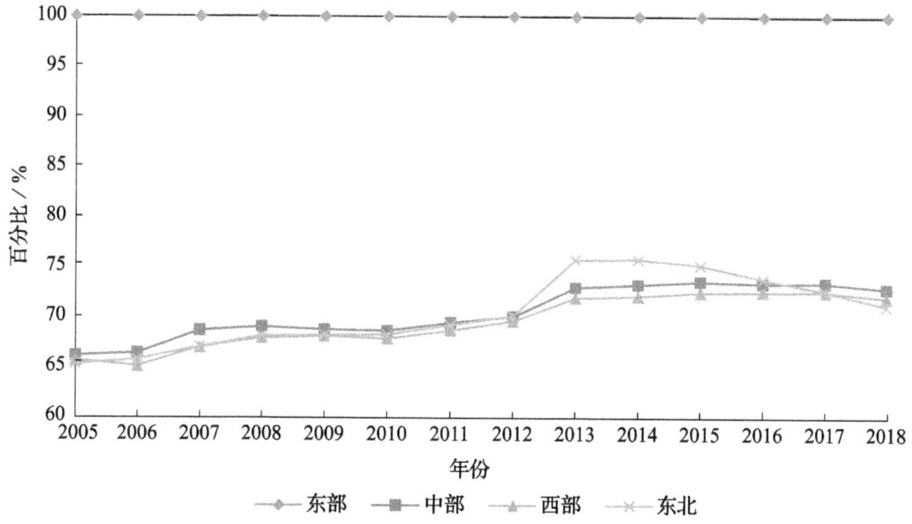

图 1–3　中部、西部、东北城镇居民人均可支配收入相当于东部的百分比变化

注：以东部为 100，计算得到百分比。

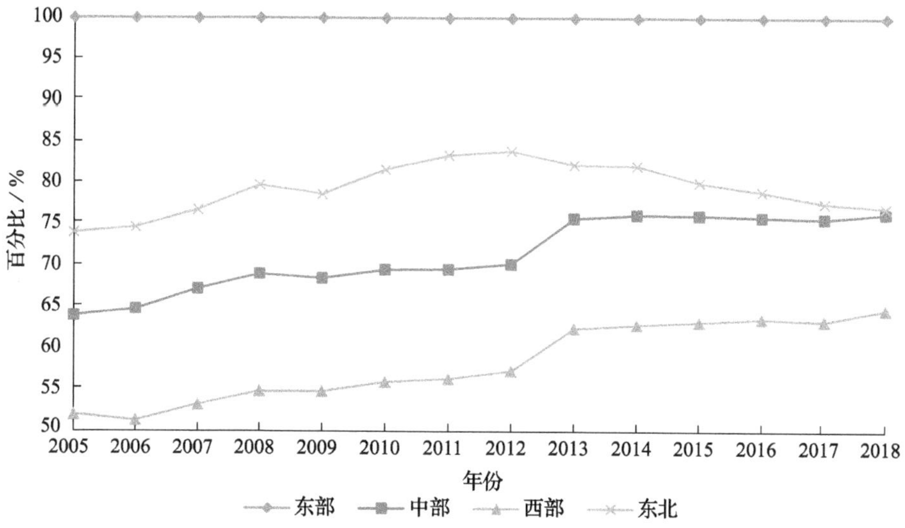

图 1–4　中部、西部、东北农村居民人均可支配收入相当于东部的百分比变化

注：以东部为 100，计算得到百分比。

4. 陆海统筹尚处于起步阶段

我国陆海统筹长期处于理论研究和实践探索阶段，海洋发展短板明显。主要表现：一是国家层面缺乏系统性陆海统筹上的顶层设计与战略规划引导。二是陆海经济联系不紧密，传统海洋经济比重高，地方层面海洋经济发展各自为政。三是海洋资源利用效率低，港口、岸线等近岸资源存在开发过度或效率不高的问题，深远海资源开发尚处于勘探研发阶段。四是受陆源污染范围不断扩大影响，近海海域氮、磷、COD及重金属污染明显，赤潮、绿潮等海洋灾害事件频发。根据国家海洋局公布的数据，2017年全国9 600个陆源入海污染源中，入海河流740余条，入海排污口7 500余个，排涝泄洪口1 350余个。五是海洋科技支撑能力不足。与发达国家相比，我国海洋科技对海洋经济贡献率低，海洋装备制造多以集成制造为主，大量海洋领域的核心技术和关键配件依赖进口，尚不能满足海洋强国建设的战略需求。例如，深海技术及其装备制造能力亟待突破，海洋高技术的引领作用和产业化水平仍较薄弱。[①]

（三）各类空间协调联动性有待增强

各类空间的协调联动性仍然较弱，特别是在经济结构深度调整期间，还存在不同行政区主体之间要素争夺加剧的现象，制约着资源要素配置效率。

1. 区域战略融合度不高

改革开放以来，我国先后实施了东部率先发展、西部大开发、东北振兴

① 郑苗壮．新时代：利用海洋资源 呼唤创新引领［N］．经济日报，2015-5-11.

和中部崛起四大板块战略。党的十八大以来，中央又制定实施了京津冀协同发展、长江经济带建设、海南全面深化改革开放、粤港澳大湾区建设等重大区域战略，2018 年 11 月 5 日，习近平主席在首届中国国际进口博览会开幕式上发表主旨演讲时提出，支持长江三角洲区域一体化发展并上升为国家战略。此外，“一带一路”建设持续深化推进。我国区域战略格局不断优化完善，但各区域战略由于战略目标和实施任务各不相同，区域战略融合度尚不高，战略区域之间相对独立。另外，战略区域和非战略区域之间也存在联动不足的问题。

2．南北方互动性不够

长期以来，北方地区计划经济思维重、市场化程度低、政府服务意识不强、适应外部环境变化能力弱；南方地区改革开放早，市场化程度高、对外开放性强、市场活力足，由此资金、技术、人才等各类要素向南方流动集聚，形成了重大改革试点布局“南多北少”、改革开放经验推广“南快北慢”的格局，总体上造成在思想解放、观念更新、营商环境建设、要素交流等方面的“南北分割”。

3．城际区际要素竞争大于合作

目前城市、区域之间尚未形成完备的职能分工体系，特别是在经济结构深度调整期，城际区际要素竞争愈演愈烈。一是在大中小城市（镇）及农村关系上，要素源源不断流向大城市，既带来了“大城市病”问题，也造成县域经济、乡镇经济和农村经济的底部支撑能力越来越弱。二是发达地区与欠发达地区之间，新旧动能转换协同性差，创新驱动发展上存在“马太效应”风险。三是发达地区之间对人才、资金、高端企业资源之间的争夺日益激烈。四是欠发达地区之间产品消费市场、企业加工制造项目等环节的争夺加剧。

不同类型城际、区际之间的同质竞争或要素过度争夺，都不利于统一市场建设（见图 1–5）。

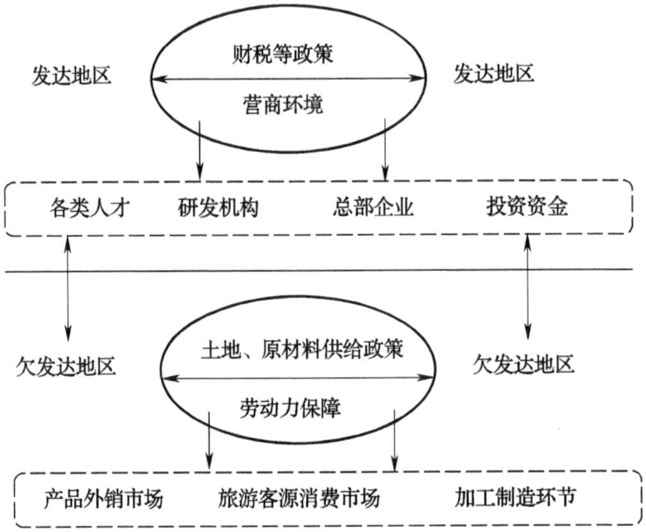

图 1–5　不同发展水平地区之间要素争夺手段及目标差异比较

4．陆海空间发展统筹性差

一是陆海空间发展相对独立分割，陆海交通、环保等基础设施建设不衔接或衔接效率不高，陆海经济要素流动性差，陆上产业、技术对海洋经济的支撑带动作用不强。二是沿海各地区在陆海空间统筹上不同程度地存在“各自为政”现象，各省区、各城市之间协调性差，尚未形成差异化、各有侧重的沿海陆海统筹发展格局。三是陆地、近海、远洋空间统筹性不高，海洋蓝色空间拓展明显不足。

（四）协调体制机制建设滞后

一是中央区域战略决策部署与基层推动落实不衔接。自上而下的“中央—省级—地市级—县级—乡镇级”工作部署机制，越往下地方事权财权越弱，落实起来越困难，这既有认识贯彻中央部署不到位的问题，也有基层缺乏独立自主权、层层加压事事督查“疲于应付”的原因。二是战略政策区域和非战略政策区之间的协作联动发展机制尚未形成，若长期得不到解决将会出现新的不协调问题，导致出现隐形的“战略政策藩篱”。三是区域一体化市场机制亟待深化完善。受多种因素制约，市场配置资源的决定性作用受约束，亟待破解制约城乡、区域市场一体化建设的制度性障碍，加快建立全国统一要素市场。四是区域合作机制、互助机制、利益补偿机制、基本公共服务均等化等机制亟待深化创新，确保各地区在协作中共同实现高质量发展。

三、优化重塑现代化经济体系新版图

遵循城乡区域演化规律，顺应时代变化趋势，着眼于2035年基本实现社会主义现代化远景目标，围绕有力支撑现代化经济体系建设，以党的十九大提出的实施区域协调发展战略的空间格局为引导，在延续已有战略空间的基础上，进一步优化创新空间关系，在良性互动中实现不同类型空间在现代化经济体系中承担差别化角色。

（一）创新优化现代化经济空间关系

立足现状、尊重规律、顺应趋势，以“彰显优势、协调联动、各具特色、共同发展”为基本原则，优化重塑我国城乡区域空间关系。

1．构建“中心城市—城市群—经济区”梯级联动一体化发展模式

以四大板块和重大战略区为基础，细化和精准落实现代化经济的发展空

间，把全国划分为八大经济区，即东北转型经济区、泛渤海协同发展经济区、长三角一体化经济区、海峡两岸交流合作经济区、泛粤港澳—海南深化改革开放经济区、中部新动能经济区、西南新动能经济区和西北特色经济区。构建“中心城市—城市群—经济区”梯级联动一体化发展模式（见表1–2），切实增强中心城市在区域现代化经济体系构建中的引领带动作用，把19个城市群[①]打造成为现代化经济建设的主要载体，辐射带动所在经济区一体化发展，改变过去中心城市独立发展、城市群城际联系不紧密、城市群以外区域发展不足的状态。例如，以北京、天津为中心引领京津冀城市群发展，以京津冀城市群带动泛环渤海区域协同发展，形成泛渤海协同发展经济区；以上海为中心引领长三角城市群发展，以长三角城市群带动长三角地区一体化发展，形成长三角一体化经济区；以香港、澳门、广州、深圳等为中心引领粤港澳大湾区发展，以粤港澳大湾区带动周边江西、广西等省区深化改革开放，协同海南全面深化改革开放，形成泛粤港澳—海南深化改革开放经济区等。

表1–2　中心城市—城市群—经济区关系

城市群	城市群中心城市	经济区	
		名称	主体范围
哈长	哈尔滨、长春	东北转型经济区	辽宁，吉林，黑龙江，内蒙古的呼伦贝尔、通辽、赤峰、兴安盟和锡林郭勒等地盟市
辽中南	沈阳、大连		

① “十三五”规划提出19个城市群，是我国城镇化和工业化的主体区域；2016年，19大城市群以占全国1/4的土地，集聚了全国73.6%的人口，创造了90.3%的GDP。

续表

城市群	城市群中心城市	经济区	
		名称	主体范围
京津冀	北京、天津、石家庄	泛渤海协同发展经济区	北京，天津，河北，山东，山西省除运城外的地区，内蒙古呼和浩特、包头、鄂尔多斯、乌兰察布、陕西榆林等地级市
山东半岛	青岛、济南		
山西中部	太原		
长三角	上海、南京、杭州、合肥、苏州、无锡、宁波	长三角一体化经济区	上海，江苏，安徽，浙江
海峡西岸	厦门、福州	海峡两岸交流合作经济区	福建，台湾，广东的汕头、梅州、潮州、揭阳4个地级市，江西的上饶、鹰潭、抚州3个地级市
粤港澳	香港、澳门、广州、深圳	泛粤港澳－海南深化改革开放经济区	香港，澳门，广东，海南，广西，江西的赣州、吉安、新余3个地级市和湖南的郴州、永州、邵阳3个地级市
北部湾	南宁、海口、湛江		
中原	郑州、信阳	中部新动能经济区	湖北，河南，湖南除郴州、永州、邵阳的其他地级市，江西的南昌、九江、宜春、萍乡4个地级市，安徽的蚌埠、阜阳、淮北、淮南、六安、宿州、亳州7个地级市
长江中游	武汉、长沙		
成渝	重庆、成都	西南新动能经济区	重庆，四川，西藏，云南，贵州及陕西的汉中、安康2个地级市
黔中	贵阳		
滇中	昆明		

续表

城市群	城市群中心城市	经济区	
		名称	主体范围
关中平原	西安	西北特色经济区	陕西除安康、汉中之外的所有地级市，甘肃、青海、宁夏、新疆，内蒙古的乌海、巴彦淖尔、阿拉善3盟（市）、山西的运城市等
呼包鄂榆	呼和浩特		
兰州—西宁	兰州、西宁		
宁夏沿黄	银川		
天山北坡	乌鲁木齐		

2．以经济支撑带统筹东中西、协调南北方经济高质量发展

经济支撑带是沿大江大河和重要交通干线等集聚大量城镇、人口和产业而形成的经济隆起带。经济支撑带本质上是区域发展轴，但赋予了发展轴以区域协调发展、梯度协同合作、比较优势发挥、区域经济一体化和全球化治理等理论内涵。经济支撑带跨越了板块经济的制约，更加注重地域之间联系，从而形成了新的区域战略组合，促进统筹东中西、协调南北方，逐步形成网络化发展格局。

2010年《全国主体功能区规划》提出的“两横三纵”，即长江经济轴带、陇海—兰新轴带、沿海轴带、京广—京哈轴带和包昆轴带，2018年集聚了10亿人口，81.3万亿元GDP，分别占全国的71.9%和88.4%，人均GDP达到8.1万元，是全国平均水平的1.2倍，对全国人口和产业的空间组织引导作用不断增强。综合《全国国土规划纲要（2016—2030年）》的空间布局引导和《中长期铁路网规划》（2016年修编）的交通网络规划建设，以及“一带一路”建设向西开放的加快，为进一步优化横跨东中西、连接南北方的现代化经济发展主骨架，提出谋划青银、哈大、沪昆、泛珠、沿边等新经济支撑带

的设想（见表 1–3），连同“两横三纵”，构成新的“五横四纵一边”经济支撑带。

表 1–3 研究推进建设的新经济支撑带

新经济支撑带	范围与走向	功能定位	沟通联系板块
青银	贯通山东、河北、山西、陕西、宁夏、甘肃六省区，途经山东半岛、京津冀、太原、宁夏沿黄城市群，连接青岛、济南、烟台、石家庄、太原、延安、银川、中卫、武威等城市	“一带一路”新通道，发挥纵横轴带交汇枢纽地位和新亚欧大陆桥东端桥头堡作用	统筹泛渤海、西北经济区；连接延安、西柏坡两大革命圣地和吕梁山、太行山两大集中连片特困区，推动北方革命老区和贫困密集地区发展
哈大	贯穿南北、跨越东北三省，包括沈阳、大连、鞍山、抚顺、本溪、丹东、锦州、营口、阜新、辽阳、盘锦、铁岭、朝阳、葫芦岛、长春、吉林、松原、四平、辽源、哈尔滨、齐齐哈尔、大庆和绥化等城市	东北人口经济主要集聚区（2016 年人口、GDP 分别占东北地区的 78.5% 和 87.2%），是东北振兴的主战场	联系哈大城市群和辽中南城市群，促进东北经济一体化。东北经济区沟通泛渤海经济区的主体
沪昆	包括上海、杭州、南昌、长沙、贵阳、昆明等城市	畅通东南与西南地区沟通联系的重要通道	联系长三角、中部和西南经济区的经济支撑带
泛珠	包括福建、江西、湖南、广东、广西、海南、四川、贵州、云南等九省区和香港、澳门特别行政区	“一带一路”重要通道；东南沿海与腹地改革开放协调联动的新支撑带	联系泛粤港澳改革开放经济区、西南经济区、中部经济区，带动少数民族地区和贫困地区发展
沿边	南自广西东兴，北至辽宁丹东，覆盖丹东、图们、绥芬河、黑河、满洲里、二连浩特、巴彦淖尔、阿勒泰、塔城、伊宁、阿克苏、喀什、日喀则、瑞丽、河口、凭祥、东兴等城市	向西向南开放新通道新枢纽，推进沿边脱贫攻坚、民族团结和边疆稳定	包括东北沿边经济带、内蒙古沿边经济带、新疆沿边经济带、西南沿边经济带等重点区段

3．优化提升四大板块在现代化经济体系中的功能定位

西部地区应抢抓“一带一路”建设战略机遇，依托交通区位不断改善的有利条件，深挖能源资源、人文生态等优势，强化资源保障型、沿边开放型的特色经济地位。东北地区发挥装备制造、黑土地粮仓、寒冷气候等独特优势，深化国有经济改革，培育壮大以优质农业、制造业转型升级和冰天雪地旅游等为特色的现代经济。中部地区发挥居中的交通区位、丰富的人力资源和自然资源、良好的工业基础、粮食生产主产区、适宜人居的气候条件等优势，作为未来新型城镇化、新型工业化的主战场，打造成为国家现代经济增长的新动能区域。东部地区继续发挥改革开放先行、综合创新能力强、现代制造领先、服务业高端等方面的优势，增强引领全国经济现代化的能力，引领中国参与全球竞争。

4．分类优化城乡融合空间发展关系

以发展规划为统领、以空间规划为基础，统筹城乡生产、生活和生态空间发展，集约高效、有序布局城乡开发建设活动。以中心城区、县城、特色小城镇为重点完善城乡空间结构，提升城镇对农村的辐射带动力，促进新型工业化、新型城镇化和农村农业现代化空间协调联动。坚持因地制宜、分类施策、各有侧重、突出特色的原则，优化城乡空间融合形态。从四大板块上看，东部城乡发展均等化程度高，空间布局上可以率先实现一体化发展；东北城乡同步转型发展任务重，应推动城乡互补发展；中部城乡发展潜力大，城乡特色鲜明，城乡差距适度，应推动融合发展；西部城乡差距较大，农村发展困难，城市带动能力较弱，应推动城乡联动发展。从城市规模上看，超大与特大城市，经济发展水平高，城乡经济一体化趋势明显，应率先实现全方位的一体化；相应地，大城市和中小城市则应分别按照经济统筹、经济互动的差异化导向推动城乡空间结构优化（见表 1-4）。

表 1-4　分类优化城乡空间关系的基本导向

分类		城乡关系特征	空间关系导向
四大板块	东部	经济水平高，城乡差距小	城乡一体化发展
	东北	城乡转型升级任务重，国有农场、工矿、企业多	城乡互补发展
	中部	城乡差距居中，城乡特色较为鲜明	城乡融合发展
	西部	城乡差距大，城市带动能力弱	城乡联动发展
城市规模（人口）	超大与特大城市（500 万以上）	中心城市向外围农村辐射带动性强	城乡全方位一体化
	大城市（100 万 ~ 500 万）	中心城市处于向心发展阶段	城乡经济统筹发展
	中小城市（100 万以下）	城乡发展相对分割	以城带乡互动发展

5．构建以经济走廊、经济圈为主要形态的陆海联动空间结构

充分发挥海洋国土作为经济空间、战略通道、资源基地、安全屏障的重要作用，以补齐海洋短板、发展海洋经济、推进沿海高质量开发开放为重点，构建形成陆海相互衔接、双向开放的空间形态。

一是统筹陆上丝绸之路经济带和 21 世纪海上丝绸之路建设，打造面向“一带一路”沿线国家的蓝色经济走廊，拓展对外联系空间。鼓励泛渤海、长三角、海峡两岸、粤港澳等经济区和沿海港口城市发挥优势，加大对外开放力度，以蓝色经济为重点，密切与沿线国家合作，优先重点打造三条蓝色经济通道。第一条是中国—中南半岛经济走廊，经南海向西进入印度洋，衔接中巴、孟中印缅经济走廊，共同建设中国—印度洋—非洲—地中海蓝色经济通道；第二条是经南海向南进入太平洋，共建中国—大洋

洲—南太平洋蓝色经济通道；第三条是共建经北冰洋连接欧洲的蓝色经济通道。

二是以海洋经济圈为载体，优化构建“一带三圈九区多点”的近海陆海统筹发展格局。“一带”，“S”形沿海经济带（李靖宇等，2017）；“三圈”，北部、东部和南部海洋经济圈（见表 1–5）；“九区”，辽东半岛、渤海湾、山东半岛、苏北、长江口及其两翼、海峡西部、珠江口及其两翼、北部湾、海南岛等近岸海域；“多点”，沿海开放城市、沿海港口群、海洋经济示范区等重点开发开放区域。

表 1–5　三大海洋经济圈概况、功能及陆海统筹区域

区域	概况	经济功能	陆海统筹区域
北部	辽东半岛、渤海湾和山东半岛沿岸及海域组成。2019 年，海洋生产总值 26 360 亿元，占全国的 29.5%	陆海经济绿色融合发展的示范区；北方地区对外开放的重要平台	泛渤海经济区、东北经济区，“一带一路”沿线
东部	江苏、上海、浙江沿岸及海域组成。2019 年海洋生产总值 26 570 亿元，占全国的 29.7%	海洋工程装备及配套产品研发与制造基地、大宗商品储运基地。陆海经济高质量融合发展的先行区	长三角经济区、长江经济带、“一带一路”沿线
南部	福建、珠江口及其两翼、北部湾、海南岛沿岸及海域组成。2017 年海洋生产总值 36 486 亿元，占全国的 40.8%	积极参与全球竞争的陆海经济融合发展引领区。我国保护开发南海资源、维护国家海洋权益的重要基地	海峡两岸经济区、泛粤港澳—海南经济区、“一带一路”沿线

三是促进陆地纵深腹地、沿海与海洋空间协调联动。发挥沿海沿江港口、开放城市和海洋经济功能区的支撑带动作用，促进沿海不同省区、城市和海洋功能区错位发展，畅通内地与沿海的设施连通，密切沿海与腹地经济联系，提升陆域后方保障，协同拓展陆上腹地、近远海发展空间。

（二）培育壮大新的战略性现代化经济空间

瞄准高质量发展和现代化经济体系建设要求，以国家重大战略区域和改革创新发展平台为引领，积极培育壮大新的战略性经济空间。

1．河北雄安新区：现代化经济体系的新引擎、推动高质量发展的全国样板

雄安新区作为北京非首都功能疏解集中承载地，坚持世界眼光、国际标准、中国特色、高点定位，打造绿色生态宜居新城区、创新驱动发展引领区、协调发展示范区、开放发展先行区，将建设成为高水平社会主义现代化城市、京津冀世界级城市群的重要一极、现代化经济体系的新引擎和推动高质量发展的全国样板。

2．粤港澳大湾区：建设成为我国经济高质量发展的典范

粤港澳大湾区是我国开放程度最高、经济活力最强的区域之一，土地面积占全国的0.6%，2018年常住人口占全国的5.1%，经济总量占全国的11.7%。推进粤港澳大湾区建设是新时代“一国两制”的深度实践，发挥香港、澳门的独特优势和广东的对外开放先行优势，汇聚全球创新要素资源，将建成国际一流湾区和世界级城市群，打造经济高质量发展的典范。

3．海南：自由贸易开放型现代化经济新高地

海南作为全面深化改革开放试验区，将在国家支持下逐步探索、稳步推进中国特色自由贸易港建设，打造开放层次更高、营商环境更优、辐射作用更强的开放新高地，海南有望在未来30年加速开放和增长，成为新一轮改革

开放试验田和开放型经济增长的新龙头，带动全国开放型经济创新发展。

4．长江三角洲：区域一体化发展引领区

长江三角洲地区国际化、市场化程度高，一直是我国一体化水平较高的区域。按照实现长江三角洲地区更高质量一体化发展的要求，上海进一步发挥龙头带动作用，苏浙皖各扬所长，深化和创新合作，切实提高区域创新力和竞争力，更好引领长江经济带发展，不断把长江三角洲一体化引向深入，推进更高起点的深化改革和更高层次的对外开放，更好服务国家发展大局。

5．发挥好国家重大功能平台高质量发展的先锋作用

国家级新区、自由贸易试验区、国家自主创新示范区、新旧动能转换示范区、综合配套改革试验区、临空经济试验区、军民融合创新示范区、海洋经济发展示范区等一批国家级重大功能平台，是现代化经济体系建设和高质量发展的先锋，应围绕国家赋予的先行先试功能，深化改革创新，积极探索具有地方特色的高质量发展新路径，为区域和国家现代化经济体系建设提供有力支撑。

6．提升战略性接续成长城市的现代化经济势能

战略性接续成长城市是指新时代背景下，对解决区域发展不平衡不充分有重大意义、发展基础和条件较好、区位交通改善明显、比较优势效应加快释放、经济实力快速提升、发展潜力大的胡焕庸线以东内陆中等或Ⅱ型大城市（见图 1–6）。选择一批战略性接续成长城市推进重点建设，有利于发挥我国地理空间广阔、发展梯度大的优势，形成现代化经济体系建设的重要区域梯队。

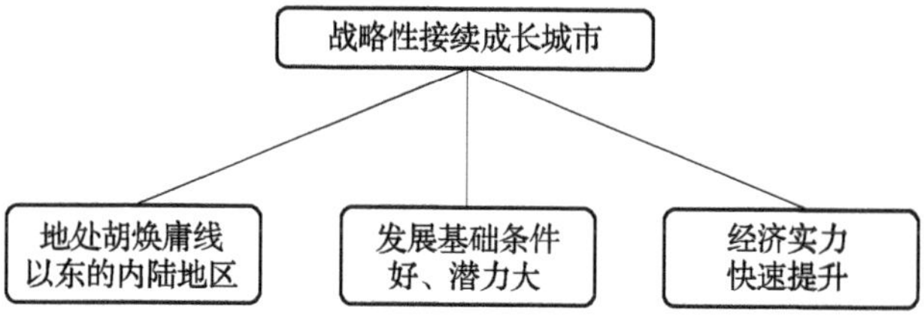

图 1–6　接续成长城市的内涵特点

在遴选上，战略性接续成长城市主要为中西部和东北地区除省会城市以外的第二、三梯级势能的地级市（见表 1–6），要培育这些城市在要素集聚配置、创新带动、枢纽辐射等方面的区域性中心职能，分担省会城市的部分功能，积极承接东部沿海产业转移，强化对周边其他城市的辐射带动作用，将这些城市打造成为各省区新的经济增长极，改变单一依靠省会城市支撑带动全省区域协调发展的局面。

表 1–6　战略性接续成长城市遴选

区域	省份（区、市）	市 / 区
东北	黑龙江	齐齐哈尔
	吉林	吉林
	辽宁	丹东
西部	广西	柳州、桂林
	贵州	遵义
	陕西	宝鸡、汉中
	四川	泸州、绵阳、南充
	重庆	万州
中部	安徽	蚌埠、芜湖、安庆
	河南	商丘、开封
	湖北	宜昌、襄阳、十堰
	湖南	衡阳、常德、郴州
	江西	赣州、九江
	山西	大同

（三）促进特色经济空间优化升级

平衡保护和发展的关系，因地制宜建设各具特色的经济空间，带动落后地区发展，构建形成现代化经济体系的重要补充，促进全国区域协调发展。

1．老少边穷、资源枯竭型等特殊困难地区：发展特色民生经济

持续加大对革命老区、民族地区、边疆地区、贫困地区、资源枯竭型地区等特殊类型地区的扶持力度，“输血”和“造血”相结合，依托资源禀赋和比较优势，以增强自我发展能力、提高公共服务水平、改善民生为重点，发展特色优势产业，推动民生经济高质量转型发展。

2．农产品主产区：提高特色现代农业经济发展质量

加快建立粮食生产功能区和重要农产品生产保护区，确保国家粮食安全和保障重要农产品有效供给。在农产品主产区内集中力量建设一批基础条件好、生产水平高、调出量大的特色现代农业经济集聚区。集中资源重点发展现代农业，优化农业生产布局和品种结构，推动农业科技进步创新，积极推进农业规模化、产业化和一二三产业融合发展，全面提升现代农业经济发展质量。

3．重点生态功能区：彰显提升特色生态产品的经济价值

加强重点生态功能区生态保护，巩固提高生态服务功能，建成国家生态安全屏障。对于生态系统脆弱、需要严格保护和禁止开发的地区，以中央财政转移支付和横向生态补偿等方式为主，确保实现可持续发展。对于限制进行大规模高强度工业化城镇化开发的地区，在坚持面上保护的基础上，适度

进行点状开发，发展特色生态体验、休闲旅游、生态健康等环境友好型产业，探索建立特色生态休闲经济区，充分体现生态价值功能，提升生态产品的经济价值。

4. 能源矿产资源基地：提升特色资源支撑型的绿色经济发展质量

划定能源和矿产资源基地，深入挖掘能源和矿产资源潜力，推动建设特色能源资源高效开发利用经济区，积极发展绿色经济，提高资源利用效率，坚持点上开发、面上保护，统筹合理开发和保护，确保在能源安全和提升矿产资源保障能力的基础上，促进资源优势向经济优势转化，推动资源型地区可持续发展。

综上所述，精准落实区域协调发展战略部署，以“一带一路”建设、京津冀协同发展、长江经济带发展、海南全面深化改革开放、粤港澳大湾区建设和长江三角洲地区一体化发展等重大战略为引领，以西部、东北、中部和东部四大板块为基础，以雄安新区等战略区域为率先突破，以“五横四纵一边”经济支撑带为主骨架，以“中心城市—城市群—经济区”一体化为梯级支撑，以老少边穷、资源枯竭型等特殊类型地区为补充，以农产品主产区、重点生态功能区及能源矿产资源基地等特殊功能区为保障，以城乡空间融合为必要形态，以海洋蓝色经济为拓展空间，创新优化现代化经济空间关系，培育壮大新的战略性经济空间，促进特色经济空间优化升级，全国一盘棋构建形成全面开放、梯级联动、协调互补、各具特色、富有竞争力的现代化经济体系新版图。

四、充分彰显城乡区域比较优势

以现代化经济体系新空间格局为引导，充分挖掘城乡、区域和陆海发展比较优势，促进比较优势梯级联动，培育形成充满活力的动态比较新优势。

（一）以城带乡充分挖掘农村优势

推动城市优势向农村延伸，改变城市要素过度集中的状况，促进城乡优势互补，挖掘农村沉睡资源，激发农村比较优势和发展活力。

1．促进城乡比较优势互动

城市在资金、人才、科技、信息等要素集聚方面具有先天优势。城市在基础设施、文化教育医疗卫生等公共服务供给方面明显优于农村。城市是商品集散中心和消费中心，消费能力强、消费市场大。但应该看到，我国城市综合治理能力建设滞后，不少城市在不同程度上存在交通拥堵、环境恶化、住房紧张、就业困难等“城市病”问题。农村优势主要表现在拥有广阔的土地空间、充足的劳动力资源、丰富的农产品资源、良好的生态环境和深厚的农耕文化传统等方面（见表 1–7）。但是，目前，农业农村功能相对单一，农村资源优势尚未得到充分挖掘。应充分发挥城市工商企业市场主体的主导作用，推动城市资本、人才、创新等要素下乡，激活农村沉睡资源，推动农村资源优势向经济发展优势转换，同时，在一定程度上改变过去农村各类要素资源过度向城市汇聚的状况，适度给城市减压。

表 1–7　城乡比较优势变化

优势类型	城市比较优势	农村比较优势
传统优势	加工生产、商品集散贸易、就业机会	农业种植、劳动力、生态优势
当前优势	资金、人才、科技、信息等要素集聚，医疗卫生文化教育等公共服务水平高	土地资源、绿色农产品、乡村农耕文化资源、乡村振兴政策优势
未来优势	知识中心、现代化消费中心和制造中心	农业新经济、更多就业机会、广阔乡村空间、优质生态环境

2．积极拓展延伸农业农村功能

很长时间内农业农村扮演着城镇化工业化总后方的角色，成为我国剩余劳动力的蓄水池和贫困人口的蓄水池（党国英，2018）。随着城市边际效益递减显现和人们对美好生活需求发生变化，农村被低估的优势和价值开始显现，农业农村功能有待挖掘、拓展和延伸。一是农产品供给功能。保护好耕地资源，提高农业生产效率，巩固增强农村在农产品生产供给上的主导功能，确保为粮食蔬菜消费和工业原料需求提供充足的农产品资源。二是生态产品功能。农村绿化率高，农业生产兼具生态保护功能，要凸显农村生态环境优势，把农村田园风光、清新空气等作为重要生态资源。三是消费市场功能。农村人口多，拥有庞大的消费群体，农民的消费能力、消费潜力和消费市场可挖掘空间大。此外，农村也是文化消费、生态产品消费、农产品消费、旅游消费的重要承载地。四是文化传承功能。农村民俗文化、耕读文化、民间艺术文化等资源丰富，近年来现代化文化创意元素正融入农村农业，传统文化和现代文化相得益彰，农村文化功能日益凸显。五是新经济功能。农产品供给、农村文化传承和生态环境等功能可深度转化为工业和服务业经济，促进农业与工业、物流、文化创意、旅游观光、康养、电商等二三产业融合（姜长云，2017；魏后凯，2018），成为新经济的重要增长点。

（二）厘清区域发展比较优势

发展环境和条件变化正推动区域优势发生变化，传统优势在削弱，新优势正在加速形成，为区域发展带来了新挑战新机遇。

1. 发挥八大经济区比较优势

经济区兼有核心城市、城市群的比较优势，又有更加广阔的腹地经济基础和资源配置条件（见表 1-8）。此外，各经济区内部还布局建设有国家重大区域战略、重要改革创新平台。因此，从全国看，八大经济区正处于比较优势重塑、调整和优化的新阶段，未来比较优势是否能够充分发挥将取决于是否充分激发了核心城市、城市群和重大改革创新平台的引领带动作用，是否顺应了时代发展新趋势。

表 1-8 八大经济区比较优势梳理

经济区	传统优势	新优势
东北转型经济区	煤炭能源矿产资源、老工业基础等	东北亚合作，东北振兴政策优势
泛渤海协同发展经济区	能源资源、文化、创新能力、制造生产能力	创新能力，京津冀协同、雄安新区建设战略政策优势，新经济
长三角一体化经济区	人力资本、市场化国际化、制造业、创新能力、消费市场	市场经济一体化、长江经济带发展、创新竞争力
海峡两岸交流合作经济区	两岸合作、生态资源、海洋资源	两岸合作、生态经济、海洋经济
泛粤港澳一海南深化改革开放经济区	改革开放、国际化市场、制造能力、旅游资源、文化资源	粤港澳大湾区和海南全面深化改革的战略优势、科技创新
中部新动能经济区	劳动力、粮食生产、加工制造	人力资本、乡村振兴、制造能力、土地资源等
西南新动能经济区	民族文化、生态资源	新经济、生态经济、文化旅游“一带一路”向南开放
西北特色经济区	民族文化、生态资源、能源矿产资源	“一带一路”向西开放、生态经济、民族特色经济、绿色经济等

2．凸显十九个城市群比较优势

十九个城市群由于地处不同区域，地理及气候条件、发展水平、人口结构、产业基础、创新能力和城镇化阶段不一样，在发展中各具特色优势（见表 1-9）。一些城市群少数民族文化资源、生态资源丰富，有望成为支撑发展的新优势。一些城市群如果抓住新技术、新业态、新产业不断涌现的新机遇，可以与发达地区在发展新经济上站在同一起跑线上。一些城市群能源矿产资源丰富，如果通过资源型经济转型升级，快速顺利实现新旧动能转换，也将形成新的发展优势。

表 1-9　十九个城市群比较优势梳理

城市群	比较优势	城市群	比较优势
长三角	市场一体化；科技创新与加工制造	北部湾	面向东盟开放、港口资源、生态条件
珠三角	国际化程度；科技创新能力；改革开放	关中平原	欧亚大陆桥重要支点、历史文化、加工制造
京津冀	政治文化和对外交流中心；人力资本	呼包鄂榆	人文资源、资源型经济转型升级
长江中游	制造业、内陆港口资源、粮食生产、工业制造能力	山西中部	资源型经济转型升级、文化旅游资源
成渝	内陆开放、工业制造、产业配套能力、人力资本等	黔中	生态资源、大数据等新经济
中原	人力资本，农业生产，加工制造，交通枢纽	滇中	向南亚东南亚开放、文化旅游资源
山东半岛	制造业、东北亚合作	兰州—西宁	文化资源、能源资源就地产业化
海峡西岸	两岸交流合作、生态文明建设	宁夏沿黄	土地、能源矿产资源就地产业化、文化资源
哈长	装备制造、农产品、冰雪旅游	天山北坡	向西开放、文化资源等
辽中南	港口资源、东北亚合作		

3. 推动四大板块加快形成新优势

随着国家区域战略部署的不断完善、产业结构深度调整、进出口结构的优化、交通信息等基础设施的完善、东西双向全方位对外开放格局的逐渐形成等，四大板块的一些传统优势正在削弱，一些新的优势正在形成（见表 1-10）。例如，东部对外开放和创新优势、西部特色资源和向西开放优势、中部人力资本和新型工业化优势、东北地区的装备制造和冰天雪地经济优势正成为区域发展的新基础新条件。

表 1-10　四大板块区域比较优势变化

板块	传统优势	新优势
东部	①改革开放先行；②政策优势；③非公经济	①科技创新及人才优势；②国际化营商环境；③陆海统筹；④京津冀（雄安新区）、粤港澳大湾区、海南等重大战略优势
西部	①能源、原材料等资源；②劳动力；③西部大开发战略优势	①“一带一路”向西向南开放条件；②生态环境禀赋；③少数民族文化资源
中部	①交通区位；②能源、资源；③劳动力	①枢纽经济；②教育及人力资本；③加工制造能力；④生态环境承载力
东北	①老工业基础；②农业生产基地	①装备制造；②东北亚开放合作；③文化、冰天雪地经济；④特色农产品

（三）以陆促海凸显海洋蓝色优势

进入 21 世纪，随着蓝色圈地运动的兴起，世界各国逐渐意识到海洋国土的重要性。我国是海洋大国，海洋资源丰富，战略部署空间广阔，开发潜力巨大。

1. 深挖海洋优势

一是海洋运输优势。这是海洋的先天优势，也正是海上运输便利促进了国际交往与贸易。二是海洋物质资源优势。包括海水、海盐、海洋生物、海洋矿产能源等资源。三是海洋动力优势。即海水运动过程中产生的潮汐能、波浪能、洋流能及海水因温差和盐度差而引起的温差能与盐差能等。四是深海空间探索优势。深海空间有着很多人类未知世界，为深海科技突破提供空间。五是海洋生态文明价值。海洋文化、海洋生态是人类文明的重要组成部分，进一步挖掘提升的空间大。六是战略部署空间及政治价值。海洋是我国21世纪海上丝绸之路建设、海洋权益维护的重要支撑载体，具有重要的政治价值。

2. 不同板块陆海统筹比较优势

东部沿海是全国陆海统筹发展的主阵地。北部海洋经济圈，海洋科研教育优势突出，海洋渔业传统基础较好，是面向东北亚开放的重要门户枢纽；东部海洋经济圈，海洋经济外向型程度高，江海港口航运体系完善，科技创新优势明显；南部海洋经济圈，海域辽阔，海洋资源丰富，海洋拓展空间大，是维护国家海洋权益的重要基地，也是开放程度高、国际消费能力强的重要区域。此外，在不同经济圈内部，重点区域的陆海统筹发展优势也不尽相同（见表1–11）。

表1–11 不同区域沿岸及海域陆海经济统筹发展比较优势

经济圈	分区	陆海统筹比较优势
北部海洋经济圈	辽东半岛	北亚重要的国际航运；海洋生态休闲旅游；深水网箱等离岸养殖；人工鱼礁和海洋牧场；东北亚地区邮轮旅游；海洋生物技术研发；海水淡化
	渤海湾	京津冀协同和环渤海合作；国际航运；国际邮轮旅游；渤海油气资源开发；海水淡化与综合利用；海盐化工；海洋高端船舶和装备制造；航运金融；海洋文化展示与创意
	山东半岛	海洋科技教育；海洋生态文明；海上粮仓（海洋种养殖及渔业）；水产基因库；东北亚、服务“一带一路”建设的航运枢纽；滨海休闲度假、邮轮游艇、海上运动；海洋装备、海洋药物及生物制品；浅海开发等

续表

经济圈	分区	陆海统筹比较优势
东部海洋经济圈	江苏	新亚欧大陆桥经济走廊重要战略节点；江海联动发展；海洋高端船舶及配套设备；滩涂资源；海上风电；海洋文化创意
	上海	国际枢纽港；国际航运；航运现代服务；邮轮游艇经济；海洋工程装备和大型邮轮等高技术船舶设计建造
	浙江	大宗商品国际物流；大宗商品储备加工交易、国际海事航运服务；海岛开发；海洋渔业；海水资源利用；潮流能；大洋与深海科学研究；深海装备研制；海洋文化；陆海生态文明
南部海洋经济圈	福建	对台海洋经济合作；21 世纪海上丝绸之路建设核心区；陆海生态文明统筹；海峡及海洋旅游；海洋可再生能源；海水利用；国家深海海底生物资源库
	珠江口及其两翼	粤港澳深化改革开放合作；以海洋科技为支撑的海洋经济国际竞争力强；21 世纪海上丝绸之路重要枢纽；珠三角港口群；海洋船舶和海洋工程装备业；游艇制造；海洋医药和生物制品；波浪能开发
	广西北部湾	面向东盟的国际出海主通道和国际航运枢纽；21 世纪海上丝绸之路沿线国家海洋交流合作；海洋牧场及海洋渔业；中国—东盟海洋旅游合作；高端船舶修造和海洋工程装备制造
	海南岛	自由贸易岛；国际旅游消费；陆海生态文明统筹；南海资源开发和服务；热带农业；海洋渔业；海洋油气勘采；海洋药物与生物制品、海水利用、海洋可再生能源

3. 有序发挥海洋比较优势

从时间序列上看，海洋比较优势发挥较大程度依赖于海洋技术条件、国家海洋战略部署能力以及海洋经济市场空间等多方面因素（见表 1–12）。因此，应深刻认识和把握当前我国海洋强国建设的历史阶段特征，对标和追赶发达国家海洋空间拓展能力，积极稳妥、分阶段地深入挖掘、有力凸显海洋比较优势。

表 1–12 海洋空间比较优势变化

优势特征	内容	依赖条件
传统优势	海上对外开放优势，海上交通运输及海洋船舶制造、海洋渔业、海盐海水资源开发、海洋油气开采	海上贸易规模；航海能力及海上运输需求；传统渔业盐业能力；具备海上油气勘测与开采能力
新优势	滨海旅游、海洋装备制造、海洋地理信息、海洋食品、海洋药物和生物制品业、海洋文化	滨海文化旅游消费市场增长；海洋装备制造及海洋资源加工能力提升；地理信息等信息技术应用
未来优势	海洋动力、海洋矿产能源、海洋科技研发、海洋装备制造、海洋战略部署空间	未来海洋科技创新能力提升；国家海洋战略部署、海洋权益维护

（四）促进比较优势梯级联动发挥

比较优势的发挥不是孤立的，应促进不同类型区域或城市之间梯次联动和比较优势互补，在协作中挖掘、激发、彰显和利用比较优势，共同推动实现高质量发展（见图 1–7）。一是按照行政等级，各级联动、认真贯彻落实区域协调发展战略部署，促进省区、地级市、区县、乡镇及农村上下协同，发挥各级行政区的比较优势。二是按照城市规模等级，促进大中小城市功能错位和资源要素合理配置，避免较小规模等级城市（镇）的经济要素过度向较大规模等级城市（镇）集聚，造成发展中过密和过疏并存的问题。三是按照发展水平等级，以先进带动落后的方式，在援助、协作中推动发达地区、欠发达地区和落后地区新旧动能同步转化。四是按照承担功能等级，依据发挥功能作用和辐射影响范围的大小，配置区域和城市资源要素，确保小城市（镇）或落后地区也有公平的机会承担较大功能。

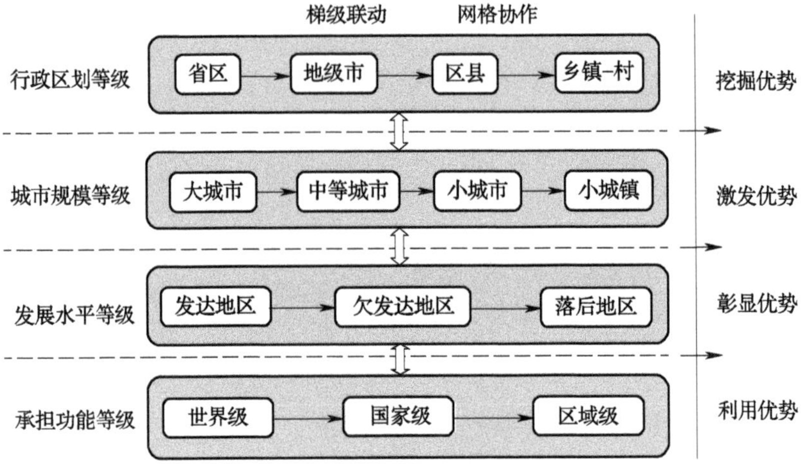

图 1-7　比较优势梯级联动发挥示意

五、促进城乡区域协调联动发展

优化要素资源配置，充分发挥比较优势，深化分工协作，加快补齐城乡区域发展短板，积极培育壮大城乡、区域和海洋现代化经济新增长点，因地制宜推进各地区走差异化的高质量发展路子，推进区域协调发展迈向新台阶。

（一）以协调人、地、钱关系为关键推动城乡融合发展

统筹实施新型城镇化和乡村振兴战略，以促进人进城、资本下乡和发挥农村土地价值为关键，加快形成工农互促、城乡互补、全面融合、共同繁荣的新型工农城乡关系，构筑城乡融合发展新格局。

1. 最大力度促进城乡要素双向自由流动

促进城乡要素市场双向开放，扭转长期以来农村人口、资金等要素资源

向城市单向集聚流动的趋势，加快推动城市资本、技术、人才下乡进程，促进实现城乡要素双向融合互动和资源优化配置。

一是激活农村土地资源价值。加快全面实施农村集体经营性建设用地入市政策，推动实现城乡土地要素市场一体化。深化宅基地制度改革，积极探索扩大宅基地出租、转让、入股、典卖等流转的对象人群范围，在严格规范用地用途的基础上，推动允许城市户籍人口到农村购买闲置宅基地、闲置农房。鼓励和支持农业生产与村庄建设用地复合利用，大力发展农村新产业、新业态，积极拓展土地使用功能。积极探索农村土地要素跨县、跨市和跨省交易形式。

二是促进人力资本城乡双向流动。鼓励进城务工人员返乡创业就业，吸引大学毕业生、退伍军人等群体积极投身乡村振兴事业。通过规划建设一批农业农村发展综合体，搭建一批高质量的农业农村创新创业平台，为社会各界投身乡村建设提供广阔舞台和发展空间。加强进城务工农民职业培训，完善劳动就业社会保障体系，确保进城务工农民与城镇职工实现同工同酬。

三是强化城乡资本自由流动。发挥财政资金的引导作用，撬动各类社会资本投向乡村振兴事业。深化涉农金融改革，争取更多金融资源配置到农村经济社会发展的重点领域和薄弱环节，更好满足乡村振兴多样化金融需求。完善农村金融服务渠道和体系，确保金融机构从农村吸收的存款更多用于农业农村发展。支持农民通过流转承包地、宅基地等充实储蓄资金，在市民化过程中带资进城。

四是积极引导信息技术下乡。建立健全农村信息服务体系和农业科技推广服务体系，引导各类涉农信息技术下乡，为乡村振兴提供信息技术支撑。强化政策支持和引导，搭建城乡信息技术共享平台，积极发展涉农现代信息技术服务业。鼓励电信运营商、电商等企业开发信息技术应用软件，积极开展农业生产技术培训。通过财政补贴、政府购买服务、落实税收优惠等政策，支持利用大数据、物联网、云计算、移动互联网等新一代信息技术促进乡村创新创业。

2. 积极培育壮大农村现代化经济新增长点

深化农业供给侧结构性改革，以农业农村资源深度开发和产业链延伸拓展为依托，以新型农业经营主体为主导，以利益分配机制创新、业态创新、模式创新等为动力，以一二三产业融合发展为路径，积极拓展农村发展新空间，培育农村发展新动能，加快农业农村现代化进程，推动农村经济高质量发展，在农业农村发展领域积极培育壮大现代化经济发展的增长点。一方面，突出企业的主体地位，培育壮大各种类型新型农业经营市场主体，让企业按照市场需求导向配置资源，充分调动全社会的资金、技术、人才、信息等资源，投入农村现代化经济建设，激发农业农村发展的活力和潜力。另一方面，把农村一二三产业融合发展平台建设作为农村现代化经济建设的重要载体，作为催生城乡工农业态融合、带动城乡资源要素合理配置的重要纽带。因地制宜推动规划建设一批各具特色、具有示范带动效应的农业农村发展平台，如农村产业融合发展示范园、农业主题公园、田园综合体、电子商务平台、特色种养殖基地、乡村旅游景区（点）、休闲观光园区、康养基地、乡村民宿、特色小城（镇）、农村综合服务中心等。

3. 按距离城区远近差异促进城乡融合发展

我国农村分布广阔且较为分散，根据农村距离城区的远近和农村发展基础条件等，应差异化推进城乡融合发展。

一是推动城中村及中心城区周边农村功能城市化。以城市总体规划为蓝本，以城市战略发展和功能分区为指导，按照城市新型社区的标准要求，推动城中村更新改造，完善配套公共服务设施建设，打造成为城市新亮点。对于城区周边的乡村，根据城区规划建设需要，适时纳入城市规划的总体框架，有序推进城区部分功能向周边乡村转移，建设成为新的城市功能区。对于需要易地搬迁的城中村和城区周边乡村，统筹做好搬迁移民和就业安置工作。

二是促进县城及镇政区与周边农村一体化发展。围绕县城功能完善及提升需要，适度推动县城空间开发向周边农村拓展，统筹推进村民搬迁和县城功能区建设，促进基础设施规划建设、公共服务供给和产业发展一体化。为满足县城居民消费需要，可选择县城周边有条件的乡村，建设一批以农耕体验、农家乐、蔬菜种植等为特色的美丽乡村。对于镇政区周边的农村，推进一体化规划建设，确保镇政区及其周边农村基础设施实现互联互通，以及周边农村共享镇区公共服务供给，适度满足城镇功能向外拓展的承载需要。

三是有序引导城市要素流向人口较多的重点农村居民点。对于远离城区、县城和镇政区，且人口较为集中的中心村，积极引导城市的资金、人才、技术等优质资源下乡，扶持发展这些重点农村区域。按照基础设施城镇化、服务设施社区化的要求，完善道路、水利、信息、文化体育等基础设施配套建设，规划新建或改造升级一批集文化活动中心、村级医疗卫生服务点、健康养老照料中心等服务功能的新农村综合服务中心。对产业发展、文化资源等有一定基础和潜力的特色村，着力推动一二三产业融合发展。

四是加快偏远且人口较少的乡村居民点人口市民化。对人口较少、距离城市较远、受到城市辐射带动作用较小的村民点，加大政府财政资金投入，保障农村道路畅通、网络设施覆盖、自来水等基础设施供给能力，满足人口生活基本需求，同时有序引导农业人口就近市民化进程。此外，对于偏远贫困地区、生态脆弱地区的农村（空心村），有序推进整体移民迁建，规划新建移民搬迁新社区，完善社区配套公共服务设施，积极引导农业转移人口融入城市就业生活环境。

（二）以深化分工协作为抓手促进区域良性互动

通过深化、创新分工合作，促进创新链、资金链、产业链和政策链跨区域有机整合，推动区域发挥比较优势，实现良性互动和共同发展。

1．加强国家战略对接融合

一是促进“一带一路”建设与区域协调发展战略的融合。“一带一路”建设为我国区域发展提供了全方位的对外开放视角，增强了区域发展的开放性。特别是“一带一路”建设提出的新亚欧大陆桥、中蒙俄、中国—中亚—西亚、中国—中南半岛、中巴和孟中印缅六大国际经济合作走廊，借力跨区域重大基础设施互联互通建设，可连通京津冀、长江经济带、粤港澳、海南等战略区域。

二是深入推动京津冀协同发展（雄安新区建设）、长江经济带发展、粤港澳大湾区、海南全面深化改革开放和长江三角洲一体化等战略的对接融合。不同战略具有不同的内涵与历史含义，可为其他战略实施提供先行示范。加强在重大项目规划、产业发展、制度创新、政策供给等方面的沟通，避免政策冲突、重复建设和在改革创新中走弯路。同时，积极推动战略区与非战略区的合作。

三是统筹城四大板块、经济支撑带、城市群和经济区之间的空间联系。促进不同战略空间政策叠加、产业协作和资源要素优化配置，加快形成统筹东中西、协调南北方的区域发展格局。如充分发挥长江经济带横跨东中西三大板块的优势，以长江生态环境保护为引领，推进长江上中下游协调发展。以跨省城市群为载体，带动所在经济区一体化发展，继而推动四大板块之间融合互动。

四是深化其他类型区域合作。包括省际交界区域、上下游地区、资源输出和输入地区、粮食主产区和主销区、对口支援区和受援区等类型区域合作、国际合作等，在“飞地经济”、横向生态补偿、跨区域企业兼并重组、跨区域共享平台搭建等方面不断创新合作方式和模式，积极拓展合作领域。

2. 优化区域分工协作格局

一是因地制宜推进“再工业化”。以供给侧结构性改革为主线，推动发达地区在更高技术层次上促进产业升级，参与发达国家“再工业化”竞争，推动中西部等欠发达地区就地就近将矿产能源和劳动力资源转换为产业优势和经济发展能力，逐渐改变过去长距离资源运输配置的格局。

二是发挥经济支撑带的纽带作用，有序推进东部沿海产业向中西部地区转移，以及加强南北经济协调联动，通过长距离、跨区域的产业分工协作，促进东中西部、南北方不同技术梯次的产业实现联动发展。

三是引导城市群核心城市部分产业向周边中小城市疏解，缓解核心城市的“城市病”压力，带动周边中小城市产业发展，形成核心城市为总部经济引领、周边城市加工制造配套的现代化经济发展格局。

四是打造跨区域行业企业发展新生态。以龙头企业为主导，运用新技术、新模式，推动不同行业之间、行业内部不同分工部门之间、处于产业链不同环节的企业之间围绕价值链共同提升的方向，加强资源就地深度挖掘和人才、资金和技术等优质要素跨区域异地高效重组，促进资源跨区域有效配置，构建行业企业发展新生态，推动行业企业在转型升级中整体走向新的成长生命周期。

五是构建消费经济网络体系。瞄准全国消费市场新动向，推动建设一批世界级、国家级、区域级的综合性、专业性、特色性的消费中心。

3. 促进区域新旧动能协同转换

近年来，地区经济分化的本质是新旧动能转换快慢的分化，特别是我国的北方地区、资源衰退型地区、欠发达地区和落后地区等创新能力相对弱，在新动能培育上要明显慢于南方和发达地区。为遏制区域协调发展逆转势头、控制区域差距在合理区间范围，应推动各地区新旧动能同步协同转换（见图 1-8）。东部沿海等发达地区继续在改革创新、新旧动能转换和区域一体化发展等方面先行先试，在推动区域经济高质量发展方面发挥领头羊、排头兵作用，通过深化交流合作，带动欠发达地区、北方地区因地制宜走各具特色的高质量发展路子。

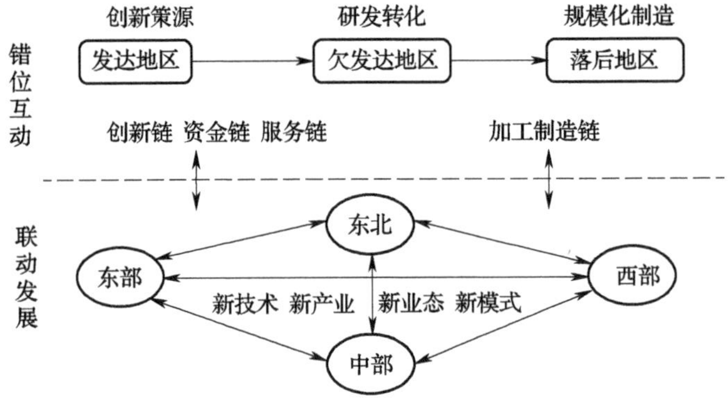

图 1-8 不同发展水平和创新梯度地区新旧动能协同转换

在路径上，一是在营商环境建设上，推动西部、北方地区深度学习东部和南方地区在解放思想、对外开放、“放管服”改革等方面的经验做法，着力为创新创业投资提供良好的发展环境。二是积极探索建立发达地区、欠发达地区和落后地区之间的改革创新联动机制，以创新链为牵引，跨区域推动要素链和产业链融合发展，切实引导不同创新梯度地区、不同省区之间，不同规模和等级的城市之间实现新旧动能有序更替和同步转换。三是创新区域对口援助、对口协作方式，鼓励发达地区向欠发达和落后地区提供人才、技术等方面的支持。

（三）以陆促海积极拓展蓝色发展空间

以陆促海、以海带陆，合理开发利用海洋资源，发挥海洋优势，提升海洋价值，加快补齐海洋发展的短板，不断培育壮大海洋经济发展新增长点，着力维护和拓展国家海洋权益，拓展我国区域协调发展的海上战略部署空间。

1．合理开发利用海洋资源

协调陆地资源高效利用和海洋资源开发，以陆地资源开发技术和产业发展为依托，促进海洋资源有序开发、有效利用，切实提高海洋生物资源、矿产资源、海水资源、海洋可再生能源等主要海洋资源可持续开发利用的能力。

一是落实海洋主体功能区制度。根据不同海域的资源环境承载力、开发强度和发展潜力，科学规划海洋空间利用和海岸带经济布局，完善开发政策，规范开发秩序，形成资源、环境、经济社会协调发展的海洋主体功能区格局。

二是加强海洋资源开发评价。综合评价海域开发利用的适宜性和海洋资源环境承载能力，建立海岸带、近海及远海资源合理开发的整体性、长远性、战略性新布局，优化海洋空间开发布局，促进海洋资源节约集约开发。

三是统筹协调近岸、近海和远海资源开发。合理控制各类建设用海规模，保证生活空间和生态空间用海。严格保护自然岸线，延长人工岸线，保留公共通道，打造亲水岸线。改变传统的分散用海方式和粗放用海方式，实行集中适度规模开发，提高单位岸线和用海面积的投资强度。加强深远海能源和矿产资源地质勘查，加快海洋油气资源勘探开发步伐，进一步发展远洋捕捞业。

2. 推动海洋经济高质量发展

树立海洋经济全球布局观，主动适应并引领海洋经济发展新常态，把海洋经济作为现代化经济的重要内容和增长点。

一是提高海洋科技创新能力。在深海关键技术与装备、深水油气资源开发、海水养殖与海洋生物技术、海水淡化、船舶与海洋工程装备制造等领域，加快推进核心技术、关键共性技术和前沿技术的产业化和国产化。对于短期内自主创新无法获得重大突破且在国际上处于跟跑地位的领域，支持通过海外并购的方式获得技术升级。鼓励涉海企业、科研院所与国外相关机构开展联合设计与技术交流，推动形成国际区域海洋科技产业联盟。

二是优化海洋产业结构。加速海洋渔业、海洋船舶工业、海洋盐业等传统产业优化升级，逐步化解部分产能过剩问题；培育海洋药物和生物制品业、海水淡化、海洋可再生能源、海洋装备制造等战略性新兴产业，发展成为海洋支柱产业；大力发展海洋领域生产性服务业和生活性服务业，促进海洋服务业通过模式创新向产业链高端延伸，不断增强拉动就业和支撑经济增长的能力，构建起结构合理、开放兼容、自主可控、具有国际竞争力的现代海洋产业体系。

三是扩大海洋经济开放合作。全面推进21世纪海上丝绸之路建设，打造国际合作海上支点，加强海洋领域国际投资合作，拓展海洋经济合作发展新空间。以市场为导向，加强与美国、挪威、法国、澳大利亚、日本、韩国、新加坡等国家涉海企业的合作，提高在全球海洋产业价值链分工中的地位和作用，形成新的业务模块。支持涉海企业“抱团出海”，参与建设境外产业园区，将海外园区打造成海洋领域优势装备和优质产能的重要输出平台。

3. 加强陆海互联互通建设

统筹对内对外港口、交通基础设施建设，提高陆海互联互通合作水平，为陆海经济联系、拓展海外经济通道提供设施保障。一方面，优化国内航运港口体系建设。完善环渤海、长三角、珠三角、东南沿海、西南沿海等区域港口群建设，深化沿海港口、内河港口及陆海一体化交通运输体系建设，密切沿海与内地腹地经济联系。另一方面，积极拓展开发国际航线和出海通道。促进与“一带一路”沿海岸线国家的互联互通，发挥深圳、上海等全球海洋中心城市的引领作用，加强港口和基础设施建设规划、技术标准体系的对接，推进国际骨干通道建设，鼓励企业参与海外港口管理、航道维护、海上救助，逐步形成连接亚洲各区域以及亚—欧—非之间的基础设施网络，构建对接全球互联互通大格局。

4．着力维护拓展国家海洋权益

以建设海洋强国为导向，协调 21 世纪海上丝绸之路建设与国家海洋权益维护关系，推进海上务实合作，积极参与维护国际和地区海洋秩序。一是加强与沿海岸线国家的政策交流沟通、文化交流沟通和民间组织信息交流沟通，增强发展共识，通过双边或多边协商和平解决国际海洋权益争端。二是加强重点领域的海洋权益维护。积极维护港口和岛礁建设的权益。进一步厘清海洋资源开发权益内容，为海洋资源开发提供法律保障，维护海洋资源开发权益。切实保障国家海洋安全。三是近期以东部沿海和东盟国家合作为重点，加强与东盟国家海洋资源联合开发，以中国东盟自贸区升级版建设为契机推进区域经济一体化，着力打造我国统筹 21 世纪海上丝绸之路建设与海洋权益维护的国际样板区。

六、建设城乡区域发展体系政策建议

充分尊重城乡区域发展体系的演化规律，发挥好政府在顶层设计、制度建设、政策优化等方面的主体作用，政府行为更多突出战略目标导向，紧抓

“牛鼻子”问题，精准有力施策，有力保障市场机制运行高效，使市场在资源配置中起决定性作用，既激发优势，也促进联动，实现城乡区域共同高质量发展。

（一）搭建完善现代化经济体系的区域梯队

从国家战略布局上，推动搭建现代化经济体系建设的区域梯队，为推动高质量发展提供政策精准落地的抓手，建议结合“十四五”规划，统筹研究第二、第三梯队的最终遴选，并出台针对性有力举措，重点扶持和推动建设。

根据现代化经济体系空间格局，第一梯队，包括京津冀、长三角、粤港澳以及经济实力较强的省会城市。第二梯队，筛选一批发展基础较扎实、经济增长势头好、外部条件利好等经济增长潜力区域，培育成为支撑现代化经济体系建设的新兴增长极。如，新的经济增长板块，近年来增长势头较好的西南板块（重庆、四川、云南、贵州）和中部板块（湖南、湖北、安徽、江西）；新的经济支撑带，如哈大、包昆和陇海三条新经济支撑带，分别是东北振兴、促进西北和西南、东西联动的重要支撑带；战略性接续成长城市，壮大中西部及东北地区部分省域的次中心城市；国家级重大发展平台，建设成为现代化经济建设重点领域的排头兵和先锋队。第三梯队，为发展潜力和势头较好的市县，引导走特色差异化的高质量发展之路，切实增强对现代化经济建设的底部支撑作用。建议国家层面统筹第二、第三梯队的最终遴选，并出台针对性有力举措，予以重点扶持和推动。

（二）着力增强农村、欠发达地区和海洋发展新动能

一是以农村地区一二三产业融合发展重点项目为抓手，加强涉农的财税、

人才、产业、扶贫、土地、环保等各方面政策措施的整合力度，形成统一的政策包和政策工具箱，发挥多项政策的叠加共振作用，合力推进乡村经济现代化，积极拓展延伸农村农业的各种功能，为农村农业发展提供动力牵引。

二是加强对欠发达地区分类指导，包括特色经济空间中的老少边穷地区、资源枯竭型地区、农产品主产区、重点生态功能区和能源矿产资源基地。此外，针对南北分化问题，建议围绕北方营商环境改善、特色优势产业培育、国有企业改革、创新能力提升，国家层面推动实施一批有力度、能见时效的政策举措。

三是推动建设一批陆海统筹发展示范区。增强陆上研发创新、产业配套、经济腹地等对拓展海洋发展空间的支持，推动建设涉海重大科技创新实验平台，加强海洋资源开发，促进海洋一二三产业融合发展，培育海洋经济新动能。

（三）建立健全城乡区域协调发展新机制

一是建立城乡融合发展新机制。全面放宽城市落户条件，逐步消除城乡户籍背后的社会保障差距鸿沟，以城乡统一的建设用地市场建设为抓手，全面推动城乡要素市场一体化，促进城乡要素双向自由流动、平等交换和均衡配置，争取更多优质要素能够有效配置到农村经济发展的重点领域和薄弱环节。

二是建立区域协调发展新机制。在促进区域协调发展的重点领域和关键环节勇于创新、深化改革，进一步完善市场机制、合作机制、利益补偿机制、互助机制和基本公共服务均等化机制，加快建立区域战略统筹机制，更好地协调区际利益关系和充分发挥地区比较优势，推动区域发展更加公平、更有效率。

三是建立陆海统筹发展新机制。从国家层面研究出台建立健全陆海统筹发展协调机制的顶层设计方案，解决目前陆海统筹上的部门职能不完全衔接、区域相对分割、要素流动不畅、法律保障不足、陆海资源配置相对独立、海洋资源产权不清晰等问题，为陆海统筹发展提供制度设计上的充分保障。

（四）分类分步推进区域市场一体化建设

深化市场化改革，打破区域分割和利益藩篱，加快清理和废除妨碍统一市场和公平竞争的各种规定，稳步推进全国统一大市场建设。一是率先推动长三角、京津冀、粤港澳等区域市场一体化，为全国市场一体化建设提供先行示范。二是对于市场化程度不高的区域，积极推动要素市场共建，促进市场信息互通、市场共同监管、市场信用体系互认等，支持共建要素交易平台。三是着力打破区域行业企业间市场垄断阻隔，全面实施全国统一的市场准入负面清单制度，深入实施公平竞争审查制度，消除歧视性、隐蔽性的区域市场准入限制。四是完善区域交易制度。建立健全用水权、排污权、碳排放权、用能权额度初始分配与交易制度，完善自然资源资产有偿使用制度，为特色经济空间提供更多发展权益。

（五）推动建立精准有力的城乡区域政策体系

一是完善城乡区域基本公共服务均等化政策。深入推进基本公共服务领域财政事权和支出责任划分改革，提高养老保障、医疗保险、义务教育等基本公共服务的统筹层次，逐步缩小基本公共服务城乡区域差距。制定完善养老保险、医疗卫生、义务教育等城乡、跨省转移接续的办法和配套措施，加强城乡区域间基本公共服务衔接和统筹合作。

二是增强区域政策在宏观调控中的作用。围绕区域政策在稳定经济增长、优化经济结构、改革开放试验、促进人地和谐等方面作用，促进产业、投资、财税、金融、土地、社会等宏观调控政策在城乡区域的定向精准发力。进一步细化区域政策实施单元，建立一定时期内较稳定的政策实施对象。研究成立国家区域协调发展基金，切实增强区域政策工具的调控引导作用。

三是强化区域规划的引领规范作用。按照分级分层、分类指导的原则，推动建立区域规划编制体系。国家重点组织编制和实施跨省区市的区域规划，以及属于国家事权和职责范围的关乎改革发展大局的重要功能区和试验区发展规划。省级政府重点组织编制和实施跨地市行政区的区域规划。完善区域规划修编调整机制，加强区域规划评估，适时对区域规划进行修编调整。

四是构建区域战略政策实施监测、评估及预警体系。推动探索建立科学评价新时代区域协调发展的指标体系，科学评价区域发展状态，准确把握促进城乡区域协调发展的方向和重点。建立区域战略政策实施效果的动态监测机制，加强区域协同发展的风险识别和预警，有效防范区域性重大风险。

（六）研究适时推动建设跨区域重大基础设施工程

着眼破除制约区域联系的硬通道瓶颈、缓解区域资源环境压力等战略性需求，适时推动实施一批跨区域重大基础设施工程，并与规划布局的重要经济区、经济支撑带有机衔接。一是针对西南地区交通瓶颈制约，加强高铁、高速公路等交通设施建设。加快推进“成都—格尔木—若羌—和田”铁路全线贯通，打通南疆进出大通道，发挥对“一带一路”建设、维护南疆民族地区经济发展的重要作用。二是研究西北调水工程方案。比较各种西北调水补水方案，适时启动调水工程，根本性解决西北缺水问题。三是推动重大信息设施建设。提前谋划布局 5G 网络。统筹海底光缆网络与陆地网络协调发展，加快打通连接丝绸之路沿线国家的陆海信息通道。四是深入研究南中北三大海峡跨海通道建设（海底隧道、跨海大桥）的可行性。北部的渤海海峡跨海通道，直线联系辽中南和山东半岛城市群；中部的台湾海峡跨海通道，连接福建和台湾，是海峡两岸经济区建设的重要经济通道；南部的琼州海峡跨海通道，是连接粤港澳大湾区和海南岛的战略通道。

参考文献

［1］托马斯·弗里德曼．世界是平的：21 世纪简史（内容升级和扩充版）［M］．何帆，等，译．长沙：湖南科学技术出版社，2008.

［2］韩立民，王金环．“蓝色粮仓”空间拓展策略选择及其保障措施［J］．中国渔业经济，2013（2）：53–58.

［3］郑苗壮．新时代：利用海洋资源 呼唤创新引领［N］．经济日报，2015-5-11.

［4］李靖宇，等．中国陆海统筹战略取向［M］．北京：经济科学出版社，2017.

［5］党国英．振兴乡村 推进农业农村现代化［J］．理论探讨，2018（1）：86–91.

［6］姜长云．推进农村产业融合的主要模式及其对农民增收的影响［J］．农业经济与管理，2017（4）：5–10.

［7］魏后凯．实施乡村振兴战略的科学基础和重点任务［J］．团结，2018（1）：25–29.

分 论 篇

第二章
城乡区域发展体系的内涵

内容提要： 本章从构建城乡区域发展体系的重大意义出发，阐释了彰显优势、协调联动的城乡区域发展体系的概念及内涵，内涵包括区域比较优势和潜力得到充分发挥、各类要素能够顺畅自由流动、城乡区域享有均等化的基本公共服务、以资源环境承载力为基础的空间结构得到优化、人均发展差距保持在适度范围内。分析了城乡区域发展体系的五个特征，即整体性、动态性、空间性、层次性和自组织性，并阐述了城乡区域发展体系建设与现代产业体系、现代市场体系、收入分配体系、绿色发展体系、全面开放体系和经济体制的关系。

习近平总书记指出："建设现代化经济体系是一篇大文章，既是一个重大理论命题，更是一个重大实践课题，需要从理论和实践的结合上进行深入探讨。""要建设彰显优势、协调联动的城乡区域发展体系，实现区域良性互动、城乡融合发展、陆海统筹整体优化，培育和发挥区域比较优势，加强区域优势互补，塑造区域协调发展新格局。"[①] 城乡区域发展体系是习近平"6+1"现

① 习近平在中共中央政治局第三次集体学习会议上的讲话 . 新华网，2018-1-30.

代经济体系的重要组成部分，城乡区域发展体系的内涵、特征及与其他体系的关系，是促进我国区域协调发展、推进现代化经济体系建设需要研究的重大理论和现实问题。

一、建设彰显优势、协调联动的城乡区域发展体系的重要意义

党的十九大报告指出："我国社会主要矛盾已经转化为人民日益增长的美好生活需要和不平衡不充分的发展之间的矛盾。"① 建设彰显优势、协调联动的城乡区域发展体系是适应我国社会主要矛盾转化的必然要求，对于我国全面建成小康社会、全面建设社会主义现代化强国具有重大意义。

（一）解决城乡区域间发展不平衡问题的必然要求

改革开放以来，通过实施区域协调发展总体战略，区域协调发展步伐不断加快，我国城乡区域发展取得显著成就，从总体趋势看，城乡区域发展的相对差距有所缩小。进入新时代，经济增长与发展方式粗放、经济结构和体制机制不合理以及国内外发展环境的变化并存，导致城乡、区域发展不平衡问题更加凸显，城乡区域间发展差距有进一步扩大的趋势。一个国家不同时期城乡区域发展不平衡矛盾会始终存在，就我国当前形势看，各地区均进入发展阶段转换的重要阶段，依靠创新、知识、人才等要素的竞争更加重要，发达地区依靠长期积累的高质高端要素的聚集，出现"赢者通吃"状况，而

① 习近平.决胜全面建成小康社会 夺取新时代中国特色社会主义伟大胜利：在中国共产党第十九次全国代表大会上的报告［M］.北京：人民出版社，2017.

欠发达地区在发展与保护等多目标要求下，实现既赶又转的难度加大。同时，依靠传统的区域政策缩小区域发展差距的难度越来越大，交通等重大项目的投资边际效应降低，前期区域政策的效应已挖掘殆尽，统一大市场的体制机制尚未根本构建，市场分割仍若隐若现、行政性垄断打而不破，城乡区域发展不平衡问题仍是今后相当长一段时期内需要解决的重大问题。在新的国内外发展环境条件下，继续实施区域协调发展战略，完善城乡区域发展体系，加快统一大市场体系建设，构建更加精准的区域政策，是控制城乡区域间发展差距扩大、解决城乡区域间发展不平衡问题的必然要求。

（二）满足人民日益增长的美好生活需要的必然要求

我国经济实力在世界经济格局中迅速提升，不同区域都做出了贡献，但城乡区域发展的质量和效益不高，在满足人民经济、政治、文化、社会、生态等方面日益增长的需要，推动人的全面发展、社会的全面进步等方面仍面临很多艰巨的任务。从需求性质来看，人类需要大致可划分为三个层次。第一层次是物质性需要，指的是保暖、饮食、种族繁衍等生存需要，这是人类最基本的需要。第二层次是社会性需要，它是在物质性需要基础上形成的，主要包括社会安全的需要、社会保障的需要、社会公正的需要等。第三层次是心理性需要，指的是由于心理需求而形成的精神文化需要，比如价值观、伦理道德、民族精神、理想信念、艺术审美、获得尊重、自我实现、追求信仰等。[①] 改革开放 40 多年来，我国各地区社会生产力水平明显提高，人民生活显著改善，但在人民物质性需要不断得到满足的同时，更多社会性需要和心理性需要还远远不能得到满足，各地区经济发展与政治、社会、文化、生

① 何星亮．不断满足人民日益增长的美好生活需要［N］．人民日报，2017-11-14（07）．

态之间的不平衡不协调矛盾依然突出，日益增长的需求与供给之间不平衡，各地区快速的经济增长并没有同步带来高质量的发展。如特大城市的高房价，严重抑制了年轻人的创新创业激情；农民工的社会地位低下，无法得到应有的尊重；农村传统文化不断衰落，精神文化生活欠缺，乡村治理隐患增多；产品质量、服务水平、宜居环境难以满足居民消费结构升级的需要等等，这些都必须通过构建彰显优势、协调联动的城乡区域发展体系，推动城乡区域实现更高质量的发展，满足人民日益增长的美好生活需要。

（三）适应高速增长阶段转向高质量发展阶段的必然要求

党的十九大报告提出“我国经济已由高速增长阶段转向高质量发展阶段，正处在转变发展方式、优化经济结构、转换增长动力的攻关期，建设现代化经济体系是跨越关口的迫切要求和我国发展的战略目标。”“必须坚持质量第一、效益优先，以供给侧结构性改革为主线，推动经济发展质量变革、效率变革、动力变革，提高全要素生产率。”[①] 向高质量发展阶段转变，建设现代经济体系，推动三大变革对城乡区域发展提出了新的要求。我国发达地区与世界上的发达国家和地区相比，仍有较大差距，表现在自主创新能力不强，传统产业转型升级不够快，新兴产业占比不高，资源约束趋紧，环境承载力下降，人口老龄化压力增大，完善的市场经济体制仍待加强；欠发达地区经济发展水平偏低，原贫困人口多、贫困面大，实体经济发展困难较多，民营经济发展不充分，体制机制障碍较多，基本公共服务滞后，发展与保护的矛盾较大。特大城市在集聚大量人口的同时，城市治理水平跟不上，城市交通、

① 习近平．决胜全面建成小康社会 夺取新时代中国特色社会主义伟大胜利：在中国共产党第十九次全国代表大会上的报告［M］．北京：人民出版社，2017.

公共服务供给、环境保护等问题突出，对周边区域发展的带动作用不强，中小城市和小城镇产业支撑薄弱，就业难、看病难等公共服务供给问题突出；乡村衰败，历史文化遗产无法得到有效保护和开发；农民工市民化面临诸多障碍。按照高质量发展的要求，各区域既要准确把握各自的比较优势，找出制约自身发展的短板与不足，加快质量、效率、动力三大变革，在保持一定增长速度的同时，开创质量效益明显提高、稳定性和可持续性明显增强的城乡区域协调发展新格局；又要在参与全球或全国产业分工中，形成具有较强竞争力的动态比较优势，提高城乡区域协调发展的总体效率，不断提升不同区域在全球或全国分工中的地位，壮大我国的综合国力，并为现代化经济体系建设提供空间支撑。

（四）应对世界经济格局不确定变动趋势的必然要求

我国经济短时间内在全球经济地位的上升得益于我国各地区充分发挥了比较优势，并借助了全球化和世界经济稳定增长周期的机遇。但国际金融危机以来，世界经济复苏艰难曲折，新的增长动力仍未形成，潜在增长率不升反降，不确定性因素增多；经济全球化在曲折中深入发展，反全球化浪潮涌动，保护主义和内顾倾向上升，给世界经济贸易发展蒙上了阴影，经济全球化的速度可能有所放缓、动力可能有所转换、规则可能有所改变。错综复杂的全球经济形势和曲折的全球化过程都对我国以外需为主要动力的沿海地区以及开放步伐正在加快的内陆地区扩大开放带来挑战，要求我们必须以供给侧改革为引领，加快对国内城乡区域空间结构的优化调整，在扩大开放中积极挖掘国内城乡区域发展的潜力空间，正确处理好外需与内需的关系，不但要提升沿海地区参与国际竞争的能力，还要推动内陆和沿边地区从开放的洼地变为开放的高地，形成陆海内外联动、东西双向互济的开放格局，进而扩大我国新的对外开放的综合竞争优势。要积极顺应现代化发展潮流，赢得国际竞争主动，构建起适应世界经济格局变动新趋势的国内城乡区域发展体系，以国内空间结构优化调整应对国际经济形势不确定给我们带来的挑战。

二、城乡区域发展体系的内涵和特征

城乡区域发展体系是围绕现代化经济体系建设提出的新课题，准确认识和把握城乡区域发展体系的内涵和特征，是明确未来我国城乡区域如何发展的首要问题。

（一）什么是城乡区域发展体系

中共中央政治局 2018 年 1 月 30 日进行建设现代化经济体系第三次集体学习时，习近平总书记指出："建设现代化经济体系是一篇大文章，既是一个重大理论命题，更是一个重大实践课题，需要从理论和实践的结合上进行深入探讨。建设现代化经济体系是我国发展的战略目标，也是转变经济发展方式、优化经济结构、转换经济增长动力的迫切要求。""建设现代化经济体系，这是党中央从党和国家事业全局出发，着眼于实现'两个一百年'奋斗目标、顺应中国特色社会主义进入新时代的新要求做出的重大决策部署。国家强，经济体系必须强。只有形成现代化经济体系，才能更好顺应现代化发展潮流和赢得国际竞争主动，也才能为其他领域现代化提供有力支撑。我们要按照建设社会主义现代化强国的要求，加快建设现代化经济体系，确保社会主义现代化强国目标如期实现。"①

---

① 习近平在中共中央政治局第三次集体学习会议上的讲话 . 新华网，2018-1-30.

关于现代化经济体系的构成，习近平总书记指出：“现代化经济体系，是由社会经济活动各个环节、各个层面、各个领域的相互关系和内在联系构成的一个有机整体。”[①] 习近平总书记提出了包含六大体系和一个经济体制的现代化经济体系框架。

所谓体系，可以理解为一定范围内的同类事物按照一定的秩序和内部联系组合而成的整体，或者说，是一定范围内不同小系统的集成。现代化经济体系是由多维度、多层次的经济子体系构成的经济大体系，主要由现代产业体系、现代市场体系、收入分配体系、城乡区域发展体系、绿色发展体系、全面开放体系六个子体系集合而成，每个子体系又由若干分体系组成，由此构成了一个大系统体系。其中，城乡区域发展体系不仅为现代化经济体系建设提供空间支撑，而且城乡、区域发展的质量效益直接决定着全国现代化经济体系构建的成效。

城乡区域发展体系是经济体系的重要组成部分，具有与经济体系相同的一般特征，即由要素、结构、体制、环境四个维度组成。第一个维度是“要素及其行为主体”，包括人才、资金、技术、信息等资源以及相关的大学、科研机构、企业等行为主体；第二个维度是“经济结构”，是指这些要素和行为主体按照什么比例进行配置，不同的组合决定了系统的运行效率；第三个维度是“经济体制”，是指这些要素和行为主体的运行机制，包括协调机制、动力机制等；第四个维度是“运行环境”，主要包括公平竞争的市场环境、营商和法制环境、政策环境、创业文化环境等。[②]

城乡区域发展体系是上述四个维度特征在空间上的综合反映，但同时，城乡区域发展体系还遵循区域经济运行的基本规律，即在要素禀赋差异、集

① 习近平在中共中央政治局第三次集体学习会议上的讲话 . 新华网，2018-1-30.

② 中国宏观经济研究院 . 现代化经济体系是什么、为什么、如何建设［R］. 内部报告，2017.

聚经济、转移成本、专业化、贸易等因素以及政府的协调机制、经济运行环境等因素共同作用下，形成一个国家的城乡区域发展大系统。

按空间单元来看，城乡区域发展体系由各种不同空间单元的子系统构成，如城与乡，城市密集区、生态保护区和农业主产区，东部与中部、西部，发达与欠发达，陆地和海洋，等等，城乡区域发展体系与其他体系的不同在于其重点关注的是不同空间单元的发展及不同空间单元子系统之间的关系。这些不同的空间子系统构成了全国国土空间的大系统，每个子系统在大系统中承担不同的功能，子系统之间相互作用形成特定的城乡区域结构，正确处理这些子系统间的关系是构建城乡区域发展体系所要解决的核心问题。

建设彰显优势、协调联动的城乡区域发展体系是要有效解决城乡区域发展不平衡不充分问题。通过充分发挥城乡区域的比较优势，推动城乡区域间享有均等化的基本公共服务，促进城乡区域各类要素在空间上自由流动，坚持人与自然和谐发展，促进城乡、区域、陆海等各子系统之间协调互动，最终使城乡区域间发展差距逐步缩小并控制在合理范围内，实现城乡区域陆海协调发展，为构建现代化经济体系提供空间支撑。

关于城乡区域发展体系与区域协调发展战略的关系，我们认为区域协调发展战略是构建城乡区域发展体系的重要内容，反映国家在不同发展时期对城乡区域发展体系建设的战略部署、重点任务和保障措施，在内涵上基本与城乡区域发展体系一致。

（二）建设彰显优势、协调联动的城乡区域发展体系的内涵

1. 不同区域的比较优势和潜力得到充分发挥

发挥各地区比较优势是区域协调发展的基础原则，也是实现区域效率最

大化的基本要求。区域差异是区域分工的基本前提，而这种差异必然以一定的区域要素为基础，在不同的经济发展时期，所谓的外生因素和内生因素对区域分工模式的决定作用不同。在分工发展的初期，外生因素是区域分工的驱动力，但随着经济的发展，交易效率的改进，外生因素对区域分工的作用越来越小，而知识、技术等内生因素在区域竞争优势的形成和发展中的作用越来越大。一个地区只有在充分利用比较优势的基础上，致力于内生比较优势的形成与动态化，通过技术创新与制度创新提升比较优势结构，发展具有潜力的关键性产业，才能实现开放条件下地区经济可持续发展。区域之间基于比较优势、规模经济和竞争优势的分工贸易模式基本是统一的，规模经济和竞争优势可以看作是比较优势内涵的丰富和扩展。各地区依赖健全的市场经济体制以及各类要素交换的交通、通信等基础设施，发挥要素禀赋组合优势，从相互交换和贸易中获得利益，从而将国家经济的“蛋糕”做大。建设彰显优势、协调联动的城乡区域发展体系就是要结合城乡区域未来发展比较优势的变化，进一步彰显各自的比较优势，培育富有竞争力的动态优势，壮大新的增长动力，形成各有分工、优势互补、协调联动的城乡区域发展格局。

2．城乡区域间各类要素能够顺畅自由流动

从宏观角度看，在完善的市场经济体制下，生产要素可以在不同区域之间实现顺畅流动，各种生产要素的组成比例不会因为区域的不同有很大差别。区域条件好、投入产出高的区域在集聚大量资金、技术的同时，也会集聚大量的人口；区位条件差、投入产出低的区域不仅资金、技术总量小，而且其人口数量也少。因此，尽管不同区域之间在经济总量上会有很大差距，但人均指标的相对差距并不会太大，即区域之间基本保持协调发展状态。各类要素在城乡、区域间的流动，可以有效促进不同空间了系统之间形成 1+1>2 的整体组合效应，形成更大的合力，而不是相互恶性竞争，浪费有限的资源，

造成对全局利益的损害。促进城乡区域间的联动协调发展需要正确处理好不同子系统之间的关系，包括不同区域之间、大城市与中小城市之间、陆地与海洋之间的关系，需要通过构建合理、有效的区域协调发展新机制，即市场机制、合作机制、互助机制、扶持机制等，实现城乡区域陆海多维空间协调互动、优势互补、互相促进、共同发展。建设彰显优势、协调联动的城乡区域发展体系就是以健全的市场机制为基础，消除制约城乡区域比较优势发挥的行政体制障碍和不合理的价格形成机制，理顺城乡区域之间的利益关系，形成城乡融合、区域互动、海陆协同的协调联动发展格局，实现全国整体利益的最大化。

3．城乡区域间享有均等化的基本公共服务

基本公共服务指建立在一定社会共识基础上，由政府主导提供的，与经济社会发展水平和阶段相适应，旨在保障全体公民生存和发展基本需求的公共服务。享有基本公共服务属于公民的权利，提供基本公共服务是政府的职责。建立有效的基本公共服务体系，维护不同地区居民基本生存权和发展权的需要，是使经济增长成果转化为人的全面发展的有效途径。促进城乡区域间基本公共服务均等化，有利于促进全国统一大市场的形成，推动人才、资本等生产要素按照市场经济规律在区域间自由流动，实现要素资源空间配置效率的最大化。促进城乡区域间基本公共服务均等化，可以在相当程度上缓解欠发达地区人口的贫困程度，改善其生存状态，拓展其发展机会，从而使欠发达地区跳出“贫困陷阱”，进而为缩小与发达地区的经济差距奠定基础。建设彰显优势、协调联动的城乡区域发展体系就是以人民为中心，通过构建城乡区域间均等化的公共服务体系、基础设施通达水平，保障各类生产要素具有自由流动的条件，让不同地区的人民都能享有改革发展的成果，实现全体人民共同富裕。

4．人口经济和资源环境实现空间均衡

党的十九大报告指出："人与自然是生命共同体，人类必须尊重自然、顺应自然、保护自然。""我们要建设的现代化是人与自然和谐共生的现代化，既要创造更多物质财富和精神财富以满足人民日益增长的美好生活需要，也要提供更多优质生态产品以满足人民日益增长的优美生态环境需要。"[①] 首先，每个区域都要坚持生态环境保护，因为保护生态环境就是保护生产力、改善生态环境就是发展生产力，良好的生态环境不仅直接提供生态产品，而且影响和决定着创造社会财富的能力；哪个地方珍视生态环境，就能获得更高的生产力，哪个地方忽视生态环境，就会破坏生产力。其次，正确处理人口经济和资源环境在空间上的关系，既是提升每个区域自身经济运行效率的需要，也是促使城乡区域间形成协调发展格局的必然要求。人口经济和资源环境的空间均衡要求人口规模、产业结构、增长速度不能超出当地水土资源承载能力和环境容量，一个区域的经济发展不能对其他区域的发展带来生态环境的破坏，不同区域根据各自的自然条件适宜性、资源环境承载能力和开发潜力，承担不同的主体功能，采取不同的发展路径。城市化地区高密度高效率集聚经济和人口，提升国土资源空间利用效率，走内涵集约发展道路；农产品主产区重点提供农产品，生态功能区重点提供清洁空气、清洁水源、宜人气候、优美环境等生态产品。建设彰显优势、协调联动的城乡区域发展体系就是以人与自然和谐发展为底线，正确处理好城乡、区域、陆海不同空间之间的关系，统筹考虑人口经济和资源环境在空间上的均衡，构建城乡区域绿色发展系统，形成城乡之间、城镇密集区与生态功能区之间、流域上中下游之间协

① 习近平．决胜全面建成小康社会 夺取新时代中国特色社会主义伟大胜利：在中国共产党第十九次全国代表大会上的报告［M］．北京：人民出版社，2017.

调联动的可持续发展大系统，实现全国经济体系的现代化、绿色化、生态化发展。

5．城乡区域间人均发展差距保持在适度范围内

建设彰显优势、协调联动的城乡区域发展体系的根本目的是促使城乡区域间发展差距不断缩小，使不同地区的人民都能实现共同发展、共同富裕。人口、产业、城市在地理空间的不平衡分布是区域经济发展的客观规律，世界银行报告指出“不平衡的经济增长和和谐性发展可以并行不悖”“经济生产的不断集聚化与生活水平的地理趋同和谐交融，在正确政策的支持下，集聚、移民和专业化等市场力量可以实现经济生产集中和生活水平趋同的双赢效果”。[①] 构建城乡区域发展体系，不是追求经济总量在不同地区间的全面增长，不是促进经济活动在空间上的平衡分布，而是通过资本和劳动的流动性、人们技能水平的提高，加上政府合理的干预，促使城乡区域间人均发展水平、人均生活水平差距不断缩小。由于我国还处于社会主义初级阶段，受市场机制不健全、基本公共服务水平短期内难以大幅提高、精准性强的区域政策仍在完善等因素影响，城乡区域间人均发展水平的差距在短期内难以大幅度缩小，只能保持在适度的范围内。适度的差距是指不能以牺牲某些区域的经济利益为代价来换取少数区域的经济高速增长，它的下限应是各区域经济普遍有所增长，不能出现个别区域的经济衰退，上限应是保持国民经济、政治、社会秩序的基本稳定，即人均差距不再拉大或把扩大的幅度保持在较低点上。

---

① 2009 年世界发展报告．重塑世界经济地理［M］．北京：清华大学出版社，2009.

（三）城乡区域发展体系的特征

1．整体性

城乡区域发展体系由各类不同的空间地域单元组成，这些地域单元可视为组成城乡区域发展体系的要素，它们之间的结构和功能的关系决定了全国城乡区域发展大系统的发展状况。每个子系统之间都相互联系、相互制约，只有综合协调好各子系统之间的关系，协调好社会、经济、生态、环境等各个方面的关系，才能获得最佳的整体性能。[①] 城乡区域发展体系中，单有一个子系统的发展，无法对全国经济发展提供支撑，某个子系统发展不好，也必然影响全国大系统的发展。全国城乡区域发展体系的功能不是每个子系统功能的简单集合，而是会形成系统整体功能大于子系统功能之和的效应。每个区域子系统又是由自然要素、环境要素、经济要素、人文要素等组成的一个有机整体，这些子系统共同组合形成了一个更大的系统——区域经济系统。这个系统涵盖了国民经济的各个部门，它在运行过程中不但与社会的生产、交换、分配、消费发生有机联系，也与自然资源、自然条件、生态环境发生着有机联系，同时，还与周边区域或更广阔区域产生关联。组成区域子系统的产业也具有整体性，任何一个区域经济的组成，都具有国民经济大系统综合性的特点，包括了工业、农业、商业、交通运输业、信息业等产业部门和职能部门，是综合了国民经济各部门乃至社会部门的经济综合体。区域经济整体功能不是各个组成部分的功能之和，而是大于各个组成部分之和，即：1+1>2。

---

① 吴殿廷．区域经济学［M］．北京：科学出版社，2003.

2. 动态性

城乡区域系统是涉及大量要素的复杂的动态系统，是与外界进行大量资源、产品、人员、资金和信息交流的开放系统。城乡区域发展体系的动态性表现，一是区域本身是客观存在的现实现象，可以根据一定的目的对其加以描述，进而划分区域，并揭示其一般规律性，但区域又处于不断演进变化之中，随着经济社会的发展，区域的内聚力不断发生变化，继而导致区域特别是经济区域的结构、功能、规模和边界也随之发生变化。[①] 二是城乡、区域、陆海关系会随着经济社会的发展不断变化，受内部与外部各类因素影响，城乡区域发展的差距会出现扩大或缩小的变化，支撑国家经济增长的重心也会出现此消彼长的变化，陆海间的相互依存关系也会处在不断变动当中。这些变化在某种程度上是市场机制作用的结果，在一定范围内是合理的，并不需要政府进行干预，但如果城乡区域发展差距超出一定的范围，经济活动在空间的集聚与资源环境承载力不相适应，则需要政府进行合理的干预。三是城乡区域体系建设的内容不是一成不变的，要随着现代化建设的推进做出相应的调整。国家经济社会发展现代化进程不断演进，由国内外发展环境不断变化所带来的国内不同地区之间比较优势不断变化，城乡区域发展体系中各子系统间的关系也随之发生变化，呈现出新的特征，并在空间格局中显现出来，国家要根据国内外环境的变化以及影响城乡区域关系发展的各种因素的变化，正确解决好城乡区域发展中出现的新问题，及时对已有的区域发展战略及区域政策进行调整，最终目的是促使城乡区域发展体系与国家建设现代化的目标相适应，能够在国家现代化建设中形成空间上、不同板块间、各子系统之间的协同发展，为现代化建设提供空间支撑。

---

① 魏后凯主编 . 现代区域经济学［M］. 北京：经济管理出版社，2006.

3．空间性

城乡区域发展体系中的各个子系统都是和一定的地表空间相联系，系统要素的空间分布、地区空间范围、空间距离、空间联系等在区域系统中有重大作用，对区域系统的组成部分如社会、经济、政治组织的行为有极大的影响，这就是区域系统空间性的含义。① 空间性是由各个子系统的地域特征决定的，处于不同空间的各个子系统在发展条件、发展水平、速度、结构、效益、潜力、功能等方面都存在显著差异，构建城乡区域发展体系要根据不同子系统的发展特征制定各自的发展战略和规划方向。城市和城镇密集区要考虑如何集聚更多的产业和人口，完善配套基础设施，在更高层次上参与国际分工，提高全球影响力，提升国土资源空间利用效率，走内涵集约发展道路，而生态功能区要考虑如何提供生态产品，保护下游地区的生态环境，粮食主产区要考虑如何保障提供稳定、安全的粮食产品。除了已有的开发空间，还要挖掘国土开发增长新空间，除了开发陆地，还要充分利用我国的海洋资源，挖掘海洋资源潜力，加强陆海开发和保护的统一规划与协调，在大力发展海洋经济的同时保护好海洋生态，提高海洋科技水平，增强我国海洋经济对陆地经济和全国经济发展的支撑，加快建设海洋强国步伐。

4．层次性

全国城乡区域发展体系可以分解成若干空间范围较小的区域子系统，反过来说，任何一个区域都可以看成是某个较大区域的子系统，由此形成城乡区域体系的层次结构。按空间载体来看，城乡区域发展体系由各种不同空间单元的子系统构成，如城与乡，城市密集区、生态保护区和农业主产区，东

---

① 吴殿廷主编．区域经济学［M］．北京：科学出版社，2003.

部与中部、西部，陆地和海洋，等等，每个子系统内部还可以包含多个向下层的子系统。城乡区域发展体系的构建，一方面需要处理好不同子系统之间、子系统和上层系统之间的关系，任何一个子系统的发展既要满足本地居民的发展需要，谋求区内居民福利的增长，又要考虑整个国家经济发展的需要，搞好与全国经济的相互衔接和协调，兼顾自身利益和国家利益。通过发挥不同子系统在全国的比较优势，促进不同子系统发挥各自在全国大系统中的作用，承担在全国大系统中的独特功能。通过健全市场机制，完善合作、互助、扶持、利益补偿、监督奖惩、政策调控、法律保障等机制，促进子系统之间形成良好互动协作关系，最终促进城乡区域协调发展，形成全国国土空间系统开发利用效率的最大化。另一方面，每个子系统内部也是一个复杂的系统，要根据其所具有的要素组合条件、发展阶段特征和比较优势，因地制宜、扬长避短，按照新发展理念的要求，走可持续发展道路，保持经济持续稳定增长。同时，要正确处理好与周边区域的关系，不能因为自身的发展影响周边区域的发展，要通过自身的发展，影响带动周边区域的发展，从而形成区域间相互带动、相互依托的可持续发展大系统，支撑全国经济的发展。

5. 自组织性

城乡区域发展体系作为一个大系统，在其发展运行过程中，在一定的外界环境条件下，系统内部的各子系统可以不受外部力量驱使，不断对外界环境变化发展自动反应，从而建立新的稳定结构和平衡状态，适应新的环境变化影响，形成协调联动的发展格局。在市场机制作用下，各类要素在“规模效应”“报酬递增”“循环累积”和“知识外溢”等区域经济规律作用下，不断在区域内部及不同区域之间流动，产生各类要素在空间上的集聚与分散，形成空间上发展不平衡的状态。每个子系统内部基于自身不断发展变化的综合发展条件，不同部门在外部环境影响下，生产要素进一步重组，形成新的自我演化过程。每个子系统之间通过竞争与合作，不断优化调整区域间的协作分工关系，形成相互依赖的经济社会复杂的网络化关系。各子系统的发展主体具有交流、学习、调整的自适应能力，能够积极应对外部冲击带来的挑战，适时调整自身的发展战略和策略，保障每个子系统能够持续发展下去。政府要谨慎地运用各种经济政策对系统进行控制，以免造成对区域经济系统自组织活动和自适应性的干扰。

三、城乡区域发展体系与其他体系的关系

城乡区域发展体系是现代化经济体系的重要组成部分，其建设的好坏与其他体系建设的好坏密切相关，六大体系之间具有紧密的支撑关系，缺一不可，必需统筹建设，才能为现代化建设提供有力支撑。

（一）城乡区域发展体系为现代产业体系提供空间支撑

各类要素在空间的优化配置，是各地区自然、经济、社会各类因素共同作用的结果，形成的人口、产业、城镇空间格局是国家不同时期区域发展战略及区域政策实施的结果，是市场机制和政府政策共同作用的结果。各种产业在区域空间分布上的持续调整，伴随着现代产业体系建设的过程。改革开放以来，我国传统工业中心开始让位于新兴制造业基地，一些老工业基地出现资源枯竭和产业衰落；国际金融危机以来，随着传统重化工业的发展规模接近和达到峰值，以及一些新兴产业的发展壮大，产业梯度转移进程加快，中西部产业集群正在兴起；进入互联网时代，随着新产业、新业态、新技术的发展，一些以信息技术、新兴产业为依托的城市迅速成长；随着城市群的不断发展壮大，一批具有优越区位条件的中小城市不断崛起，传统城乡区域

增长格局正在发生重构。我国国土广袤，各地区发展条件和发展阶段不同，区域间存在较大落差，同时也反映出我国可纵深开发的空间潜力很大。城乡区域发展体系建设通过优化调整产业布局，培育新的增长极，可以为现代产业体系建设提供空间支撑，同时也可以解决我国人口产业空间分布不平衡的问题，促进城乡区域协调发展。

我国虽然已经是一个制造业大国，但还不是制造业强国，制造业的质量和效益总体水平还较低，高品质、个性化、高复杂性、高附加值产品的供给能力明显不足，加上资源环境承载力制约并面临发展中国家和发达国家的双重挤压等因素，我国成为制造业强国还面临着很多困难。党的十九大报告指出，“加快建设制造强国，加快发展先进制造业，推动互联网、大数据、人工智能和实体经济深度融合，在中高端消费、创新引领、绿色低碳、共享经济、现代供应链、人力资本服务等领域培育新增长点、形成新动能。支持传统产业优化升级，加快发展现代服务业，瞄准国际标准提高水平。促进我国产业迈向全球价值链中高端，培育若干世界级先进制造业集群。加强水利、铁路、公路、水运、航空、管道、电网、信息、物流等基础设施网络建设。”①城乡区域发展体系建设将围绕国家现代产业体系建设的任务要求，解决产业空间分布不平衡不协调的问题，推动不同地区在产业结构转型升级、支撑现代化经济体系建设方面发挥不同作用。东部地区要解决产业高端化不足，创新支撑薄弱，环境污染问题比较突出，资源约束日趋紧张等问题，加快创新支撑、高端产业支撑、新兴产业支撑，提高在全球价值链中的地位；中西部地区要解决传统产业仍占比高，转型升级步伐慢等问题，加快推进供给侧改革，发挥后发优势，积极培育新的增长动力。

---

① 习近平 . 决胜全面建成小康社会 夺取新时代中国特色社会主义伟大胜利：在中国共产党第十九次全国代表大会上的报告［M］. 北京：人民出版社，2017.

（二）现代市场体系为构建城乡区域发展体系提供制度保障

在现行财税和政绩考核制度影响下，“行政区经济”成为主导区域经济活动的主要力量，各种可能造成行政区所在地 GDP、财税变动或影响政绩考核的经济活动都会受到各种行政力量的干预，表现为一些地方政府不顾地区发展条件和资源环境状况，盲目引进不符合地区长远发展利益的项目，导致地区间产业恶性竞争严重，地区可持续发展能力降低，生态环境恶化，水土资源保障程度迅速下降。在政府职能改革不到位的状况下，各级地方政府为了追求和保护自身利益，以行政区边界，构筑贸易壁垒，实行市场封锁，阻碍了劳动力、人才、资本和技术在地区间的自由流动和要素资源的高效配置。大量农民工受户籍、社会保障制度地区分割和统筹层次低等因素影响，不能在教育、就业、医疗、养老、保障性住房等方面享受与城镇居民同等的基本公共服务，制约了农民工及相关各类要素的自由流动和合理配置，损害了市场经济的公平环境。产权保护、市场体系、市场准入、信用体系、市场监管等制度不健全，阻碍了资本、技术等要素在区域间的自由流动。

现代市场体系要为城乡区域发展体系构建提供制度保障。一是积极发展各类区域性生产要素市场。积极推进区域资本、技术、人力资源和土地要素市场建设，建设区域性产权交易平台、技术和人力资源市场，积极推进土地资产市场一体化，促进土地使用权有效流转和优化配置。在区域市场一体化的基础上，加快构建全国统一大市场。二是打破地方保护主义和部门保护主义。大力整顿规范市场秩序，全面清理各种地区封锁的规定，促进商品和各种生产要素在全国范围内自由流动和充分竞争，消除企业跨行业、跨区域、跨所有制兼并重组的阻力，推动建立跨地区跨部门执法协作机制。三是消除地区间不合理的政策差异。积极破除城乡间、区域间不平等的制度和政策，整合各类产业、环保、公共服务、土地、招商等政策和法规，建立有利于企业和地区开展公平竞争的环境。加大对已制定的各类政策进行梳理，对于不符合构建统一大市场要求，不利于企业开展有序竞争的政策措施加紧清理和消除，对具有普遍意义，但目前还只是在少数地区进行试点试验的政策措施，要加紧推广，扩大政策实施范围，以创造更为统一的市场竞争环境。确实需要对某些重点领域和特殊地区实施差别化政策的，要进一步建立完善政策对象确定、政策体系设计、政策效果监督评价等制度，促使区域政策效果最大化。

（三）收入分配体系是构建城乡区域发展体系的基本要求

合理的收入分配体系是让改革发展成果更多更公平惠及全体人民的需要，是促进城乡区域内部增进民生福祉、阻断贫困代际传递的需要，还是缩小城乡区域间发展差距、促进社会性流动的基本需要。当前，城乡区域发展中民生领域还存在着不少短板，巩固拓展脱贫攻坚成果的任务繁重，城乡区域发展和收入分配差距依然较大，就业、教育、医疗、居住、养老等公共服务领域仍然存在着供给不足的问题。收入分配调节的制度不健全，社会保障统筹层次较低，各类社会保险跨地区转移接续机制不健全，制约了劳动力、人才的社会性流动，不利于城乡居民在摆脱贫困和低收入状况后持续向更高收入水平升级；财税体制不完善，低收入群体税收负担重，财政转移支付体系与不同地区的需求匹配程度还有待提高。

党的十九大报告要求，履行好政府再分配调节职能，加快推进公共服务均等化，缩小收入分配差距。实现社会公平正义，既要在初次分配中着力创造均等的机会，不断提高一线劳动者的劳动报酬，完善市场评价要素贡献并按贡献分配的机制，也要在再次分配领域更好发挥政府的调节作用，完善以税收、社会保障、转移支付和基本公共服务均等化等手段为主的再分配机制。让改革发展成果更多更公平惠及全体人民，需要加大再分配力度，提高再分配效率，增强再分配与初次分配之间的协调性。首先，继续深化收入分配制度改革，调节收入分配，要求政府通过法律手段和改革措施着眼于保护合法收入，规范隐性收入，遏制以权力、行政垄断等非市场因素获取收入，取缔非法收入。其次，通过基本公共服务均等化，社会政策托底、保护弱势群体等方式保障基本民生，使发展成果惠及所有社会群体。最后，巩固拓展脱贫成果，扎实推动共同富裕，自觉主动缩小城乡差距、地区差距、收入差距。

（四）绿色发展体系是构建城乡区域发展体系的根本保障

良好生态环境是实现中华民族永续发展的内在要求，是增进民生福祉的优先领域，是城乡区域发展的基本要求。《中共中央 国务院关于全面加强生态环境保护坚决打好污染防治攻坚战的意见》指出，“我国生态文明建设和生态环境保护面临不少困难和挑战，存在许多不足。一些地方和部门对生态环境保护认识不到位，责任落实不到位；经济社会发展同生态环境保护的矛盾仍然突出，资源环境承载能力已经达到或接近上限；城乡区域统筹不够，新老环境问题交织，区域性、布局性、结构性环境风险凸显，重污染天气、黑臭水体、垃圾围城、生态破坏等问题时有发生。这些问题，成为重要的民生之患、民心之痛，成为经济社会可持续发展的瓶颈制约，成为全面建成小康社会的明显短板。”“进入新时代，解决人民日益增长的美好生活需要和不平衡不充分的发展之间的矛盾对生态环境保护提出许多新要求。当前，生态文明建设正处于压力叠加、负重前行的关键期，已进入提供更多优质生态产品以满足人民日益增长的优美生态环境需要的攻坚期，也到了有条件有能力解决突出生态环境问题的窗口期。必须加大力度、加快治理、加紧攻坚，打好标志性的重大战役，为人民创造良好生产生活环境。”①

城乡区域发展必须按照生态文明建设的基本要求，坚持以人为本、依法推进，坚持节约资源和保护环境的基本国策，把生态文明建设放在突出的战略位置，融入经济建设、政治建设、文化建设、社会建设各方面和全过程，协同推进新型工业化、信息化、城镇化、农业现代化和绿色化，实现城乡区域更高质量、更有效率、更加公平、更可持续的发展，为提高我国经济发展质量和效益、建设现代化经济体系提供重要支撑。要以健全生态文明制度体系为重点，优化国土空间开发格局，全面促进资源节约利用，加大自然生态系统和环境保护力度，大力推进绿色发展、循环发展、低碳发展，弘扬生态文化，倡导绿色生活，加快建设美丽中国，使蓝天常在、青山常在、绿水常在，实现中华民族永续发展。

（五）全面开放体系为构建城乡区域发展体系提供动力

改革开放的实践已经证明，扩大开放是我国成功步入现代化国家的重要动力之一。当前我国经济发展进入新常态，劳动力成本持续攀升，资源约束日益趋紧，环境承载能力接近上限，开放型经济传统竞争优势受到削弱，传统发展模式遭遇瓶颈，要进一步增强我国的国力，提升在全球分工的地位，必须通过扩大开放，寻求国内经济增长新动力。通过进一步扩大开放可以引进高端的产业活动、高端的生产要素、更加先进的技术，包括制造业、服务业，提升我国在全球生产价值链上的分工地位，可以为城乡区域发展体系构

---

① 中共中央 国务院关于全面加强生态环境保护坚决打好污染防治攻坚战的意见［Z］. 新华社，2018-6-24.

建培育形成新的增长动力。东部沿海地区一直是我国对外开放的前沿，但是大而不强的问题仍较突出，创新能力较弱，出口产品质量、档次和附加值不高，传统行业竞争优势弱化，外商投资环境还有待优化，贸易和投资自由化、便利化程度不高。中西部地区的开放虽有所发展，但总体上还是对外开放的洼地。西部地区拥有全国 72% 的国土面积，27% 的人口，20% 的经济总量，而对外贸易量仅占全国的 7%，利用外资和对外投资分别占 7.6% 和 7.7%。① 在"一带一路"建设过程中，仍面临周边国家基础设施建设滞后、开放人才短缺、政策不稳定等多种因素制约。

但也要看到，我国人力资源丰富、市场规模庞大、基础设施比较完善、产业配套齐全，创新的制度环境和政策环境不断完善，开放型经济仍然具备综合竞争优势。在严峻复杂的国内外环境倒逼下，我国加工贸易加快转型升级，服务贸易持续快速发展，外贸新产品、新业态、新模式不断涌现，企业国际化经营能力明显增强，在国际分工中的地位逐步提升。东部沿海地区要继续加快建立全方位开放型经济体系，更高层次参与国际合作与竞争，推动开放朝着优化结构、拓展深度、提高效益方向转变，形成参与国际竞争新优势，引领全国全面对外开放。加快推进自贸区改革试验，提高自贸试验区建设质量，对标国际先进规则，强化改革举措系统集成，鼓励地方大胆试、大胆闯、自主改，形成更多制度创新成果，积极探索建设自由贸易港。内陆和沿边地区充分利用"一带一路"建设机遇，推动从开放的洼地变为开放的高地，坚持以开放促开发的思路，完善口岸、跨境运输等开放基础设施，实施更加灵活的政策、建设好自贸试验区、国家级开发区、边境经济合作区、跨境经济合作区等开放平台，打造一批贸易投资区域枢纽城市，扶持特色产业开放发展，在西部地区形成若干开放型经济新增长极。

---

① 汪洋．推动形成全面开放新格局，党的十九大报告辅导读本［M］．北京：人民出版社，2017.

（六）经济体制为构建城乡区域发展体系提供体制机制保障

城乡区域发展是构成全国经济社会发展大系统的组成部分，其发展状况从根本上决定了全国经济社会发展的状况。习近平总书记指出要建设充分发挥市场作用、更好发挥政府作用的经济体制，实现市场机制有效、微观主体有活力、宏观调控有度。健全的经济体系是保障城乡区域经济良好运行的根本性制度保障。实践证明，越是市场机制完善、政府作用有效的地方，经济发展得越好。总体来看，发达地区市场机制相对完善，各类主体如企业、居民和政府的积极性能够有效调动，在产权有效保护，要素自由流动，价格反应灵活，竞争公平有序等条件下，市场经济规律有效运行，政府在经济运行中有效发挥作用，为企业发展营造了良好的营商环境，为激发全社会创新、创造和发展活力创造了良好的条件，在打破垄断、完善空间管制和区域政策，引导市场健康发展等方面发挥了积极作用，但仍有很多需要继续深化改革的领域。而欠发达地区市场机制相对滞后，对区域经济发展的制约较大，改革和发展的双重任务艰巨。

必须以完善产权制度和要素市场化配置为重点深化经济体制改革，坚决破除制约发展活力和动力的体制机制障碍，实现产权有效激励、要素自由流动、价格反应灵活、竞争公平有序、企业优胜劣汰。完善各类国有资产管理体制，改革国有资本授权经营体制，加快国有经济布局优化、结构调整、战略性重组，促进国有资产保值增值，推动国有资本做强做优做大，有效防止国有资产流失。深化国有企业改革，积极发展混合所有制经济，推动产权多元化，以多途径多方式实现国有资本和民营资本交叉持股、双向进入，重构和再造企业微观主体，培育具有全球竞争力的世界一流企业。全面实施市场准入负面清单制度，清理废除妨碍统一市场和公平竞争的各种规定和做法，支持民营企业发展，激发各类市场主体活力。深化商事制度改革，打破行政性垄断，防止市场垄断，加快要素价格市场化改革，放宽服务业准入限制，完善市场监管体制。创新和完善宏观调控，发挥国家发展规划的战略导向作用，健全财政、货币、产业、区域等经济政策协调机制。加快建立现代财政制度，建立权责清晰、财力协调、区域均衡的中央和地方财政关系。建立全面规范透明、标准科学、约束有力的预算制度，全面实施绩效管理。深化税收制度改革，健全地方税体系。深化金融体制改革，增强金融服务实体经济能力，提高直接融资比重，促进多层次资本市场健康发展。健全金融监管体系，守住不发生系统性金融风险的底线。

参考文献

［1］党的十九大报告辅导读本［M］. 北京：人民出版社，2017.

［2］全国主体功能区规划：构建高效、协调、可持续的国土空间开发格局［Z］. 国发〔2010〕46 号，2010-12-21.

［3］国家发展和改革委国土开发与地区经济研究所课题组 ."十二五"时期促进我国区域协调发展的重点任务和政策建议［J］. 宏观经济研究，2010（5）：3-15.

［4］2009 年世界发展报告 . 重塑世界经济地理［M］. 北京：清华大学出版社，2009.

［5］魏后凯，主编 . 现代区域经济学［M］. 北京：经济管理出版社，2006.

［6］吴殿廷，主编 . 区域经济学［M］. 北京：科学出版社，2003.

［7］梁吉义，梁枫 . 区域经济系统论［J］. 现代经济，2007（6）：161-163.

［8］何星亮 . 不断满足人民日益增长的美好生活需要［N］. 人民日报，

2017-11-14（7）.

［9］杨伟民.应清醒看到中国速度并没有同步带来中国质量［N］.21世纪经济报道，2018-7-5.

［10］杨伟民.建设生态文明打造美丽中国［N］.人民日报，2016-10-14（007）.

［11］中共中央 国务院关于全面加强生态环境保护坚决打好污染防治攻坚战的意见［Z］.新华社，2018-6-24.

［12］汪洋.推动形成全面开放新格局，党的十九大报告辅导读本［M］.北京：人民出版社，2017.

第三章
识别区域经济发展空间

内容提要：本章概括了我国区域发展格局的演进过程，分析了近十几年我国形成的新的重要增长新空间。基于分析，提出了构建现代化经济体系空间格局的思路：按照区域协调发展战略总体部署，以四大板块为基础，以“一带一路”建设及重大区域战略为引领，以“中心城市—都市圈—城市群—经济区”为支撑，以重点经济支撑带为主骨架，以雄安新区、海南等重点战略区域和国家重大战略功能平台为率先突破，以老少边穷地区、资源型等特殊类型地区为补充，以农产品主产区、重点生态功能区及能源矿产资源基地等特殊功能区为保障，优化重塑经济发展的空间关系，积极培育壮大新的战略性经济空间，促进特色经济空间转型升级，加快构建开放型、网络化的现代化经济新空间格局。

新中国成立以来，随着我国区域发展战略的演变，区域发展格局经历了“均衡发展—非均衡发展—协调发展”的转变过程。改革开放以前，国家总体实行向内陆倾斜的区域发展战略，通过二线建设等推动工业布局调整，促进沿海与内地均衡发展，区域不平衡发展的格局得到改善；改革开放至 20 世纪末，国家以经济建设为中心，推动东部沿海率先发展，形成了以上海为龙头的长江流域经济带和以陇海—兰新铁路为核心的经济带，我国沿海、沿江、沿线的经济格局逐步形成；进入21世纪，我国立足于统筹效率与公平，全面实施并不断完善区域协调发展战略，陆续提出并逐渐形成了以“四大板块”为基础，以“三大战略”为引领的区域协调发展战略。党的十九大提出要建设现代化经济体系并实施区域协调发展战略，对我国区域发展格局提出了新要求，要加快建设彰显优势、协调联动的城乡区域发展体系。

一、我国区域增长新空间加快形成

（一）形成了一批新的区域战略板块

“十二五”以来，在东北、华北地区经济增速和占全国比重均显著下降的同时，华东、西南和中南地区成为我国区域经济发展的稳定器和火车头，同时，西北地区也保持了较好发展态势（见表3–1）。

表3–1　2010—2019年各板块GDP占全国比重和年均增速

板块	包含省（自治区、直辖市）	GDP占全国比重／%			名义GDP年均增速／%	
		2010年	2015年	2019年	2010—2015年	2015—2019年
华北	北京、天津、河北、山西、内蒙古	15.6	14.5	12.0	9.1	4.4
东北	辽宁、吉林、黑龙江	9.1	8.4	5.1	9.0	–3.4
华东	上海、江苏、浙江、安徽、福建、江西、山东	39.2	38.6	37.9	10.4	9.0
中南	河南、湖北、湖南、广东、广西、海南	27.3	27.4	27.7	10.9	9.8

续表

板块	包含省（自治区、直辖市）	GDP 占全国比重 / %			名义 GDP 年均增速 / %	
		2010 年	2015 年	2019 年	2010—2015 年	2015—2019 年
西南	重庆、四川、贵州、云南、西藏	9.1	10.3	11.3	13.6	12.1
西北	陕西、甘肃、青海、宁夏、新疆	5.5	5.7	5.5	11.7	8.6

资料来源：Wind 数据库。

华北板块和东北板块 GDP 占全国比重持续显著下降，2010—2019 年分别下降了 3.6 个和 4 个百分点；名义 GDP 年均增速由“十二五”时期的 9% 以上，分别下降至 2015—2019 年的 4.4% 和 -3.4%。

中南和西南板块是近年来我国区域经济发展的“亮点”板块。“十二五”以来，中南和西南板块占全国经济总量比重持续上升，2010—2019 年分别上升了 0.4 个和 2.2 个百分点；2015—2019 年名义 GDP 年均增速分别为 9.8% 和 12.1%，是我国增长最为显著的两大板块。

华东地区依然发挥着引领我国经济增长的龙头作用。2019 年，华东地区 GDP 占全国比重依然高达 37.9%，虽然与 2010 年相比略有下降，但近年来仍然保持着高速增长，2015—2019 年名义 GDP 年均增速为 9%，仅次于中南地区和西南地区。

西北地区发展相对稳定。经济总量占全国比重先增后降，保持在 5.5% 左右；“十三五”期间，虽然西北地区名义 GDP 年均增速分别被中南和华东地区超越，但是依然保持较高速增长，2015—2019 年年均名义 GDP 增速为 8.6%。

（二）形成了一批世界城市和国家中心城市

近年来，我国崛起了一批深度融入全球经济网络的城市，在全球城镇体系中的位势不断提高，逐步成为代表我国参与国际合作与竞争的重要载体。根据城市融入全球经济网络的程度、对全球经济发展的影响力等因素，全球化与世界城市研究网络（GaWC）对入围的全球城市进行排名，2018年，中国大陆有27个城市入围，较2000年和2010年分别增多了23个和17个城市（见表3-2）。同时，布鲁金斯学会（Brookings Institute）将全球123个经济较发达城市（都市区）划分为7种不同类型在全球经济中发挥指挥和控制作用的全球城市，其中中国大陆有34个城市上榜（见表3-3）。

表3-2　历年入选GaWC全球城市排名的中国大陆城市

2000年	2010年	2018年
4个：上海、北京、广州、深圳	10个：上海、北京、广州、深圳、天津、南京、成都、杭州、青岛、大连	27个：北京、上海、广州、深圳、成都、天津、南京、杭州、青岛、大连、重庆、厦门、武汉、苏州、长沙、西安、沈阳、济南、昆明、福州、太原、长春、合肥、宁波、郑州、南宁、哈尔滨

资料来源：Globalization and World Cities Research Network，http：//www.lboro.ac.uk/gawc/.

表3-3　全球城市类型划分

全球城市类型	主要特征	城市
全球巨头（GLOBAL GIANTS）	• 人口与财富规模较大 • 财富主要源于金融和商业服务业的高度集中 • 全球人才、资本和知识流动的重要节点 • 知识创新在全球城市经济中继续发挥着重要作用	纽约、洛杉矶、东京、大阪—神户、巴黎、伦敦等
亚洲之锚（ASIAN ANCHORS）	• 聚集了大量人口和市场活动 • 大量外国资本的涌入 • 较发达的金融和商业服务业	北京、香港、首尔—仁川、上海、新加坡、莫斯科等
新兴门户（EMERGING GATEWAYS）	• 新兴门户集中了各自所在国家的竞争力资产，如高端人才、全球性研究型大学等 • 链接本国和全球人力和资本的枢纽	发展中国家的门户城市，如约翰内兹堡、孟买以及中国的重庆、广州、杭州、济南、南京、宁波、深圳、天津、武汉和西安等

续表

全球城市类型	主要特征	城市
中国工厂（FACTORY CHINA）	• 中国的二三线人口中心，人口增长速度很快，区域增长极 • 对制造业依赖度较高，作为国际制造业供应链的节点参与全球经济活动	22个中国主要依靠出口密集型制造业促进经济增长的二三线城市，如成都、大连、东莞、福州、苏州、无锡、郑州等
知识之都（KNOWLEDGE CAPITALS）	• 人口规模中等，居民受教育水平极高，创新能力强 • 全球科技研发中心和风险投资主要流入地	19个中等规模的创新城市，主要集中在美国，如信息技术城市：旧金山、西雅图和斯德哥尔摩，生命科学城市：波士顿和费城，医疗技术城市：明尼阿波利斯，半导体制造城市：奥斯汀和波特兰等

资料来源：Redefining Global Cities：The Seven Types of Global Metro Economies，2016，Brookings Institute & Morgan Chase.

（三）形成了一批近年来增长势头持续向好的城市单元

近年来一些城市产业结构调整起步早、新旧动能转换衔接较好，保持了良好增长势头，成为我国经济持续增长的主要动力空间。通过对“十五”到“十二五”期间，全国地级城市对全国增长贡献率变化分析，党丽娟和申兵（2017）筛选出了50个近15年对全国增长贡献率保持较高水平、贡献率随时间段递增且有一定经济规模的地级城市，这些城市是带动我国区域经济增长的主要增长极。从区位分布来看，这些经济增长新空间主要分布在京津冀、长江三角洲、长江中游、珠江三角洲和成渝等主要城市群区域，并呈现出沿江、沿海、沿高铁线路等特征（见表3-4）。

表 3–4　对全国经济具有重要支撑作用的增长新空间

行政区	“十五”至“十一五”贡献率变幅	“十一五”至“十二五”贡献率变幅	GDP 占比 / %
天津	0.084	0.228	1.97
重庆	0.253	0.811	1.82
成都	0.286	0.550	1.29
武汉	0.396	0.585	1.24
郑州	0.051	0.149	0.86
南通	0.058	0.188	0.76
徐州	0.127	0.140	0.65
盐城	0.019	0.164	0.53
昆明	0.004	0.262	0.53
扬州	0.021	0.136	0.49
镇江	0.023	0.119	0.45
泰州	0.030	0.107	0.44
惠州	0.017	0.121	0.41
南宁	0.092	0.134	0.40
宜昌	0.180	0.188	0.36
廊坊	0.064	0.075	0.33
汕头	0.041	0.049	0.31
淮安	0.060	0.165	0.31
乌鲁木齐	0.046	0.142	0.30
周口	0.010	0.060	0.29
桂林	0.034	0.052	0.26
赣州	0.024	0.049	0.25
绵阳	0.027	0.054	0.25
驻马店	0.011	0.039	0.25
郴州	0.030	0.063	0.24

续表

行政区	"十五"至"十一五"贡献率变幅	"十一五"至"十二五"贡献率变幅	GDP 占比 / %
宿迁	0.088	0.099	0.22
九江	0.037	0.058	0.22
遵义	0.042	0.288	0.22
宝鸡	0.014	0.061	0.21
开封	0.035	0.039	0.21
上饶	0.001	0.044	0.19
莆田	0.043	0.085	0.19
宜春	0.020	0.054	0.19
邵阳	0.044	0.078	0.19
宁德	0.045	0.097	0.18
南平	0.036	0.053	0.18
滁州	0.055	0.063	0.18
娄底	0.011	0.060	0.16
宿州	0.005	0.068	0.16
吉安	0.030	0.039	0.16
阳江	0.010	0.090	0.15
银川	0.015	0.029	0.15
潮州	0.006	0.016	0.14
迪庆州	0.002	0.011	0.14
抚州	0.015	0.022	0.13
宣城	0.024	0.030	0.13
亳州	0.021	0.049	0.13
眉山	0.010	0.041	0.13
广安	0.003	0.043	0.12
百色	0.013	0.023	0.12

资料来源：党丽娟，申兵．我国城市经济增长空间格局研究［J］．当代经济，2017（13）：9–13.

（四）形成了一批对全国经济增长起到重要支撑作用的战略功能区

近年来，国家级新区、自由贸易试验区、国家自主创新示范区、国家级经开区、国家级高新区、临空经济、海洋经济发展示范区等综合性、专项性功能平台的建设布局，有效促进了经济要素跨区域流动，承担了国家改革、开放及创新等战略功能，形成了带动区域发展的新增长极（见表 3–5）。各类

表 3–5　我国已设立的部分战略性功能平台

自由贸易试验区	国家自主创新示范区	临空经济试验区
上海	中关村国家自主创新示范区	郑州航空港经济综合实验区
广东	武汉东湖国家自主创新示范区	北京新机场临空经济区
天津	上海张江国家自主创新示范区	青岛胶东临空经济示范区
福建	深圳国家自主创新示范区	重庆临空经济区
辽宁	苏南国家自主创新示范区	广州临空经济区
浙江	长株潭国家自主创新示范区	上海虹桥临空经济示范区
河南	天津国家自主创新示范区	成都临空经济示范区
湖北	成都国家自主创新示范区	长沙临空经济示范区
重庆	西安国家自主创新示范区	贵阳临空经济示范区
四川	杭州国家自主创新示范区	杭州临空经济示范区
陕西	珠三角国家自主创新示范区	宁波临空经济示范区
海南	郑洛新国家自主创新示范区	西安临空经济示范区
山东	山东半岛国家自主创新示范区	
江苏	沈大国家自主创新示范区	
广西	福厦泉国家自主创新示范区	
河北	合芜蚌国家自主创新示范区	
云南	重庆国家自主创新示范区	
黑龙江	宁波、温州国家自主创新示范区	
	兰白国家自主创新示范区	
	乌昌石国家自主创新示范区	
	鄱阳湖国家自主创新示范区	

资料来源：课题组整理。

国家级平台已经成为我国经济活动的主战场，是地区经济增长的重要引擎，对外开放的主要载体，科技创新和成果转化的重要基地，产业集聚的核心平台，也是体制改革的核心试验区。

例如，国家级新区是改革创新的综合平台。目前全国范围内已经设立19个国家级新区（见表3–6），除河北雄安新区外，其他18个国家级新区2018年以全国0.25%左右的国土面积，创造了4.7%的GDP，对GDP的贡献率约为5.6%。同时，国家级新区对区域经济发展的支撑引领作用不断彰显，上海浦东、天津滨海、重庆两江、大连金普、长春等新区对所在省（市）地区生产总值的贡献率超过10%，其中，上海浦东新区和天津滨海新区的地区生产总值占全市比重超过30%。

表3–6 我国已设立的国家级新区

名称	设立时间	分布	面积 / km^2
浦东新区	1992年	上海	1 210.41
滨海新区	2006年	天津	2 270
两江新区	2010年	重庆	1 200
舟山群岛新区	2011年	浙江舟山	陆地1 440，海域20 800
兰州新区	2012年	甘肃兰州	1 700
南沙新区	2012年	广东广州	803
西咸新区	2014年	陕西西安、咸阳	882
贵安新区	2014年	贵州贵阳、安顺	1 795
西海岸新区	2014年	山东青岛	陆地2 096，海域5 000
金浦新区	2014年	辽宁大连	2 299
天府新区	2014年	四川成都、眉山	1 578
湘江新区	2015年	湖南长沙	490
江北新区	2015年	江苏南京	2 451
福州新区	2015年	福建福州	1 892

续表

名称	设立时间	分布	面积 / km^2
滇中新区	2015 年	云南昆明	482
哈尔滨新区	2015 年	黑龙江哈尔滨	493
长春新区	2016 年	吉林长春	499
赣江新区	2016 年	江西南昌、九江	465
雄安新区	2017 年	河北保定	起步区 100，中期 200，远期 2 000

资料来源：课题组整理。

二、优化经济发展的空间结构

按照区域协调发展战略总体部署，以四大板块为基础，以三大战略为引领，以“中心城市—都市圈—城市群—经济区”为支撑，以重点经济支撑带为主骨架，以雄安新区、粤港澳大湾区、海南、长江三角洲等重点战略区域和国家重大战略功能平台为率先突破，以老少边穷地区、资源型等特殊类型地区为补充，以农产品主产区、重点生态功能区及能源矿产资源基地等特殊功能区为保障，优化重塑经济发展的空间关系，积极培育壮大新的战略性经济空间，促进特色经济空间转型升级，加快构建开放型、网络化的现代化经济新空间格局。

（一）以四大板块为基础

党的十九大报告中提出要实施区域协调发展战略，进一步明确指出要强化举措推进西部大开发形成新格局，深化改革加快东北等老工业基地振兴，发挥优势推动中部地区崛起，创新引领率先实现东部地区优化发展。现代化经济体系的空间格局要坚持以四大板块为基础的区域发展总体战略，同时立足于问题导向和目标导向，对不同板块提出具有针对性和可操作性的发展路径，实现分类指导、“一区一策”，充分调动中央和地方两个积极性，有效解决各区域面临的突出问题，推动各区域的比较优势充分发挥（见表3–7）。

表3–7　四大板块战略定位和发展重点（2018—2035年）

四大板块	战略定位	发展重点
西部	西部资源保障、生态优先、向西向南开放型特色经济区	● 更加注重抓好大保护，把生态环境保护放到重要位置，坚持走生态优先、绿色发展的新路子 ● 更加注重抓好大开放，发挥共建“一带一路”的引领带动作用，加快建设内外通道和区域性枢纽，完善基础设施网络，提高对外开放和外向型经济发展水平 ● 更加注重推动高质量发展，贯彻落实新发展理念，深化供给侧结构性改革，促进西部地区经济社会发展与人口、资源、环境相协调
东北	东北转型升级经济区	● 整合资源、调整经济结构，形成新的均衡发展的产业结构 ● 加强传统制造业技术改造，发展新技术、新业态、新模式 ● 促进资源枯竭地区转型发展 ● 加大创新投入 ● 加快国有企业改革 ● 打造对外开放新前沿 ● 加快转变政府职能，大幅减少政府对资源的直接配置
中部	中部新动能支撑经济区	● 推动制造业高质量发展 ● 提高关键领域自主创新能力 ● 营造稳定公平透明的营商环境 ● 积极承接新兴产业布局和转移 ● 扩大高水平开放，积极参与“一带一路”国际合作 ● 坚持绿色发展，建设绿色发展的美丽中部 ● 做好民生领域重点工作

续表

四大板块	战略定位	发展重点
东部	东部高质量发展引领区	● 率先建立全方位开放型经济体系，更高层次参与国际经济合作和竞争，增创扩大开放新优势 ● 实施创新驱动发展战略，提升创新能力和要素产出效率，打造具有国际影响力的创新高地 ● 率先实现产业升级，引领新兴产业和现代服务业发展，打造全球先进制造业基地

西部地区能源资源富集，生态地位重要，与 14 个国家和地区接壤，但经济社会发展相对落后，贫困问题突出。新时期，西部地区要更加注重抓好大保护，更加注重抓好大开放，更加注重推动高质量发展，通过积极抢抓“一带一路”建设战略机遇，依托交通区位环境不断改善的有利条件，深挖能源资源、人文生态等优势，强化资源依托型、沿边开放型的特色经济功能。

东北地区是我国重要的重工业基地和原材料基地，但是面临国有企业比重高，重工业和能源原材料产业比重高，营商环境短板突出等问题。新时期，东北地区应以培育壮大新动能为重点，深化国有企业等领域体制机制改革，加快促进资源枯竭地区转型发展，加快培育接续替代产业，加大创新投入，加强传统制造业技术改造，进一步发挥装备制造、黑土地粮仓、寒冷气候等优势和特色，发展新技术、新业态、新模式，形成新的均衡发展产业结构，建设成为经济转型升级样板区。

中部地区承东启西、连南贯北的区位优势突出，人口众多，农业特别是粮食生产优势明显，工业门类齐全、基础较好，但是面临着区域发展不协调、产业升级、动能转换难度大、农业农村发展滞后等问题。新时期，中部地区应发挥居中的交通区位、丰富的人力资源和自然资源、良好的工业基础、粮食生产主产区、适宜人居的气候条件等优势，加快构建现代综合交通体系和物流体系，加快建设现代产业体系，加快发展内陆开放型经济，要切实作为未来我国新型城镇化、新型工业化的主战场，力争发展成为我国现代经济增长的新动能区域。

东部地区是我国工业、经济、人口的主要集中地区，综合实力最强的区域，但面临着无序发展、资源环境承载力过大、要素成本全面上涨等问题。新时期，东部地区要继续发挥改革开放先行、综合创新能力强、现代制造领先、服务业高端等方面的优势，增强对全国高质量发展的引擎、辐射和示范带动作用，率先实现创新驱动，率先实现产业升级，率先建立全方位开放型经济体系，代表中国参与全球竞争。

（二）以“一带一路”建设及重大区域战略为引领

党的十八届三中全会以来，中央在继续实施“四大板块”战略的基础上，陆续提出“一带一路”建设倡议和京津冀协同发展、长江经济带建设等重大区域战略，推动区域协调向更大范围和更高层次挺进，实施以区域发展总体战略（即“四大板块”战略）为基础，以“一带一路”建设和京津冀协同发展、长江经济带发展等重大区域战略为引领的区域协调发展战略。党的十九大报告进一步明确“要以‘一带一路’建设为重点，坚持引进来和走出去并重，遵循共商共建共享原则，加强创新能力开放合作，形成陆海内外联动、东西双向互济的开放格局”“以疏解北京非首都功能为‘牛鼻子’推动京津冀协同发展，高起点规划、高标准建设雄安新区”“以共抓大保护、不搞大开发为导向推动长江经济带发展”。

统筹推进“四大板块”和“一带一路”建设及京津冀协同发展、长江经济带发展等重大区域战略，将产生叠加和协同效应，有利于促进四大板块联动发展，由此激发区域发展的内生活力，推动形成一批新的增长点、增长极和经济轴带，拓展经济发展新空间（见表 3–8）。一是可以发挥叠加效应，发挥不同层面、类型战略的叠加效应，推动形成点线面结合、效率与公平兼顾的多中心网络状发展格局，全面激发各地区的发展活力；二是可以促进四大板块的协同发展，通过弥补四大板块之间缺乏连接的战略通道，促进国内外要素自由流动，推动各区域之间资源共享、分工协作。

表 3-8　四大板块与“一带一路”建设及重大区域战略内涵对比

	四大板块	“一带一路”建设及重大区域战略
作用	四大板块是基础，从国家战略层面对全国区域协调发展进行了统筹安排和总体部署	发挥引领、支撑和桥梁，从全球和国家治理的角度，聚焦国际国内合作和区域协同发展，致力于增强发展的内外联动性、形成区域发展新格局
类型	全域发展战略：统筹东中西、协调南北方	轴带发展战略：强调打破地域界限，畅通国际和区际联系，以轴带（都市圈）为重点构建经济支撑带
区位	覆盖全部国土，各板块相对独立，之间缺乏连接的战略通道	“一带一路”建设重点面向亚欧非大陆，连接中国与亚欧非、涵盖全国所有省区市； 京津冀位于我国东部人口经济密集地区，是连接四大板块的重要枢纽； 长江经济带横跨我国东、中、西部地区，覆盖11个省市

资料来源：魏后凯．四大板块与三大战略相结合 以空间优化增强发展动力［N］．中国青年报，2000-11-20.

“一带一路”建设。“一带一路”建设既助推了对外开放，也促进了区域协调发展，有利于加快以综合交通通道为展开空间，依托沿线基础设施和中心城市，对国内外贸易和生产要素优化配置，促进区域经济一体化。一是有利于更好利用国内国际两个市场、两种资源，带动我国东中西部梯次联动并进；二是通过发展面向中亚及周边国家的外向型经济，提升西部地区对外开放水平，有利于带动经济实力相对薄弱的西部地区发展，破解东西部发展不协调难题，推动西部地区成为新经济增长极（见表 3-9）。

表 3-9　“一带一路”建设、京津冀协同发展与长江经济带发展的目标与重点

	目标	任务重点
“一带一路”建设	打造陆海内外联动、东西双向开放的全面开放新格局	• 健全“一带一路”合作机制 • 畅通“一带一路”经济走廊 • 共创开放包容的人文交流新局面
京津冀协同发展	探索人口经济密集地区优化开发新模式，建设以首都为核心的世界级城市群，辐射带动环渤海地区和北方腹地发展	• 有序疏解北京非首都功能 • 优化空间格局和功能定位 • 加快北京城市副中心建设 • 高起点规划、高标准建设雄安新区 • 构建一体化现代交通网络 • 扩大环境容量和生态空间 • 推动公共服务共建共享
长江经济带发展	把修复长江生态环境放在首要位置，推动长江上中下游协同发展、东中西部互动合作，建设成为我国生态文明建设的先行示范带、创新驱动带、协调发展带	• 建设沿江绿色生态廊道 • 构建高质量综合立体交通走廊 • 优化沿江城镇和产业布局 • 依靠创新驱动产业转型升级 • 推动新型城镇化 • 培育全方位对外开放新优势 • 创新区域协调发展体制机制

资料来源：根据《中华人民共和国国民经济和社会发展第十三个五年规划纲要》、党的十九大报告和其他相关资料整理。

京津冀协同发展。京津冀战略地位突出，与长三角、珠三角比肩而立，是我国经济最具活力、开放程度最高、创新能力最强、吸纳人口最多的地区之一，是我国环渤海和北方地区的经济中心，也是拉动全国经济发展的重要引擎。京津冀协同发展战略是打造我国经济新版图的重大战略抉择，通过有序疏解北京非首都功能，调整经济结构和空间结构，实现三地优势互补，促进环渤海经济区发展并带动北方腹地发展（见表 3-9）。

长江经济带发展。长江经济带东起长三角地区、西至云贵高原，覆盖上海、江苏、浙江、安徽、江西、湖北、湖南、四川、重庆、云南、贵州等 11

个省（市），既包括我国农业、工业、商业、文化教育和科学技术等方面最发达的地区，也连接着我国十分贫困的地区，是全国除沿海开放地区以外经济密度最大的经济带，同时拥有我国最广阔的腹地和发展空间，是经济增长潜力最大地区，对我国经济发展战略意义突出。长江经济带发展的目标是建设成为我国生态文明建设的先行示范带、创新驱动带、协调发展带，实现上中下游协同发展、东中西部互动合作（见表 3–9）。

（三）以中心城市引领城市群（都市圈）、以城市群带动区域发展

城市群不仅是我国城镇化的主体形态，更是支撑国民经济社会发展的重要增长极。党的十九大报告进一步明确，要“以城市群为主体构建大中小城市和小城镇协调发展的城镇格局”。从国际经验看，城市群的形成依赖于所在区域的客观条件及经济发展水平，城市群的发展主要依托于一个以上的核心都市圈，而核心都市圈的形成主要依托于一个中心城市以及其周边相邻地区。因此，“中心城市—都市圈—城市群”既是区域空间拓展中城市发展的三个阶段，也是经济不断发展所形成的空间结构（见表 3–10）。

表 3–10　城市群不同发展阶段特征

项目	中心城市	都市圈	城市群
空间范围	城市行政区范围内	进一步扩大，突破行政区范围	跨区跨界扩大
辐射范围	人口 300 万，辐射半径 100 公里左右	区域人口比较密集，人口规模 1 000 万人以上，经济较发达	大区及国家
空间构成	一个城市	一个中心城市及其毗邻地区	多个都市圈以及毗邻地区

续表

项目	中心城市	都市圈	城市群
交通网络	向邻近地区延伸	交通呈辐射状，向周边地区延伸	形成网状交通体系
区域结构	单核放射圈层结构	单核放射圈层结构	多核轴带—圈层网络结构
中心城市功能	集聚作用为主	集聚作用为主，扩散作用为辅	扩散作用略大于集聚作用

资料来源：根据肖金成、欧阳慧（2015）和陈群元、喻定权（2009）文章整理。

1．着力提升中心城市核心功能

以 19 大城市群核心城市为重点，加快完善中心城市功能，增强区域辐射带动能力，引领区域经济发展（见表 3–11）。其中，北京、上海、广州、深圳加快建设世界城市，天津、重庆、武汉、成都、西安、郑州等建设国家中心城市，其余城市群核心城市重点建设成为区域性增长极。这些城市是中国政治、金融、贸易、文化中心和信息、交通枢纽，既有全国的中心性又有一定的国际性。对外，它们是我国的门户和连接世界经济的桥梁；对内，它们承担着区域辐射功能和带动我国经济转型、创新驱动的国家战略职能。

表 3–11　我国 19 大城市群中心城市

城市群	城市群中心城市
长江三角洲城市群	上海、南京、杭州、合肥、苏州、无锡、宁波
珠江三角洲城市群	广州、深圳
京津冀城市群	北京、天津、石家庄
长江中游城市群	武汉、长沙
成渝城市群	重庆、成都

续表

城市群	城市群中心城市
中原城市群	郑州
山东半岛城市群	青岛、济南
海峡西岸城市群	厦门、福州
哈长城市群	哈尔滨、长春
辽中南城市群	沈阳、大连
北部湾城市群	南宁、海口、湛江
关中平原城市群	西安
呼包鄂榆城市群	呼和浩特
山西中部城市群	太原
黔中城市群	贵阳
滇中城市群	昆明
兰州—西宁城市群	兰州、西宁
宁夏沿黄城市群	银川
天山北坡城市群	乌鲁木齐

中心城市建设应在以下方面着重发力。一是要增强高端生产要素和创新要素的集聚能力；二是要强化对全球和全国生产要素的配置能力；三是要进一步提升交通信息枢纽功能；四是要加强人力资本培育，增强城市自我可持续、高质量发展的内生动力。

2．加快培育现代化都市圈

都市圈是城市群内部以超大特大城市或辐射带动功能强的大城市为中心、以 1 小时通勤圈为基本范围的城镇化空间形态（见表 3–12）。针对城市群内城市间交通一体化水平不高、分工协作不够、低水平同质化竞争严重、协同发展体制机制不健全等问题，应加快提升中心城市功能，以促进中心城市与周边城市（镇）同城化发展为主要方向，着力培育发展一批经济联系紧密、空间组织紧凑、一体化程度高的现代化都市圈，充分发挥都市圈在承载人口流动、配置要素资源、组织产业协作方面的高效作用。都市圈培育应在以下方面着重发力。一是科学规划大都市圈建设，合理确定大都市圈范围，统筹安排生产、生活和生态空间，明确大都市圈内各地区定位；二是建设便捷高效、互联互通的现代化基础设施网络；三是根据各城市定位，以价值链分工深化都市圈内部经济联系，形成以核心城市为主导，其他城市紧密参与，彰显优势、协调合作的现代化产业体系；四是提供高水平、均等化公共服务，缩小各地区之间公共服务差距。

表 3–12　城市群发展规划中有关都市圈建设内容

城市群	都市圈建设相关内容
成渝城市群	充分发挥成都的核心带动功能，加快与德阳、资阳、眉山等周边城市的同城化进程，共同打造带动四川、辐射西南、具有国际影响力的现代化都市圈
关中平原城市群	西安、咸阳主城区及西咸新区为主组成的大西安都市圈：推动西安—咸阳一体化发展，按程序合理调整行政区划，打造带动西北、服务国家“一带一路”建设、具有国际影响力的现代化都市圈
哈长城市群	强化哈尔滨、长春的带动作用，打造引领城市群发展的都市圈
长江三角洲城市群	推动南京都市圈、杭州都市圈、合肥都市圈、苏锡常都市圈、宁波都市圈的同城化发展
长江中游城市群	武汉城市圈：推进武汉与鄂州、孝感、咸宁、黄冈、黄石等同城化发展
中原城市群	推动郑州与周边毗邻城市融合发展，形成带动周边、辐射全国、联通国际的核心区域

资料来源：根据相关城市群发展规划整理。

3．因时施策差异化推进城市群建设

国家“十三五”规划提出建设长江三角洲、珠江三角洲、京津冀、山东半岛、海峡西岸、哈长、辽中南、中原、长江中游、成渝、关中平原、北部湾、山西中部、呼包鄂榆、黔中、滇中、兰州—西宁、宁夏沿黄、天山北坡等 19 个城市群。2018 年，19 大城市群以占全国 1/4 的土地，集聚了全国 75.8% 的人口，创造了 84.3% 的 GDP（见表 3–13）。

表 3–13　19 大城市群经济和人口集聚水平（2018 年）

城市群	人口 / 万人	GDP / 亿元	人均 GDP / 万元	人口占全国比重 / %	GDP 占全国比重 / %	人均 GDP 与全国平均值之比
京津冀城市群	11 270.1	78 963.5	7.0	8.1	8.6	1.1
长江三角洲城市群	15 401.2	183 646.7	11.9	11.0	20.0	1.8
珠江三角洲城市群	6 301.0	81 048.5	12.9	4.5	8.8	2.0
长江中游城市群	11 916.4	77 877.1	6.5	8.5	8.5	1.0
成渝城市群	10 015.4	58 740.6	5.9	7.2	6.4	0.9
山东半岛城市群	10 047.2	66 648.9	6.6	7.2	7.3	1.0
中原城市群	6 902.9	38 356.9	5.6	4.9	4.2	0.8
海峡西岸城市群	5 812.8	42 566.6	7.3	4.2	4.6	1.1
哈长城市群	4 635.2	23 308.2	5.0	3.3	2.5	0.8

续表

城市群	人口 / 万人	GDP / 亿元	人均 GDP / 万元	人口占全国比重 / %	GDP 占全国比重 / %	人均 GDP 与全国平均值之比
关中平原城市群	4 425.3	20 617.0	4.7	3.2	2.2	0.7
北部湾城市群	4 055.4	19 145.3	4.7	2.9	2.1	0.7
辽中南城市群	3 890.5	22 233.1	5.7	2.8	2.4	0.9
黔中城市群	2 702.2	11 929.9	4.4	1.9	1.3	0.7
山西中部城市群	2 424.4	11 560.9	4.8	1.7	1.3	0.7
滇中城市群	2 288.3	11 331.4	5.0	1.6	1.2	0.8
兰西城市群	1 525.7	5 924.1	3.9	1.1	0.6	0.6
呼包鄂榆城市群	1 151.1	13 165.0	11.4	0.8	1.4	1.7
宁夏沿黄城市群	563.9	3 444.9	6.1	0.4	0.4	0.9
天山北坡城市群	458.8	4 308.5	9.4	0.3	0.5	1.4
城市群合计	105 787.8	774 817.0	7.3	75.8	84.3	1.1

一是加快长江三角洲、珠江三角洲和京津冀世界级城市群建设。2018 年三大城市群以全国 5% 的土地面积集聚了全国 23.6% 的人口，创造了 37.4% 的 GDP，是我国最成熟的三个城市群，目标是打造世界级城市群，成为带动全国经济社会转型发展的火车头和代表我国参与国际竞争的主力选手。

二是加快推动成渝和长江中游城市群高质量跨越发展。成渝和长江中游城市群2018年以全国5.2%的土地面积，集聚了全国15.7%的人口，创造了14.9%的GDP，是我国最具发展潜力的两大城市群，应打造成为带动中西部地区高质量发展的动力源。

三是加快培育和建设其余14个城市群。这些城市群以14.9%的土地面积集聚了全国约36.5%的人口，创造了占全国32%的GDP，发展效率和集聚水平显著低于前五大城市群，其中，如兰西城市群、黔中城市群、宁夏沿黄城市群、山西中部城市群、滇中城市群、天山北坡城市群等仍处于城市群形成的初级阶段。

四是分类指导城市群建设。按照城镇与人口密集程度、城镇间联系强度等指标，我国城市群可以分为成熟型、发展型和培育型3种类型（见表3-14）。因此，建议准确把握我国不同城市群发展的阶段性特征，因时施策推动不同阶段城市群规划建设。

表3-14　我国19个城市群分类

城市群类型	特征	城市群	规划建设重点
成熟型城市群	处于多中心结构初步形成的成熟阶段，经济发展水平和外向度高，位于东部沿海地区	长江三角洲城市群、珠江三角洲城市群	做强高端功能，做大扩散效应
发展型城市群	处于1～3个核心城市带动发展阶段，经济发展水平和外向度较高，位于东部沿海地区和中西部主要经济发展带上	京津冀城市群、长江中游城市群、成渝城市群、海峡西岸城市群、北部湾城市群、山东半岛城市群、辽中南城市群、中原城市群	重点做强“群龙头”，加快中心城市和都市圈建设
培育型城市群	处于单核发展的初级阶段，经济发展水平和外向度不高，主要位于西部地区	兰西城市群、黔中城市群、宁夏沿黄城市群、晋中城市群、关中城市群、哈长城市群、呼包鄂榆城市群、滇中城市群、天山北坡城市群	发挥集聚效应，完善中心城市功能，重点打造中心城市核心增长极

资料来源：根据《国家新型城镇化报告2016》整理。

4．依托城市群培育形成经济板块区域

传统的四大板块的划分从空间尺度来看仍然偏大，由于各板块内部地域辽阔、各地自然禀赋、历史基础和经济发展水平差异性较大，四大板块的划分掩盖了部分困难地区的发展问题。进一步细化四大板块，有利于区域政策更加精准，理论上，板块划分越细，各板块特点就会相对突出，规划和政策的指导性就越强，各地的比较优势会更加彰显。同时，细化四大板块的划分，更好平衡东西南北中区域发展差距。建议依托现有的城市群，逐步培育形成东北、泛渤海、泛长三角、海峡、泛粤港澳、中部、西南、西北八大经济板块区域（见表 3-15）。将轴带和板块结合，发挥轴带对区域协调发展的统筹能力，引导生产要素在各经济板块区域内集聚，形成网格化、多支撑的区域发展新格局。

表 3-15　八大经济区

经济区	覆盖范围	主要发展任务
东北转型经济区	辽宁省，吉林省，黑龙江省和内蒙古的呼伦贝尔市、通辽市、赤峰市、兴安盟和锡林郭勒市等地盟市	以重大交通基础设施的对接为突破口，加快构建区域合作的体制机制，促进东北经济区整体经济快速健康发展
泛渤海协同发展经济区	北京市，天津市，河北省，山东省，山西省除运城外的地区和内蒙古的呼和浩特、包头、鄂尔多斯、乌兰察布等地级市	引导经济要素向沿海和重要区域性中心城市聚集，妥善处理好经济发展与生态环境保护的关系
泛长三角一体化经济区	上海市，江苏省，安徽省安庆、池州、滁州、黄山、铜陵、宣城、合肥、芜湖、马鞍山 9 个地级市，浙江省除温州、衢州、丽水 3 市外的其他地级市，江西省景德镇市	加强合作、强化对接、多式联运、做大中心等举措，实现经济区共同发展的目标

续表

经济区	覆盖范围	主要发展任务
海峡两岸交流合作经济区	福建省，台湾省，浙江省温州、衢州、丽水3个地级市、广东省汕头、梅州、潮州、揭阳4个地级市、江西省上饶、鹰潭、抚州3个地级市	加强与台湾地区经济、文化、社会等领域的交流和合作，进一步整合两岸经济，实现海峡两岸互利共赢，最终实现和平统一
泛粤港澳改革开放经济区	香港，澳门，广东省除汕头、梅州、潮州、揭阳以外的地级市，海南省，广西壮族自治区，江西省赣州、吉安、新余3个地级市和湖南省郴州、永州、邵阳3个地级市	加快粤港澳大湾区建设，与广西、海南融合发展，共同打造区域整体竞争力
中部新动能经济区	湖北省，河南省，湖南省除郴州、永州、邵阳3个地级市的其他地级市和江西省的南昌、九江、宜春、萍乡4个地级市，安徽蚌埠、阜阳、淮北、淮南、六安、宿州、亳州7个地级市	做大做强宜昌、襄阳、荆州、信阳、驻马店、岳阳、九江、怀化等区域性中心城市，辐射带动区域经济发展
西南新动能经济区	重庆、四川、西藏、云南、贵州及陕西的汉中安康2个地级市	发挥长江黄金水道的作用，吸引要素在沿江布局，加快港口城市发展，高度重视生态保护工作，维护长江上游流域生态安全
西北特色经济区	陕西除安康汉中之外的所有地级市、甘肃、青海、宁夏、新疆、内蒙古的乌海巴彦淖尔阿拉善3盟市、山西的运城市等	重点要打造区域性中心城市

（四）以经济发展轴带为骨架

经济轴带是沿大江、大河、沿边、沿海和沿重要交通干线集聚大量城镇、人口和产业而形成的比较明显的经济隆起带。以经济轴带为主骨架就是通过协调空间开发秩序和优化调整空间结构，充分发挥我国横跨东中西、连接南北方的重要轴带，突破板块局限，促进生产向交通干线和连接通道有序自由流动和高效集聚，推动区域人口和产业布局优化。

1．我国经济轴带建设情况

在2010年《全国主体功能区规划》中提出的“两横三纵”国家集聚发展重点轴带战略布局的基础上，2017年《全国国土规划纲要（2016—2030年）》进一步提出建设京九轴带和沪昆轴带、京兰轴带，从而形成“四横四纵”国家集聚发展重点轴带的战略格局（见表3–16），这几条发展轴带将成为我国横跨东中西、连接南北方的“主骨架”，集聚大量的人口、生产要素和产业。

表3–16　“四横四纵”重点发展轴带

轴带		定　　位
纵向	沿海轴带	连接21世纪海上丝绸之路建设的排头兵和主力军，我国实施陆海统筹战略、全面深化改革和对外开放的重要经济轴带
	京哈—京广轴带	促进全国区域发展南北互动、东西交融的重要核心地带
	京九轴带	促进中部崛起、产业梯度发展的重要经济带
	包昆轴带	西部地区最重要的南北向开发轴带，向西南开放、密切西部地区联系的重要战略通道
横向	陇海—兰新轴带	向西开放、密切西北与东部地区联系的重要战略通道
	长江经济轴带	具有全球影响力的内河经济带，促进我国东中西互动合作和沿海沿江地区全面开放的战略经济带
	沪昆轴带	畅通东南与西南地区沟通联系的重要通道
	京兰轴带	北方地区东西向重要开发轴带，畅通华北和西北地区经济联系的重要通道

资料来源：根据《全国国土规划纲要（2016—2030年）》整理。

同时，近年来高铁的加快建设将显著推动生产要素和创新资源在沿线地区集聚和在沿线地区跨区域高效自由流动。2016年修编的《中长期铁路网规划》明确要构筑以“八纵八横”高速铁路主通道为骨架的高速铁路网，这些高铁主通道也将是我国未来主要发展轴带形成的潜力地区（见表3-17、表3-18）。

表3-17 高速铁路“八纵”主通道

通道	主要城市	区位
沿海通道	大连（丹东）、秦皇岛、天津、东营、潍坊、青岛（烟台）、连云港、盐城、南通、上海、宁波、福州、厦门、深圳、湛江、北海（防城港）	连接东部沿海地区，贯通京津冀、辽中南、山东半岛、东陇海、长三角、海峡西岸、珠三角、北部湾等城市群
京沪通道	北京、天津、济南、南京、上海、杭州	连接华北、华东地区，贯通京津冀、长三角等城市群
京港（台）通道	北京、衡水、菏泽、商丘、阜阳、合肥（黄冈）、九江、南昌、赣州、深圳、香港（九龙）；合肥、福州、台北	连接华北、华中、华东、华南地区，贯通京津冀、长江中游、海峡西岸、珠三角等城市群
京哈、京港澳通道	哈尔滨、长春、沈阳、北京、石家庄、郑州、武汉、长沙、广州、深圳、香港	连接东北、华北、华中、华南、港澳地区，贯通哈长、辽中南、京津冀、中原、长江中游、珠三角等城市群
呼南通道	呼和浩特、大同、太原、郑州、襄阳、常德、益阳、邵阳、永州、桂林、南宁	连接华北、中原、华中、华南地区，贯通呼包鄂榆、山西中部、中原、长江中游、北部湾等城市群
京昆通道	北京、石家庄、太原、西安、成都（重庆）、昆明	连接华北、西北、西南地区，贯通京津冀、太原、关中平原、成渝、滇中等城市群
包（银）海通道	包头、延安、西安、重庆、贵阳、南宁、湛江、海口（三亚）	连接西北、西南、华南地区，贯通呼包鄂、宁夏沿黄、关中平原、成渝、黔中、北部湾等城市群
兰（西）广通道	兰州（西宁）、成都（重庆）、贵阳、广州	连接西北、西南、华南地区，贯通兰西、成渝、黔中、珠三角等城市群

资料来源：根据《中长期铁路网规划》整理。

表 3–18 高速铁路“八横”主通道

通道	主要城市	区位
绥满通道	绥芬河、牡丹江、哈尔滨、齐齐哈尔、海拉尔、满洲里	连接黑龙江及蒙东地区
京兰通道	北京、呼和浩特、银川、兰州	连接华北、西北地区，贯通京津冀、呼包鄂、宁夏沿黄、兰西等城市群
青银通道	青岛、济南、石家庄、太原、银川	连接华东、华北、西北地区，贯通山东半岛、京津冀、太原、宁夏沿黄等城市群
陆桥通道	连云港、徐州、郑州、西安、兰州、西宁、乌鲁木齐	连接华东、华中、西北地区，贯通东陇海、中原、关中平原、兰西、天山北坡等城市群
沿江通道	上海、南京、合肥、武汉、重庆、成都	连接华东、华中、西南地区，贯通长三角、长江中游、成渝等城市群
沪昆通道	上海、杭州、南昌、长沙、贵阳、昆明	连接华东、华中、西南地区，贯通长三角、长江中游、黔中、滇中等城市群
厦渝通道	厦门、龙岩、赣州、长沙、常德、张家界、黔江、重庆	连接海峡西岸、中南、西南地区，贯通海峡西岸、长江中游、成渝等城市群
广昆通道	广州、南宁、昆明	连接华南、西南地区，贯通珠三角、北部湾、滇中等城市群

资料来源：根据《中长期铁路网规划》整理。

2．进一步强化“两横三纵”重点轴带对区域统筹发展的引领和带动作用

推动各地区围绕纵向、横向轴带，积极谋划本地区的发展，加快向这些轴带的衔接靠拢，实现与这些轴带的对接融合，推动各类要素跨区域有序自由流动和优化配置。2010 年《全国主体功能区规划》提出的“两横三纵”，

即长江经济轴带、陇海—兰新轴带、沿海轴带、京广—京哈轴带和包昆轴带（见专栏 3-1），2018 年集聚了 10 亿人口，81.3 万亿元 GDP，分别占全国的 71.9% 和 88.4%，人均 GDP 达到 8.1 万元，是全国平均水平的 1.2 倍（见表 3-19），已形成了覆盖主要人口和产业集聚地、有效串联东中西和南北方的发展轴带，有力推动了沿线城市和产业集聚发展，对全国人口和产业的空间组织引导作用不断增强。

专栏 3-1 “两横三纵”重点轴带基本情况和发展重点

长江经济轴带。将长江三角洲与长江中游、成渝等城市群连接起来，形成一条以长江为纽带的人口与产业发展轴线，产业基础雄厚，具有巨大的发展潜力和优越的发展条件，是强化我国东中西部经济联系和促进内陆沿海地区协调发展的最重要通道。其范围包括宜宾、泸州、重庆、万州、宜昌、荆州、武汉、黄冈、鄂州、黄石、九江、安庆、池州、铜陵、芜湖、马鞍山、南京、镇江、扬州、泰州、常州、无锡、苏州、南通、上海等城市。

陇海—兰新轴带。贯穿我国东中西部 10 个省区，将中原、关中城市群及未来将要形成的天山北坡城市群连接起来，能源、电力、石化、有色金属、装备制造、轻纺、电子、航天航空等工业较为发达，开发历史悠久，但经济社会发展滞后。其范围沿陇海兰新铁路从西向东分布了博尔塔拉、奎屯、石河子、乌鲁木齐、吐鲁番、哈密、嘉峪关、酒泉、张掖、金昌、武威、西宁、兰州、白银、定西、天水、宝鸡、咸阳、西安、渭南、三门峡、洛阳、郑州、开封、商丘、宿州、徐州、连云港等城市。

沿海轴带。是我国经济最发达的地区，经济基础雄厚、产业结构较合理、基础设施完备、国际化程度高，是我国今后参与国际竞争的先导区域以及率先实现现代化目标的示范区域。其范围沿着东部海岸线从北向南分布了丹东、大连、锦州、营口、盘锦、葫芦岛、秦皇岛、唐山、天津、沧州、滨州、东营、烟台、威海、青岛、日照、连云港、盐城、南通、上海、宁波、舟山、台州、温州、宁德、福州、莆田、泉州、厦门、漳州、潮州、汕头、汕尾、深圳、香港、澳门、珠海、阳江、茂名、湛江、海口、北海、钦州、防城港等城市。

京广—京哈轴带。几乎覆盖了我国东北和中部地区，串联辽中南、京津冀、中原、长江中游和珠三角等五大城市群，联通辽河、海河、黄河、长江、珠江五大水系，是我国集聚人口和经济最多的轴带，是重要的原材料工业、装备制造业和重要的粮食生产基地。其范围沿京广京哈铁路沿线从北向南分布了哈尔滨、长春、四平、铁岭、沈阳、盘锦、锦州、葫芦岛、秦皇岛、唐山、天津、廊坊、北京、保定、石家庄、邢台、邯郸、安阳、鹤壁、新乡、郑州、许昌、漯河、驻马店、信阳、孝感、武汉、咸宁、岳阳、长沙、湘潭、株洲、衡阳、郴州、韶关、靖远、广州、佛山、江门、中山、珠海等城市。

包昆轴带。将西部关中和成渝两大城市群连接在一起，辐射带动西部地区发展，能源、矿产资源丰富，对全国经济发展和国家经济安全具有重要的支撑作用和战略意义。其范围沿包西铁路、宝成铁路、成渝铁路、内昆铁路分布了包头、鄂尔多斯、榆林、延安、铜川、咸阳、西安、汉中、成都、重庆、内江、自贡、宜宾、昭通、曲靖、昆明、玉溪等城市。

表 3-19　全国主要发展轴人口、经济基本情况（2018 年）

轴带	GDP / 万亿元	总人口 / 亿人	人均 GDP / 万元	GDP 占全国比重 / %	总人口占全国比重 / %	与全国人均 GDP 之比
长江经济轴带	22.5	2.62	8.6	24.5	18.8	1.3
陇海—兰新轴带	7.0	1.22	5.8	7.6	8.7	0.9
沿海轴带	22.2	2.36	9.4	24.1	16.9	1.4
京广—京哈轴带	24.2	2.94	8.2	26.3	21.1	1.2
包昆轴带	5.4	0.89	6.1	5.9	6.4	0.9
合计	81.3	10.0	8.1	88.4	71.9	1.2

数据来源：Wind 数据库。

3. 加快谋划建设青银、哈大、珠江—西江、沪昆、沿边等发展轴带

青银轴带。依托青银通道，贯通山东、河北、山西、陕西、宁夏、甘肃六省区，途经山东半岛、京津冀、山西中部、宁夏沿黄等城市群，连接青岛、济南、烟台、石家庄、太原、延安、银川、中卫、武威等重要城市。建设青银轴带的主要理由和意义包括：①人口经济集聚度方面，青银轴带显著高于京兰轴带，更有利于促进生产要素的自由流动和高效集聚；②从区位和覆盖范围看，介于陇海—兰新轴带北边和京兰轴带南边，覆盖省份显著多于京兰轴带（仅内蒙古、宁夏、甘肃三省），既有利于强化北方腹地的统筹发展，也可进一步提升京津冀在全国区域发展格局中的枢纽地位；③从“一带一路”建设看，结合正在加快形成的内陆开放新轴带，有利于强化我国北方腹地在“一带一路”中的地位和作用；④有利于显著提升山东在国家区域战略格局中的地位，成为我国纵横轴带交汇枢纽和新亚欧大陆桥重要东端桥头堡，同时连接延安、西柏坡两大革命圣地和吕梁山、太行山两大集中连片特困区，推动北方革命老区和贫困地区发展。

哈大经济带。依托京沈铁路、哈大铁路、哈大齐工业走廊、辽宁沿海经济带等区域的相关城市，构成一条贯穿南北、跨越东北三省的纵向经济带，具体范围包括辽宁的全部地级市和吉林的五个地级市以及黑龙江的四个地级市，即沈阳、大连、鞍山、抚顺、本溪、丹东、锦州、营口、阜新、辽阳、盘锦、铁岭、朝阳、葫芦岛、长春、吉林、松原、四平、辽源、哈尔滨、齐齐哈尔、大庆和绥化，共 23 个城市。哈大经济带人口和 GDP 多年来分别占东北地区的 80% 和 90% 左右，是东北地区人口和经济的主要集聚区，对东北振兴意义重大（见专栏 3–2）。

专栏 3-2　哈大经济带建立的战略意义
建立哈大经济支撑带对全国区域协调战略的实施和东北地区振兴意义重大。从资源禀赋看，以哈大铁路为依托的开发轴是我国形成历史较早，吸引范围较大，发育阶段成熟的开发轴线，是我国原材料工业、重型装备制造业比较发达的区域；同时，沿线水土条件优越，是我国重要粮食生产基地。从全国区域协调发展格局看，东北地区尚未在全国区域格局中形成一个明确的开发战略，哈大经济支撑带建设有利于进一步完善和深化区域协调发展战略。从东北振兴看，哈大经济带支撑带是东北地区经济社会发展条件较好的地区，经济支撑带的建设有利于统筹区域内部不同板块、城市间的功能定位和空间布局，加快推进要素自由流动，优化人口产业空间结构优化和产业分工协作，提升经济支撑带整体水平并辐射带动周边区域发展，为东北地区新一轮振兴提供强大动力。

珠江—西江经济带。连接珠三角地区和西南中南腹地的重要经济带，在全国区域协调发展和面向东盟开放合作中具有重要战略地位，是珠江三角洲地区转型发展的战略腹地和西南地区重要的出海大通道，也是面向港澳和东盟开放合作的前沿地带。具体范围包括广东省的广州、佛山、肇庆、云浮4市和广西壮族自治区的南宁、柳州、梧州、贵港、百色、来宾、崇左7市。2014年，《珠江—西江经济带发展规划》获国务院批复，明确指出要把珠江—西江经济带建成我国西南中南开放发展战略支撑带、东西部合作发展示范区、流域生态文明建设试验区和海上丝绸之路桥头堡。建设珠江—西江经济带有利于完善我国区域发展整体布局，构建我国西南中南地区开放发展新的战略支点；有利于带动少数民族地区和贫困地区加快发展；有利于发挥面向港澳、连接东盟的区位优势，扩大西南中南地区对外开放；有利于加强全流域生态建设和环境保护，探索跨省区流域生态建设新模式。

沪昆经济带。依托沪昆通道，覆盖长江经济带绝大部分省市，包括上海、杭州、南昌、长沙、贵阳、昆明等重点城市。建设沪昆经济带有利于建立畅通东南与西南地区沟通联系的重要通道，打造联系长三角、中部和西南经济区的经济支撑带，有利于促进“一带一路”建设和长江经济带的结合发展，共同发挥推动区域经济发展的引领作用；另外，沪昆经济带沿线覆盖云南、贵州、江西、湖南、浙江等省份的贫困人口共计超过 1 500 万，经济带的建设有利于带动地方产业发展、有效支持脱贫攻坚。

沿边经济带。一条环形经济带，南自广西东兴，北至辽宁丹东，覆盖丹东、图们、绥芬河、黑河、满洲里、二连浩特、巴彦淖尔、阿勒泰、塔城、伊宁、阿克苏、喀什、日喀则、瑞丽、河口、凭祥、东兴等战略地位突出的城市。沿边经济带开放区位优势明显，近年来与周边国家文化、经贸交流合作基础坚实、交通等基础设施不断完善。建设沿边经济带有利于完善我国全方位开放格局，促进沿边、内陆与沿海开放联动，全面提升沿边开放水平，有利于推进沿边脱贫攻坚，促进民族团结和边疆稳定，实现沿边地区与全国同步全面建成小康社会。近年来沿边有关省区正积极推进地区性的沿边经济带建设，已取得积极成效（见专栏 3–3）。

专栏 3–3　各地区沿边经济带建设情况

目前，沿边省区积极谋划建立沿边经济带，建议加快将沿边经济带建设上升至国家战略统筹谋划。

内蒙古。《内蒙古自治区建设国家向北开放桥头堡和沿边经济带规划》（以下简称《规划》）于 2015 年获得国家发展改革委批复。

广西。2015 年，广西边境贸易进出口额达 226.7 亿美元，占全区外贸进出口额的 44.2%，边境口岸经济逐渐打造成富有特色的沿边经济带，2018 年自治区政协十二届二次常委会就有委员建议加快建立“广西沿边经济带”。

云南。2016年发布《云南省沿边开放经济带发展规划（2016—2020年）》，其范围覆盖怒江州、保山市、德宏州、临沧市、普洱市、西双版纳州、红河州、文山州8个边境州市的25个边境县市，明确提出要将沿边开放经济带打造成为面向南亚东南亚辐射中心的前沿窗口，内外统筹、区域协调的经济增长带。

三、培育壮大新的战略经济空间

（一）河北雄安新区

加快河北雄安新区规划建设，有利于促进北京非首都功能疏解，培育形成新的区域经济增长极，加快构建京津冀建设世界级城市群。雄安新区地处北京、天津、保定腹地，距北京、天津均为105公里，距石家庄155公里，距保定30公里，距北京新机场55公里。设立雄安新区，是以习近平同志为核心的党中央深入推进京津冀协同发展的一项重大决策部署，雄安新区是继深圳经济特区和上海浦东新区之后又一具有全国意义的新区，是千年大计、国家大事，对于集中疏解北京非首都功能，探索人口密集地区优化开发新模式，调整优化京津冀城市布局和空间结构，培育创新驱动发展新引擎，具有重大现实意义和深远历史意义。《河北雄安新区规划纲要》明确了雄安新区建设的战略目标和路径，指出要建设绿色生态宜居新城区、创新驱动发展引领区、协调发展示范区、开放发展先行区，作为北京非首都功能疏解集中承载地，通过突出建设绿色智慧新城、打造优美自然生态环境、发展高端高新产业、提供优质共享公共服务、构建快捷高效交通网络、推进体制机制改革、扩大全方位对外开放等7大重点任务，将雄安新区建设成为高水平社会主义现代化城市、京津冀世界级城市群的重要一极、现代化经济体系的新引擎、推动高质量发展的全国样板。

（二）粤港澳大湾区

提速粤港澳大湾区建设，打造国际一流湾区和世界级城市群。粤港澳大湾区包括广东省珠三角九市和香港、澳门特别行政区，国土面积占全国的0.6%，集聚了全国约5%的人口和12%的经济总量，是我国开放程度最高、经济活力最强的区域之一，具备建成国际一流湾区和世界级城市群的良好基础。与世界三大湾区比较，粤港澳大湾区仍处于高速发展阶段，潜力巨大。虽然在人均发展水平上，粤港澳大湾区与世界三大湾区差距明显，但在区域优势、经济体量、人口规模、土地面积等方面与世界三大湾区相比毫不逊色（见表3-20）。推进建设粤港澳大湾区是新时代“一国两制”的深度实践，通

表3-20　粤港澳大湾区与世界三大湾区比较（2017年）

指标	粤港澳大湾区	纽约湾区	旧金山湾区	东京湾区
土地面积／万平方公里	5.6	3.3	1.8	3.7
常住人口／万人	6 858	2 340	760	4 383
GDP／万亿美元	1.56	1.66	0.8	1.9
人均GDP／万美元	2.27	7.09	10.53	4.33
地均GDP／（亿美元／平方公里）	0.28	0.50	0.44	0.51
研发投入占比／%	2.1	2.8	2.8	3.67
港口吞吐量／万TEU	6 232	637	227	766
机场旅客吞吐量／亿人次	1.5	1.3	0.72	1.12
世界500强企业总部	16	46	36	60

数据来源：Wind数据库，恒大研究院。

过充分发挥“一国两制”制度优势、港澳独特优势和广东改革开放先行先试优势，进一步建立互利共赢的区域合作关系，汇聚全球更多的创新要素资源，引领我国新一轮对外开放和科技创新，建设富有活力和国际竞争力的一流湾区和世界级城市群，打造全国高质量发展的典范。

（三）海南

自由贸易港是设在一国（地区）境内关外、货物资金人员进出自由、绝大多数商品免征关税的特定区域，是目前全球开放水平最高的特殊经济功能区（见表3–21）。海南是我国最大经济特区，全岛海岸线1 528公里，共有78个天然港湾，具备发展自由贸易港和外向型经济的优良天然条件。2018年4月13日，在海南建省办经济特区30周年大会上，习近平总书记发表重要讲话，强调党中央支持海南全岛建设自由贸易试验区，支持海南逐步探索、稳步推进中国特色自由贸易港建设，分步骤、分阶段建立自由贸易港政策和制度体系。与此同时，《中共中央 国务院关于支持海南全面深化改革开放的指导意见》确立了海南全面深化改革开放试验区、国家生态文明试验区、国际旅游消费中心、国家重大战略服务保障区四大定位，并提出到2020年，自由贸易试验区建设取得重要进展，国际开放度显著提高；到2025年，自由贸易港制度初步建立，营商环境达到国内一流水平；到2035年，自由贸易港的制度体系和运作模式更加成熟，营商环境跻身全球前列；到21世纪中叶，率先实现社会主义现代化，形成高度市场化、国际化、法治化、现代化的制度体系，成为综合竞争力和文化影响力领先的地区。通过探索建设中国特色的自由贸易港，打造开放层次更高、营商环境更优、辐射作用更强的开放新高地，海南有望在未来新的30年加速开放和增长，成为新一轮改革开放试验田和整个华南地区经济增长的新龙头，有利于促进东部建立全方位开放型经济体系，带动全国开放型经济创新发展。

表 3-21 不同类型自由贸易区对比

类型	功能	特点	代表区域
自由港型	国际贸易、转口贸易、出口加工、物流	对在规定的自由港范围内进口的外国商品，无论是提供当地消费或是转口输出，原则上都不征收关税	新加坡、中国香港、直布罗陀、毛里求斯等离岸自由港
工贸结合型	加工贸易、转口贸易	交通位置优越，从事出口加工、转口贸易、国际贸易、仓储运输服务等综合业务	迪拜港自贸区、土耳其爱琴海自贸免税区
贸易型	从事商品展示和零售业务	利用优越的自然地理环境，以贸易为主，发展国际贸易、促进区内经济全面发展	智利伊基克自贸区、巴拿马科隆
出口加工型	以加工为主，转口贸易、仓储运输为辅	加工为主，贸易为辅	韩国马山、中国台湾、孟加拉国、埃及等出口加工区
保税仓库型	发挥保税功能，可以进行再包装、混合、处理、分级、挑选等业务	利用保税政策而设立，货物不办理进出口手续就可以连续长时间处于保税状态	荷兰鹿特丹港等欧洲港口

数据来源：根据 Wind 数据库，央视网、华创证券等整理。

（四）长江三角洲

加快推进长江三角洲区域一体化发展，建设成为全国高质量一体化的强劲活跃增长极。长江三角洲区域范围包括上海、江苏、浙江、安徽三省一市，面积 35.8 万平方公里，2018 年底常住人口 2.25 亿人，地区生产总值 21.1 万亿元，是我国经济发展最活跃、开放程度最高、创新能力最强的区域之一，在国家现代化建设大局和全方位开放格局中具有举足轻重的战略地位。通过紧扣“一体化”和“高质量”两个关键，探索区域一体化发展的制度体系和路径模式，充分发挥区域内各地区的比较优势，增强地区整体创新能力和竞争能力，提高经济集聚度、区域连接性和政策协同效率，为全国区域一体化发展提供示范，建设成为我国最具影响力和带动力的强劲活跃增长极，带动整个长江经济带和华东地区发展，形成高质量发展的区域集群。

（五）国家重大功能平台

近年来，我国已经先后布局建设了一大批改革创新发展平台，包括国家级新区、综合配套改革试验区、自由贸易试验区、国家自主创新示范区、临空经济试验区、军民融合创新示范区、新旧动能转换示范区、海洋经济发展示范区等，这些国家级重大功能平台是现代化经济体系建设和高质量发展的先锋（见专栏 3–4），应围绕国家赋予的先行先试功能，深化综合性、专项性的改革开放，积极探索具有地方特色的高质量发展新路径，为区域和国家现代化经济体系建设提供有力支撑。

专栏 3–4 部分国家重大功能平台主要职能

国家级新区是全方位扩大对外开放的重要窗口、创新体制机制的重要平台、辐射带动区域发展的重要增长极、产城融合发展的重要示范区，应进一步发挥国家级新区促进经济发展、扩大对外开放、推动改革创新的作用，落实国家重大改革发展任务和创新体制机制的试验示范作用。

综合配套改革试验区是我国全面深化改革的“前沿阵地”，应进一步加快转变政府职能，加快转变经济发展方式，加快统筹城乡改革，加快生态文明制度建设，加快社会事业改革，形成可复制、可推广的试点经验。

自由贸易试验区是我国对外开放的一种特殊的功能区域，应进一步以制度创新为核心，引领全国新一轮改革开放，探索构建与我国开放型经济发展要求相适应的新体制、新模式。

> 国家自主创新示范区是在推进自主创新和高技术产业发展方面先行先试、探索经验、做出示范作用的区域，应加快完善科技创新体制机制，发展战略性新兴产业，推进创新驱动，率先转变经济发展方式，引领区域经济加快高质量转型发展。
>
> 临空经济试验区是依托航空枢纽和现代综合交通运输体系，提供高时效、高质量、高附加值产品和服务，集聚发展航空运输业、高端制造业和现代服务业而形成的特殊经济区域，是民航业与区域经济相互融合、相互促进、相互提升的重要载体，应加快建设成为现代产业基地、区域物流中心、科技创新引擎和开放合作平台，为促进区域经济社会发展和经济发展方式转变提供有力支撑。
>
> 海洋经济发展示范区是承担海洋经济体制机制创新、海洋产业集聚、陆海统筹发展、海洋生态文明建设、海洋权益保护等重大任务的区域性海洋功能平台，应加快在全国建立海洋经济发展示范区，为我国实施海洋强国战略、促进海洋经济发展提供重要支撑。

（六）内陆接续成长城市

“接续成长”城市是指近年来由于受到交通区位条件改善、积极引入互联网等新经济要素、支撑服务国家战略实施等综合因素驱动，发展潜力被激发、发展势头趋好，且对于持续推动经济发展有较大潜力的内陆中等规模城市。也可将其定义为，在新时代背景下，对解决区域和产业发展不平衡不充分有重大意义、发展基础和条件较好、区位交通改善明显、比较优势效应在加快释放、经济实力快速提升的胡焕庸线以东的内陆大中城市。在中西部和东北地区选择一批发展基础和潜力较好的接续成长城市重点推进建设，有利于进一步发挥我国地理空间广阔、发展梯度大的优势，有利于加快补齐区域发展的短板、防治“大城市病”和有序推动东部沿海地区产业梯度转移。

综合考虑接续成长城市的基础性指标和选择性指标（见表 3–22），建议选择 30 个左右接续成长城市，分批推进建设（见表 3–23）。第一批，按照每个省最多选择 1 个接续成长城市的原则，选取 10 个地级单元开展接续成长城市建设试点，包括：黑龙江省齐齐哈尔市、广西壮族自治区柳州市、贵州省遵义市、四川省泸州市、重庆市万州区、安徽省蚌埠市、河南省商丘市、湖北省宜昌市、湖南省衡阳市、江西省赣州市。第二批选取的接续成长城市，结合第一批名单，尽量实现胡焕庸线以东内陆地区各省份全覆盖，选取的 10 个地级城市包括：吉林省吉林市、辽宁省丹东市、广西壮族自治区桂林市、陕西省宝鸡市、四川省绵阳市、安徽省芜湖市、河南省开封市、湖北省襄

表 3–22　接续成长城市遴选指标

大类	一级指标	二级指标	标准
基础性指标	区位指向	内陆地区	胡焕庸线以东内陆地区的地级市
	发展势头	经济增速	位列所在省区前列
	基础规模	城区常住人口	100 万左右
选择性参考指标	国家战略节点	对服务“一带一路”建设、长江经济带建设等国家战略实施具有重要支撑作用	
	已建国家平台	①国家高效技术开发区； ②国家承接转移示范基地； ③临空经济示范区； ④自由贸易试验区； ⑤产城融合示范区； ⑥产业转型升级示范区等	
	发展潜力评价	①交通条件趋好，国家交通枢纽、国家交通网节点； ②资源环境承载和承接产业转移空间大； ③新经济加快培育成长； ④新的国家战略城市等	

表 3-23　接续成长城市分批推进时间表

区域	省（区、市）	第一批	第二批	第三批
东北	黑龙江	齐齐哈尔市		
	吉林		吉林市	
	辽宁		丹东市	
西部	广西	柳州市	桂林市	
	贵州	遵义市		
	陕西		宝鸡市	安康市或汉中市
	四川	泸州市	绵阳市	南充市或遂宁市
	重庆	万州区		江北区或巴南区
中部	安徽	蚌埠市	芜湖市	安庆市
	河南	商丘市	开封市	
	湖北	宜昌市	襄阳市	十堰市
	湖南	衡阳市	常德市	郴州市
	江西	赣州市		九江市
	山西		大同市	

阳市、湖南省常德市、山西省大同市。第三批选取的接续成长城市包括：陕西省安康市或汉中市、四川省南充市或遂宁市、安徽省安庆市、湖北省十堰市、湖南省郴州市、江西省九江市、重庆市江北区或巴南区。

接续城市建设应重点培育要素集聚配置、创新、枢纽、辐射带动等区域中心城市功能。一是应培育区域要素集聚配置功能，汇聚一批区域性总部和金融机构；二是应注重开放创新发展，打造创新资源集聚中心和要素信息传输的区域重要枢纽；三是应发挥新知识、新技术、新业态的“孵化器”作用，增强与周边城市通过产业组织链条上的分工，强化对腹地的辐射带动作用。

四、积极发展一批特色经济空间

我国人口众多，人均资源占有率较低，对外依存度较高，老少边穷和资源枯竭城市等特殊困难地区发展动力不足，转型滞后。2015 年中国人均耕地面积 0.09 亩，仅为世界平均水平的 47%；我国 45 种主要矿产资源人均占有量不足世界人均水平的一半，许多重要资源人均占有量更是远低于世界平均水平（如，石油资源人均占有量仅为世界平均水平的 15% ~ 20%，人均水资源占有量仅为世界平均水平的 25%）；2016 年，我国石油对外依存度高达 65%，天然气对外依存度接近 35%。同时，我国 14 个集中连片特困地区中，农民人均收入 2 676 元，远远低于全国农村居民人均收入，在全国综合排名最低的 600 个县中，521 个在片区内，占比达到 86.8%。

因此，一方面我国应加大对特殊困难地区的扶持开发力度，加强对粮食生产功能区和重要农产品生产保护区、重点生态功能区、能源和矿产资源基地的建设和保护，构建现代化经济体系的重要保障，维护我国粮食、生态、能源安全；另一方面，应因地制宜、分类指导，建立特色经济发展区，平衡保护和发展的关系，带动落后地区发展，构建现代化经济体系的重要补充，促进全国区域协调发展。

（一）老少边穷地区等特殊类型地区：特色民生经济区

加大对老少边穷地区的扶持开发力度，依托各地资源禀赋和比较优势，以增强自我发展能力、提高公共服务水平、改善民生为重点，大力发展特色优势产业，推动经济高质量转型发展，是补充现代化经济体系空间格局短板的重要举措（见表 3–24）。

表 3–24 特殊地区发展特色民生经济重点方向

类型	典型地区	发展重点方向
革命老区	大别山革命老区、陕甘宁革命老区、赣闽粤原中央苏区、左右江革命老区、川陕革命老区、沂蒙革命老区、湘鄂赣革命老区、太行革命老区、海陆丰革命老区等	• 全国重要的粮食和特色农产品生产加工基地 • 全国重要的红色旅游目的地 • 国家重要能源化工基地、资源精深加工基地 • 现代旱作农业示范区 • 全国有色金属产业基地 • 先进制造业基地和特色农产品深加工基地 • 重要的区域性综合交通枢纽，面向东南亚、南亚全方位开放前沿地
民族地区	新疆、宁夏、广西、内蒙古、西藏、四省藏区	• 民族地区矿物功能材料示范基地 • 民族地区食品农产品出口示范基地 • 民族贸易和民族特需商品基地 • 少数民族传统手工艺品保护与发展示范区 • 民族医药产业基地 • 民族特色食品产业基地
边疆地区	新疆、西藏、云南、广西、黑龙江、吉林、辽宁、内蒙古等省区的边境地区	建设一批我国重要的对外开放窗口、通道、辐射中心和枢纽
贫困地区	六盘山区、秦巴山区、武陵山区、乌蒙山区、滇桂黔石漠化区、滇西边境山区、大兴安岭南麓山区、燕山—太行山区、吕梁山区、大别山区、罗霄山区等区域、西藏、四省藏区、新疆南疆三地州	• 国家重要粮食和特色农产品生产加工基地 / 重要商品粮和畜产品生产加工基地 • 承接发达地区产业转移重点区 • 全国重要生态休闲旅游目的地 • 重要能源和矿产资源深加工基地 / 风能利用与煤炭深加工基地

续表

类型	典型地区	发展重点方向
资源型地区	262 个资源型城市	• 改造提升传统资源型产业、发展绿色矿业、优化发展资源深加工产业 • 培育壮大接续替代产业，发展劳动密集型产业 • 加快发展特色服务业，如重要工业产品区域性物流中心、资源产业托管服务、工程和管理咨询、特色工业旅游等产业 • 推进资源型城市由单一的资源型经济向多元经济转变

长期以来，革命老区、民族地区、边疆地区、贫困地区、资源型地区等特殊类型地区是我国区域协调发展的短板，这些地区大多位置偏远、交通落后、资源稀缺、居民收入水平低、基本公共服务质量不高、自我发展能力弱，很多地区还是重点生态功能区和集中连片特困区。"十三五"规划中明确提出要加大对革命老区、民族地区、边疆地区和困难地区的支持力度，实施边远贫困地区、边疆民族地区和革命老区人才支持计划；党的十九大报告进一步将老少边穷地区放在区域协调发展战略的突出地位，提出要加大力度支持革命老区、民族地区、边疆地区、贫困地区加快发展；支持资源型地区经济转型发展；加快边疆发展，确保边疆巩固、边境安全。

1. 加大力度支持革命老区开发建设和帮扶力度

加快落实近年来国家相继出台的《陕甘宁革命老区振兴规划》《赣闽粤原中央苏区振兴发展规划》《川陕革命老区振兴发展规划》《大别山革命老区振兴发展规划》《左右江革命老区振兴规划》等一系列文件，通过加大基础设施建设、提升公共服务水平、培育特色优势产业、推进劳动力转移就业等措施，支持革命老区加快发展和脱贫致富（见表 3–25）。

表 3–25 国家已出台革命老区振兴规划

革命老区	范围	战略定位
大别山 革命老区 （2011—2020）	安徽省六安市、安庆市全境；河南省信阳市、驻马店市全境，南阳市桐柏县、唐河县；湖北省黄冈市、随州市全境，孝感市孝南区、安陆市、应城市、大悟县、孝昌县、云梦县，襄阳市的枣阳市，武汉市黄陂区、新洲区	• 欠发达地区科学发展示范 • 全国重要的粮食和特色农产品生产加工基地 • 长江和淮河中下游地区重要的生态安全屏障 • 全国重要的旅游目的地
陕甘宁 革命老区 （2012—2020）	共 67 个县（市、区）：府谷、神木、佳县、米脂、横山、子洲、绥德、吴堡、清涧、靖边、定边、榆阳区；子长、延川、延长、安塞、志丹、吴起、甘泉、宜川、黄龙、富县、洛川、黄陵、宝塔区；宜君、耀州、王益区、新区、印台区；富平；旬邑、淳化、长武、彬县、三原、泾阳；华池、合水、环县、庆城、宁县、正宁、镇原、西峰区；泾川、灵台、崇信、华亭、庄浪、静宁、崆峒区；会宁；盐池、同心、青铜峡、红寺堡区、利通区；灵武；中宁、海原、沙坡头区；彭阳、西吉、隆德、泾源、原州区	• 黄土高原生态文明示范区 • 国家重要能源化工基地 • 国家重点红色旅游区 • 现代旱作农业示范区 • 基本公共服务均等化试点区
赣闽粤 原中央苏区 （2014—2020）	共 108 个县（市、区）：江西省赣州市、吉安市、新余市全境，抚州市黎川县、广昌县、乐安县、宜黄县、崇仁县、南丰县、南城县、资溪县、金溪县，上饶市广丰区、铅山县、广信区、横峰县、弋阳县，宜春市袁州区、樟树市，萍乡市安源区、莲花县、芦溪县，鹰潭市余江县、贵溪市；福建省龙岩市、三明市、南平市全境，漳州市芗城区、龙海市、南靖县、平和县、诏安县、华安县、云霄县、漳浦县，泉州市安溪县、南安市、永春县、德化县；广东省梅州市全境，河源市龙川县、和平县、连平县，潮州市饶平县，韶关市南雄市	• 革命老区扶贫攻坚示范区 • 全国有色金属产业基地 • 先进制造业基地和特色农产品深加工基地 • 重要的区域性综合交通枢纽 • 我国南方地区重要的生态屏障 • 红色文化传承创新区、著名生态和文化旅游目的地

续表

革命老区	范围	战略定位
左右江革命老区（2015—2025）	共59个县（市、区）：广西百色市、河池市、崇左市全境，南宁市隆安县、马山县；贵州黔西南州全境，黔南州都匀市、荔波县、独山县、平塘县、罗甸县、长顺县、惠水县、三都县，黔东南州黎平县、榕江县、从江县；云南省文山州全境	• 面向东南亚、南亚全方位开放前沿地 • 重要资源精深加工基地 • 著名红色文化及休闲旅游目的地 • 生态文明示范区 • 跨省互联互通先行区
川陕革命老区（2016—2020）	共68个县（市、区）：四川省巴中市巴州区、恩阳区、通江县、南江县、平昌县，广元市利州区、昭化区、朝天区、旺苍县、青川县、剑阁县、苍溪县，达州市通川区、达川区、宣汉县、开江县、大竹县、渠县、万源市，南充市顺庆区、高坪区、嘉陵区、南部县、营山县、蓬安县、仪陇县、西充县、阆中市，绵阳市涪城区、游仙区、三台县、盐亭县、安县、梓潼县、北川县、平武县、江油市，陕西省汉中市汉台区、南郑区、城固县、洋县、勉县、西乡县、略阳县、镇巴县、宁强县、留坝县、佛坪县，安康市汉滨区、汉阴县、石泉县、宁陕县、紫阳县、岚皋县、平利县、镇坪县、旬阳县、白河县，商洛市商州区、洛南县、丹凤县、商南县、山阳县、镇安县、柞水县，宝鸡市凤县、太白县，重庆市城口县	• 丝绸之路经济带和长江经济带的重要通道 • 区域开发与精准扶贫协同推进示范区 • 清洁能源、特色农产品生产加工基地和军民融合产业示范基地 • 红色文化传承区和生态旅游目的地 • 秦巴山生态文明先行先试区

资料来源：根据相关规划整理。

2．加大力度推动民族地区健康发展

我国是一个统一的多民族国家，共有55个少数民族、155个民族自治地方。2000年实施西部大开发以来，国家把支持少数民族和民族地区加快发展作为西部大开发的首要任务，2015 年少数民族人口占全国总人口的 8.5%，民族自治地方面积占全国国土总面积的 64%，实现 GDP 占全国的 9.8%。“十三五”期间，我国加快将少数民族地区发展摆到突出的战略位置（见表 3–26、表 3–27），通过加大财政和金融支持，改善基础设施和基本公共服务水平等举措进一步支持民族地区经济社会发展，缩小与全国其他地区差距，实现 2020 年 GDP 占全国比重提高至 10.6% 左右。

表 3–26 民族地区和全国“十三五”经济社会发展主要指标比较

指 标	2015 年		2020 年	
	民族地区	全国	民族地区	全国
GDP / 万亿元	6.65	67.7	9.8	>92.7
GDP 年均增速 / %	—	7.8	>8	6.5
全员劳动力生产率 /（万元 / 人）	6.48	8.7	9.1	>12
服务业增加值比重 / %	42.26	50.5	47	56
常住人口城镇化率 / %	47.09	56.1	54.2	60
研发经费投入强度 / %	0.74	2.1	1.7	2.5
劳动年龄人口平均受教育年限 / 年	9.01	10.23	10.3	10.08
耕地保有量 / 亿亩	3.19	18.65	3.19	18.65
森林覆盖率 / %	17.85	21.66	19.8	23.04

资料来源：根据《中华人民共和国国民经济和社会发展第十三个五年规划纲要》《“十三五”促进民族地区和人口较少民族发展规划》等资料整理。

表 3–27 民族地区重点发展任务

民族地区	重点发展任务
新疆	推进优势资源开发，加强农业、水利、交通等基础能力建设，促进经济社会跨越式发展
宁夏	推进节水型社会建设，强化农业基础地位，高水平建设宁东能源化工基地

续表

民族地区	重点发展任务
广西	推进沿海沿江率先发展，发展特色产业，增强区域辐射带动能力
内蒙古	推进生态建设和环境保护，发展现代农牧业，构建多元化现代产业体系
西藏和青海等四省藏区	促进优势特色产业发展，改善农牧区生产生活条件

资料来源：根据《全国国土规划纲要（2016—2030 年）》整理。

3．加大力度推动边疆地区开发开放

随着“一带一路”建设加快，边疆地区在我国区域发展格局中的地位将日益凸显。加快边疆地区开发开放，不仅有利于兴边富民，进一步提升边境地区开发开放，也是促进区域协调发展和国家安全的重大战略举措。“十三五”规划进一步明确了要加强推进边疆城市和重点开发开放试验区、基础设施和对外骨干通道的建设（见表 3–28）。

表 3–28 国家“十三五”规划边境地区发展战略目标

地区	建 设 目 标
新疆	向西开放的重要窗口
西藏	面向南亚开放的重要通道
云南	面向南亚东南亚的辐射中心
广西	面向东盟的国际大通道
黑龙江、吉林、辽宁、内蒙古	向北开放的重要窗口和东北亚区域合作的中心枢纽； 加快建设面向东北亚的长吉图开发开放先导区

资料来源：根据《中华人民共和国国民经济和社会发展第十三个五年规划纲要》整理。

4．加大力度促进贫困地区跨越式发展

改革开放以来，我国开始有组织、有计划地大规模开展农村扶贫开发，

2011 年中央出台的《中国农村扶贫开发纲要（2011—2020 年）》明确提出到 2020 年稳定实现扶贫对象不愁吃、不愁穿，保障其义务教育、基本医疗和住房，贫困地区农民人均纯收入增长幅度高于全国平均水平，基本公共服务主要领域指标接近全国平均水平，扭转发展差距扩大趋势。同时，国家将集中连片特殊困难地区作为扶贫攻坚主战场，包括六盘山区、秦巴山区、武陵山区、乌蒙山区、滇桂黔石漠化区、滇西边境山区、大兴安岭南麓山区、燕山—太行山区、吕梁山区、大别山区、罗霄山区等区域的连片特困地区和已明确实施特殊政策的西藏、四省藏区、新疆南疆三地州。加快落实国家相继出台的《武陵山片区区域发展与扶贫攻坚规划》《乌蒙山片区区域发展与扶贫攻坚规划》《秦巴山片区区域发展与扶贫攻坚规划》《滇桂黔石漠化片区区域发展与扶贫攻坚规划》《六盘山片区区域发展与扶贫攻坚规划》《滇西边境片区区域发展与扶贫攻坚规划》《大兴安岭南麓片区区域发展与扶贫攻坚规划》《燕山—太行山片区区域发展与扶贫攻坚规划》《吕梁山片区区域发展与扶贫攻坚规划》《大别山片区区域发展与扶贫攻坚规划》《罗霄山片区区域发展与扶贫攻坚规划》等扶贫攻坚规划，并加大政策、财政、基础设施等多方面的扶持。

5. 加快推动资源型地区转型发展

资源型城市是以本地区矿产、森林等自然资源开采、加工为主导产业的城市。长期以来，资源型城市作为我国重要的基础能源和原材料供应地，是我国经济社会发展的重要支撑，但是同时面临着经济结构单一，产业发展对资源的依赖性较强，创新水平低，转型发展内生动力不强，可持续发展压力较大等问题。2013 年 11 月，国务院印发的《全国资源型城市可持续发展规划（2013—2020 年）》涉及我国 262 个资源型城市，其中地级行政区 126 个，县级市 62 个，县 58 个，市辖区 16 个。按照资源保障能力和经济社会可持续发展能力差异，全国 262 个资源型城市被划分为成长型、成熟型、衰退型和再生型四种类型，要求统筹兼顾分类施策，引导各类资源型城市加快转型发展，重点支持资源枯竭城市转型。

（二）农产品主产区：特色现代农业经济区

加快建立粮食生产功能区和重要农产品生产保护区，确保国家粮食安全和保障重要农产品有效供给，在农产品主产区内集中力量建设一批基础条件好、生产水平高、调出量大的特色现代农业经济区。

农产品主产区是指具备较好的农业生产条件，以提供农产品为主体功能，以提供生态产品、服务产品和工业品为辅助功能的区域。2010 年发布的《全国主体功能区规划》将我国的农产品主产区划为限制开发区域，提出要限制大规模高强度的工业化城镇化开发，以更好地保护这类区域的农业生产力和生态产品生产力；在空间布局上，提出要构建“七区二十三带”为主体的农业战略格局（见表 3–29）。2017 年，《国务院关于建立粮食生产功能区和重要农产品生产保护区的指导意见》（国发〔2017〕24 号）进一步提出为保障粮食和重要农产品供给、为优化农业生产布局，要建立 10.58 亿亩粮食生产功能区和重要农产品生产保护区，并力争用 3 年时间完成划定任务，用 5 年时间基本完成建设任务（见表 3–30）。

表 3–29 “七区二十三带”农业战略格局

农产品主产区	农产品产业带
东北平原主产区	建设以优质粳稻为主的水稻产业带，以籽粒与青贮兼用型玉米为主的专用玉米产业带，以高油大豆为主的大豆产业带，以肉牛、奶牛、生猪为主的畜产品产业带
黄淮海平原主产区	建设以优质强筋、中强筋和中筋小麦为主的优质专用小麦产业带，优质棉花产业带，以籽粒与青贮兼用和专用玉米为主的专用玉米产业带，以高蛋白大豆为主的大豆产业带，以肉牛、肉羊、奶牛、生猪、家禽为主的畜产品产业带

续表

农产品主产区	农产品产业带
长江流域主产区	建设以双季稻为主的优质水稻产业带，以优质弱筋和中筋小麦为主的优质专用小麦产业带，优质棉花产业带，“双低”优质油菜产业带，以生猪、家禽为主的畜产品产业带，以淡水鱼类、河蟹为主的水产品产业带
汾渭平原主产区	建设以优质强筋、中筋小麦为主的优质专用小麦产业带，以籽粒与青贮兼用型玉米为主的专用玉米产业带
河套灌区主产区	建设以优质强筋、中筋小麦为主的优质专用小麦产业带
华南主产区	建设以优质高档籼稻为主的优质水稻产业带，甘蔗产业带，以对虾、罗非鱼、鳗鲡为主的水产品产业带
甘肃新疆主产区	建设以优质强筋、中筋小麦为主的优质专用小麦产业带，优质棉花产业带

资料来源：《全国主体功能区规划》。

表 3-30　粮食生产功能区和重要农产品生产保护区划定

两区	规模	重点范围
粮食生产功能区	9 亿亩，其中 6 亿亩用于稻麦生产	● 以东北平原、长江流域、东南沿海优势区为重点，划定水稻生产功能区 3.4 亿亩 ● 以黄淮海地区、长江中下游、西北及西南优势区为重点，划定小麦生产功能区 3.2 亿亩（含水稻和小麦复种区 6 000 万亩） ● 以松嫩平原、三江平原、辽河平原、黄淮海地区以及汾河和渭河流域等优势区为重点，划定玉米生产功能区 4.5 亿亩（含小麦和玉米复种区 1.5 亿亩）
重要农产品生产保护区	2.38 亿亩（与粮食生产功能区重叠 8 000 万亩）	● 以东北地区为重点，黄淮海地区为补充，划定大豆生产保护区 1 亿亩（含小麦和大豆复种区 2 000 万亩） ● 以新疆为重点，黄河流域、长江流域主产区为补充，划定棉花生产保护区 3 500 万亩 ● 以长江流域为重点，划定油菜籽生产保护区 7 000 万亩（含水稻和油菜籽复种区 6 000 万亩） ● 以广西、云南为重点，划定糖料蔗生产保护区 1 500 万亩 ● 以海南、云南、广东为重点，划定天然橡胶生产保护区 1 800 万亩

资料来源：《国务院关于建立粮食生产功能区和重要农产品生产保护区的指导意见》（国发〔2017〕24 号）。

农产品主产区特色现代农业经济区的核心功能是集中各种资源发展现代农业，不断提高农业综合生产能力，着重加强土地整治，推进连片标准良田建设；加强水利设施建设，发展节水农业；优化农业生产布局和品种结构；加强农产品加工、流通、储运设施建设；加强农业基础设施建设，推动农业科技进步和创新；积极推进农业规模化、产业化，发展农产品精深加工。

（三）重点生态功能区：特色生态休闲经济区

加强重点生态功能区生态保护，巩固提高生态服务功能，加快建设国家生态安全屏障，坚持在面上保护的基础上，适度进行点状开发，发展环境友好型产业，建设特色生态休闲经济区。

对于限制进行大规模高强度工业化城镇化开发的地区，在坚持面上保护的基础上，适度进行点状开发，发展特色生态体验、休闲旅游、生态健康等环境友好型产业，探索建立特色生态休闲经济区，充分体现生态价值功能，提升生态产品的经济价值。这类地区主要包括《全国主体功能区规划》划定的25个位于限制开发区域的国家重点生态功能区，总面积约386万平方公里，占全国陆地国土面积的40.2%，人口约占全国总人口的8.5%（见表3-31）。

对于生态系统脆弱、需要严格保护和禁止开发的地区，以中央财政转移支付和横向生态补偿等方式为主，确保实现可持续发展。这类地区主要包括代表性的自然生态系统、珍稀濒危野生动植物物种的天然集中分布地、有特殊价值的自然遗迹所在地和文化遗址等。《全国主体功能区规划》划定了1 443处，总面积约120万平方公里，占全国陆地国土面积的12.5%的国家禁止开发区域，包括国家级自然保护区、世界文化自然遗产、国家级风景名胜区、国家森林公园、国家地质公园（见表3-31）。

表 3-31　重点生态功能区功能定位

重点生态功能区类型	功能定位	典型地区
限制开发区域	• 保障国家生态安全的重要区域 • 人与自然和谐相处的示范区	水源涵养型、水土保持型、防风固沙型、生物多样性维护型四种类型，共 25 个功能区
禁止开发区域	• 我国保护自然文化资源的重要区域 • 珍稀动植物基因资源保护地	国家级自然保护区、世界文化自然遗产、国家级风景名胜区、国家森林公园、国家地质公园五种类型，共 1 443 处

资料来源：《全国主体功能区规划》。

（四）能源矿产资源基地：特色能源资源高效开发利用经济区

我国人口众多，人均资源占有率很低，资源相对短缺，对外依存度日益增大，能源和矿产资源保障体系是现代化经济体系建设的重要内容。能源和矿产资源富集的地区，往往生态系统比较脆弱或生态功能比较重要，并不适宜大规模高强度的工业化城镇化开发。因此，应划定能源和矿产资源基地，深入挖掘能源和矿产资源潜力，推动建设特色能源资源高效开发利用经济区，积极发展绿色经济，提高资源利用效率，坚持“点上开发、面上保护”，统筹合理开发和保护，确保在能源安全和提升矿产资源保障能力的基础上，促进资源优势向经济优势转化，推动资源型地区可持续发展。重点建设山西、鄂尔多斯盆地、西南地区、东北地区和新疆五大重点综合能源基地和东部沿海核电带，形成“五基一带”能源开发利用格局，并以点状分布建设风光等新能源基地（见表 3-32）。

表 3-32　国家能源开发布局

主要能源基地	开发布局
山西	合理开发煤炭资源，积极发展坑口电站，加快煤层气开发，继续发挥保障全国能源安全的功能
鄂尔多斯盆地	以煤炭开采加工和火力发电建设为主，加大石油、天然气、煤层气和风能开发力度，建设高效清洁大型能源输出地
西南地区	以水电开发为主，加快四川盆地天然气资源开发，有序开发煤炭资源和建设坑口电站，加强煤电外送通道建设，建成以水电为主体的综合性能源输出地
东北地区	加强石油勘探，稳定石油产量，加快蒙东大型煤炭基地建设，积极发展坑口电站和风电，加快建设面向东北和华北的能源输送通道
新疆	适度加大石油、天然气和煤炭资源的勘探开发，加快能源外输通道建设，加强与中亚国家的能源合作，建设我国重要的能源战略接替区
东部沿海	建立核电带
西北、华北和东北以及东部沿海地区	大力发展风能
近期：山东半岛、长江三角洲、珠江三角洲； 中远期：河西走廊、兰新线、青藏线、宁夏和内蒙古沙漠边缘	布局建设大型太阳能基地

资料来源：《全国主体功能区规划》。

（五）省际交界地区：一体化经济发展区

省际交界地区是一类特殊的区域类型，在计划经济时期是政府投资的边缘区，在市场经济时期又是外商投资的边缘区。长期以来，我国省级单元之间在行政管理上各自为政，有很多地方还带有很强的地方保护主义，是一种具有分割性和边缘性的区域经济，是我国市场分割的集中体现区域，是区域协调发展中矛盾和问题比较突出的地区。

2016年国家发展改革委印发的《关于贯彻落实区域发展战略促进区域协调发展的指导意见》强调，探索建立毗邻省份发展规划衔接机制，支持和鼓励在省际交界地区开展区域一体化发展试点试验。促进区域协调发展、推动全国统一市场建设、打破地区分割和利益藩篱，应以省际交界地区一体化发展为突破口，建立省际交界一体化经济发展区。主要措施：一是在省际交界地区培育区域中心城市，构建区域增长极，实现城市带动区域发展；二是明确区域内各城市定位，引导各城市以各自优势和特色进行产业分工，优化产业布局，避免产业雷同；三是完善以交通为重点的基础设施建设，加强城市联系；四是优化省际交界地区空间结构，最终形成几个功能互补、联系密切的“城市经济圈”，辐射带动整个省际交界地区发展。

参考资料

［1］党丽娟，申兵．我国城市经济增长空间格局研究［J］．当代经济，2017（13）：9–13.

［2］陆大道．关于“点－轴”空间结构系统的形成机理分析［J］．地理科学，2002（01）：1–3.

［3］范恒山．国家区域发展战略的实践与走向［J］．区域经济评论，2017（01）：5–10.

［4］郑德高，朱雯娟，陈阳，等．区域空间格局再平衡与国家魅力景观区构建［J］．城市规划，2017，41（02）.

［5］杨开忠．区域协调发展新格局的基本特征［J］．中国国情国力，2016（05）：6–8.

［6］樊杰，刘汉初．“十三五”时期科技创新驱动对我国区域发展格局变

化的影响与适应［J］. 经济地理，2016（36）：1–9.

［7］陈群元，喻定权. 我国城市群发展的阶段划分、特征与开发模式［J］. 现代城市研究，2009，24（02）：77–82.

［8］陆大道. 中国区域发展的新因素与新格局［J］. 地理研究，2003（03）：261–271.

［9］汪阳红，张燕. 加快"哈大经济支撑带"建设研究［J］. 区域经济评论，2017（01）：60–67.

［10］黎雨. 大格局：变动中的中国区域发展战略布局［M］. 北京：国家行政学院出版社，2013.

［11］覃成林，等. 多极网络发展空间格局（引领中国区域经济 2020）［M］. 北京：中国社会科学出版社，2016.

［12］徐宪平，杜平，张新红. 驱散增长的迷雾：新常态下的新动能［M］. 北京：中国财富出版社，2017.

［13］孙久文，等. 区域经济学前沿：21 世纪区域经济发展研究［M］. 北京：中国人民大学出版社，2016.

［14］林晓言，等. 高速铁路与经济社会发展新格局［M］. 北京：社会科学文献出版社，2015.

［15］刘勇，李仙. 我国区域经济发展格局与未来趋势［N］. 中国经济时报，2014–02–25.

［16］金碚. 我国区域经济发展空间格局的新态势［N］. 北京日报，2015–06–01.

［17］肖金成，黄征学. 未来 20 年中国区域发展新战略［J］. 财经智库，2017，2（05）：43–69.

［18］滕飞，申红艳. 基于多区域中心城市的省际交界地区区域合作研究［J］. 中国软科学，2017（06）：81–88.

[19] 魏后凯．四大板块与三大战略相结合 以空间优化增强发展动力[N]．中国青年报，2000-11-20.

[20] 肖金成，欧阳慧．优化国土空间开发格局研究[M]．北京：中国计划出版社，2015.

第四章
城乡融合发展任务及路径

内容提要：改革开放以来，随着我国城乡政策经由“城乡统筹”—“城乡一体化”—“城乡融合”的演变，我国城乡关系整体上大致经历了城乡分割走向低水平城乡融合阶段、城乡分割向高水平城乡融合的准备阶段、再向高水平城乡融合迈进三个阶段，城乡关系呈现由城乡分割向城乡融合发展的趋势，现阶段我国城乡差异表现出鲜明的区域差异。尽管城乡融合发展取得了历史性进展，但也存在一些问题。进入新时代，城乡比较优势发生显著性变化，我国要进一步深化城乡融合发展内涵，从要素融合、经济融合、空间融合、基础设施建设融合、公共服务融合和生态环境融合的维度，合理安排城乡融合发展重点任务，结合区域特征，设计差异化城乡融合发展路径。

一、改革开放以来我国城乡关系演化及评价

改革开放以来，随着我国城乡发展政策的推进，我国城乡关系显著

变化，总体上呈现由城乡分割到城乡逐步融合的趋势，城乡经济联系趋于密切。

（一）我国城乡关系变动研究

1. 城乡政策：历经“城乡统筹”—“城乡一体化”—“城乡融合”的演进过程

改革开放以来，特别是从20世纪80年代末期开始，我国城乡发展不平衡不充分问题受到广泛关注，农业、农民、农村问题成为我国经济社会发展的重中之重。1982—1986年中央连续5年发布以农业、农村和农民为主题的中央一号文件，对农村改革和农业发展作出具体部署。进入新世纪，2004年以来的中央一号文件一直以“三农”为主题，彰显党中央对“三农”问题的重视，也直接推动“三农”发展进入新的历史阶段。一号文件的主题从农村改革、农民增收到新农村建设、农业基础设施、农业科技创新、现代农业发展、农业现代化、乡村振兴，不仅囊括农村制度层面，也直接涉及农业农村的发展（见表4–1）。

表4–1　历年中央一号文件一览

时间	文件名称	主题
1982年	《全国农村工作会议纪要》	包产到户、包干到户或大包干
1983年	《当前农村经济政策的若干问题》	家庭联产承包责任制
1984年	《关于一九八四年农村工作的通知》	土地承包期
1985年	《关于进一步活跃农村经济的十项政策》	取消农副产品统购派购制度
1986年	《关于一九八六年农村工作的部署》	肯定农村改革的方针政策
2004年	《关于促进农民增加收入若干政策的意见》	农民增收

续表

时间	文件名称	主题
2005 年	《关于进一步加强农村工作，提高农业综合生产能力若干政策的意见》	提高农业综合生产能力
2006 年	《关于推进社会主义新农村建设的若干意见》	社会主义新农村建设
2007 年	《关于积极发展现代农业，扎实推进社会主义新农村建设的若干意见》	现代农业
2008 年	《关于切实加强农业基础设施建设，进一步促进农业发展农民增收的若干意见》	农业基础设施建设
2009 年	《关于促进农业稳定发展农民持续增收的若干意见》	农业稳定发展
2010 年	《关于加大统筹城乡发展力度，进一步夯实农业农村发展基础的若干意见》	统筹城乡发展
2011 年	《关于加快水利改革发展的决定》	水利改革发展
2012 年	《关于加快推进农业科技创新，持续增强农产品供给保障能力的若干意见》	农业科技创新
2013 年	《关于加快发展现代农业，进一步增强农村发展活力的若干意见》	现代农业
2014 年	《关于全面深化农村改革加快推进农业现代化的若干意见》	农村改革
2015 年	《关于加大改革创新力度，加快农业现代化建设的若干意见》	农业现代化
2016 年	《关于落实发展新理念加快农业现代化实现全面小康目标的若干意见》	农业现代化
2017 年	《中共中央、国务院关于深入推进农业供给侧结构性改革加快培育农业农村发展新动能的若干意见》	农业供给侧结构性改革
2018 年	《中共中央、国务院关于实施乡村振兴战略的意见》	乡村振兴

资料来源：根据相关政策文件整理。

进入 21 世纪，城乡发展均衡性问题被提上议事日程。2003 年 10 月，党的十六届三中全会明确提出统筹城乡发展，并将其放在“五个统筹”的首位，核心是要解决城乡收入差距加大、城乡之间发展不平衡、城乡居民享受公共服务不均等问题，更侧重于政府行为，指导资源配置。2012 年 11 月，党的十八大报告明确提出要“推动城乡发展一体化”，形成以城带乡、城乡一体的新型城乡关系，政策重心依然侧重于城市，通过城市带动乡村的发展。党的十九大报告指出，推动实施乡村振兴战略要坚持农业农村优先发展，按照产业兴旺、生态宜居、乡风文明、治理有效、生活富裕的总要求，建立健全城乡融合发展体制机制和政策体系，加快推进农业农村现代化。把乡村作为与城市具有同等地位的有机整体，实现经济社会文化共存共荣，表明中国城乡关系发生了历史性变革，城乡发展进入了新的历史阶段。从“统筹城乡发展”到“城乡发展一体化”，再到“城乡融合发展”（见图 4–1），既反映了中央政策的一脉相承，又符合新时代的阶段特征和具体要求。

图 4–1　城乡政策演进

2．城乡关系：由城乡分割逐步走向城乡融合

改革开放以来，伴随着我国对城乡发展不平衡的日益重视，城乡政策逐步推进，我国城乡关系呈现出由城乡分割到城乡逐步融合的趋势。城乡收入比是衡量城乡收入差距的一个重要指标，也是从某种程度上表征城乡融合的重要标志。从我国城乡收入比变化趋势可以看出（见图 4–2），改革开放以来我国城乡关系大致经历三个阶段：1978—1984 年为第一阶段，即城乡分割走向低水平城乡融合阶段，这一阶段，城乡收入差距呈下降趋势，城乡收入比

从 1978 年的 2.56 下降到 1983 年的 1.82，这是改革开放以来我国城乡收入差距的最低点，主要得益于改革开放以后农村的率先改革使农村要素得以释放，农村活力得以激发。1985—2002 年为第二阶段，即城乡分割向高水平城乡融合的准备阶段，这一阶段，城乡收入差距日益扩大，城乡收入比从 1985 年的 1.86 上升到 2002 年的 3.11，突破国际警戒线，城乡差距成为我国区域差距的最重要组成部分。但同时，随着改革开放的扩大，我国城镇化和工业化迅速发展，而农村在提供廉价原材料和农村市场，支撑城市工业经济的发展上发挥巨大的作用，这为下一步更高水平城乡融合发展做了充分准备。2003 年以来为第三阶段，即向高水平城乡融合迈进阶段，这一阶段城乡收入比在显著下降，这主要是党中央对城乡关系的重新定位，为向高水平城乡融合发展迈进提供了政策支撑。

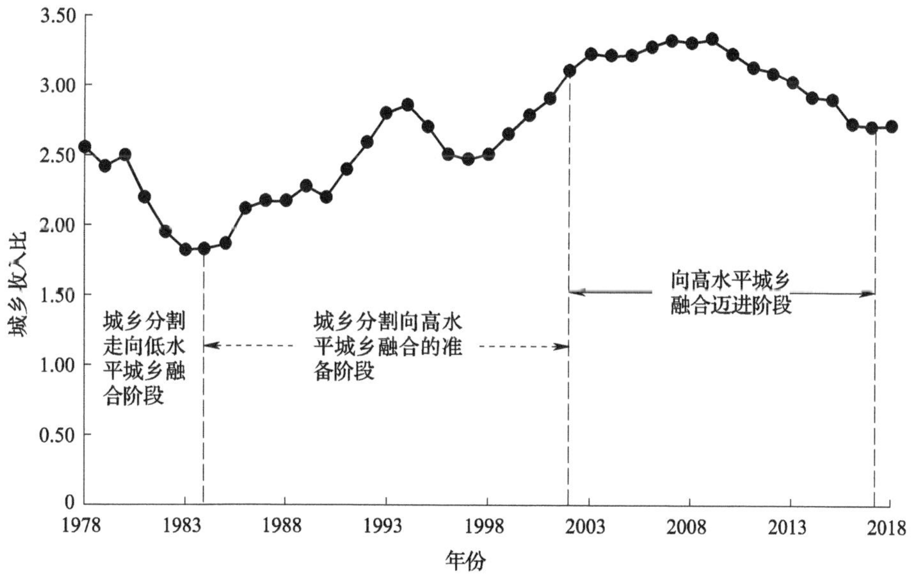

图 4–2　改革开放以来我国城乡收入比变化趋势

资料来源：根据《中国经济与社会发展统计数据库》相关数据整理。

伴随着城乡融合的日益推进，城乡经济联系趋于密切，突出表现在以下几个方面：

一是人口在城乡间自由流动加快。自户籍制度松动以来，城镇化率显著提升，1978 年我国城镇人口仅 1.7 亿人，占常住人口比重为 17.9%，到 2019 年，我国城镇人口数量达到 8.5 亿人，城镇化率达到 60.60%（见图 4–3），城镇人口 2010 年首次超过农村人口。近年来，由城到乡的人口流动也逐步加快。2015 年以来，国务院先后印发《关于支持农民工等人员返乡创业的意见》《关于支持返乡下乡人员创业创新促进农村一二三产业融合发展的意见》，2016 年开始在全国组织 341 个县市区开展支持农民工等人员返乡创业的试点工作，返乡创业蓬勃发展，初步统计全国返乡创业的人数达到 740 万，对带动农村产业发展、增加就业发挥了积极作用。

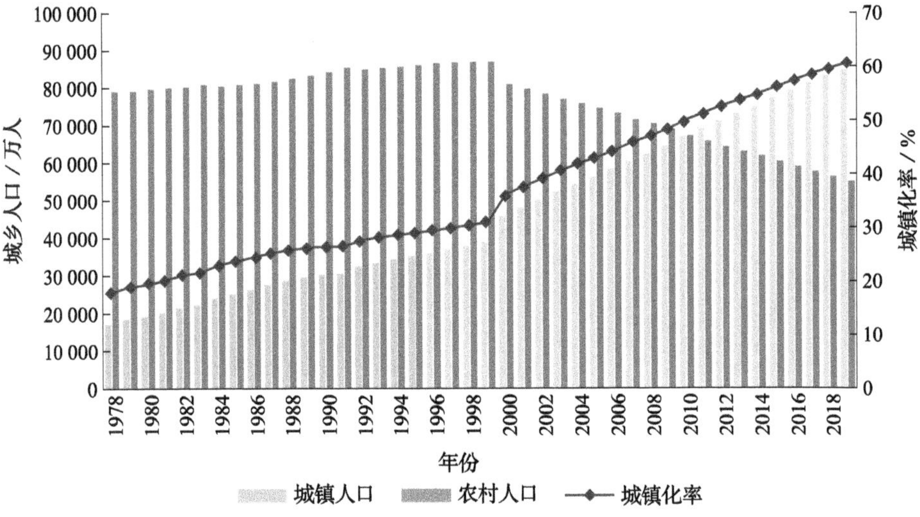

图 4–3 改革开放以来我国城乡人口变动

资料来源：根据《中国经济与社会发展统计数据库》相关数据整理。

二是城乡资金流动频繁。主要表现为农村资金源源不断流入城市，为城市经济的发展作出突出贡献。概括起来，城乡资金流动主要通过价格渠道、财税渠道和金融渠道三个途径。从价格渠道看，“剪刀差”将资本从农业转移到工业，推动了工业化的迅速发展。据统计，“剪刀差”占农民总负担比重一般在 40% 左右，最高时达到 70%。从 1991 年到 1997 年，农村资本通过价格渠道向城市输送了12 666亿元。从财税渠道看，政府支农资金不断增加，从1981年的150.7亿元增加到2012年的12 387.6亿元，同时，农业税和乡镇企业税是国家财政在农村地区的主要收入来源，是农村资金通过财政渠道流出的主要方式。农业税从1981年的28.4亿元增长到2011年的3 932.6亿元，乡镇企业税也从1981年的34.28亿元激增到2012年的12 457.62亿元。从金融渠道看，城乡资金流动主要以吸收农村存款和向农村发放贷款方式实现。2013年以前，农村存款余额占各项存款余额的比重始终高于农村贷款余额占各项贷款余额的比重（见表4-2），近年来农村贷款余额占各项贷款余额的比重有所上升，2017年达到12.47%。

（二）我国城乡融合发展存在的问题

1．城乡收入差距依然较大

随着我国农业发展现代化进程加快，农民收入得到显著提升，自2013年以来，农村居民人均可支配收入增速均超过城镇居民人均可支配收入增速，2017年农村居民人均可支配收入增长率为7.3%，城镇居民人均可支配收入增长率为6.5%（见图4-4）。尽管如此，农村居民人均可支配收入与城市居民收入差距依然较大，2018年农村居民人均可支配收入为14 617元，城镇居民人均可支配收入为39 251元，城乡收入比为2.69，城乡经营净收入相差不多，但城镇居民的财产净收入、工资性收入、转移净收入分别是农村居民的11.77倍、3.97倍、2.39倍（见表4-3）。

2．推进城乡基本公共服务均等化任务艰巨

党的十八大以来，我国高度重视城乡基本公共服务均等化建设，全国公

表 4–2　1978—2017 年中国农村存贷规模以及信贷资金流出的情况

年份	各项存款余额 / 亿元	农村存款余额 / 亿元	农村存款余额占各项存款余额比重 / %	各项贷款余额 / 亿元	农村贷款余额 / 亿元	农村贷款余额占各项贷款余额比重 / %	农村信贷资金净流出 / 亿元	农村存贷款余额占比之差 / 百分点
1978	1 154.98	174.83	15.14	1 890.38	155.9	8.25	18.93	6.89
1980	1 708.17	286.94	16.8	2 488.09	249.67	10.03	37.27	6.76
1985	4 579.4	764.13	16.69	6 271.9	782.9	12.48	–18.77	4.2
1990	13 029.3	2 234.7	17.15	17 680.7	2 412.8	13.65	–178.1	3.5
1995	53 862.2	7 391.8	13.72	50 538	3 019.1	5.97	4 372.7	7.75
2000	123 804.4	14 998.2	12.11	99 371.1	6 549.7	6.59	8 448.5	5.52
2005	287 163.02	30 810.15	10.73	194 690.39	19 431.69	9.98	11 378.46	0.75
2010	718 237.93	73 259.63	10.2	509 225.95	49 088	9.64	24 171.63	0.56
2011	809 368.33	87 634.33	10.83	581 892.5	55 459	9.53	32 175.33	1.3
2012	917 554.77	105 815.55	11.53	672 874.61	63 454	9.43	42 361.55	2.1
2013	1 043 846.87	125 573.2	12.03	766 326.64	75 456	9.85	50 117.2	2.18
2014	1 138 644.64	143 969.17	12.64	816 770.01	105 742	12.95	38 227.17	–0.31
2015	1 357 021.61	—	—	939 540.16	120 321	12.81	—	—
2016	1 505 863.84	—	—	1 066 040.1	134 219	12.59	—	—
2017	1 693 000	—	—	1 201 000	149 820	12.47	—	—

资料来源：根据历年《中国金融年鉴》整理，2015 年取消城乡差别后不再统计城乡存款余额。

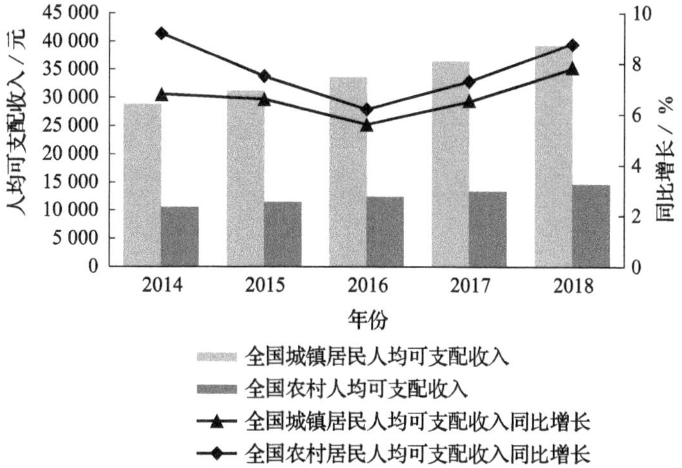

图 4–4　城乡居民人均可支配收入

数据来源：国家统计局。

表 4–3　城乡居民人均可支配收入比

年份	城乡收入比				
	人均可支配收入	工资性收入	经营净收入	财产净收入	转移净收入
2013	2.81	4.55	0.76	13.10	2.62
2014	2.75	4.32	0.77	12.66	2.57
2015	2.73	4.20	0.77	12.10	2.58
2016	2.72	4.12	0.80	12.02	2.54
2017	2.71	4.04	0.81	11.90	2.51
2018	2.69	3.97	0.83	11.77	2.39

数据来源：国家统计局。

共财政对农村农业的支持力度不断加大，大规模加大对户用沼气池、乡村公路和农村电网改造等农村基础设施投入，解决农村居民的饮水安全问题，继续加强对农村义务阶段教育实现“两免一补”，推进农村新型合作医疗制度改革，建立农村最低生活保障制度。城市基本公共服务不断向乡村延伸，城乡居民在医疗保障、义务教育以及基本养老保险方面均实现了制度全覆盖，但城乡基本公共服务标准差距依然较大。在农村医疗、教育方面，2018 年城市每千人医疗卫生机构床位数为农村的 1.9 倍，城市每万人拥有卫生技术人员数是农村的 2.4 倍，小学专任教师人数城市为农村的 2.3 倍，农村在享有医疗、教育方面远远落后于城市（见表 4–4）。

表 4–4　城乡医疗、教育资源比较

年份	每千人医疗卫生机构床位数			每万人拥有卫生技术人员数			幼小学专任教师		
	城市 / 张	农村 / 张	城市 / 农村	城市 / 人	农村 / 人	城市 / 农村	城市 / 人	农村 / 人	城市 / 农村
2014	7.8	3.5	2.2	97.0	337.7	2.6	3 517 936	2 115 970	1.7
2015	8.3	3.7	2.2	102.1	39.0	2.6	3 649 144	2 035 974	1.8
2016	8.4	3.9	2.2	107.9	40.4	2.7	3 813 922	1 975 223	1.9
2017	8.8	4.2	2.1	108.7	42.8	2.5	4 027 492	1 917 418	2.1
2018	8.7	4.6	1.9	109.1	46.3	2.4	4 227 679	1 864 229	2.3

数据来源：国家统计局、Wind 数据库。

3．农村人居环境存在较大短板

进入 21 世纪以来我国特别注重乡村基础设施建设，加大对农村基础设施投入力度，乡村基础设施建设持续加强，农村人居环境明显改善，城乡基础设施差距有所缩小，但面对城乡融合发展的新形势和新任务，农村人居环境改善仍然存在较大短板。2017 年，农村集中供水比例为 85.29%，而城市供水普及率达到了 98.30%。能源设施方面，农村地区仅 25.02% 的村落开通了燃气，远远落后于城市地区 96.26% 的燃气普及率。在生态环境整治方面，城市的污水处理率和生活垃圾处理率达到 94.54% 和 99.00%，而农村地区仅为 17.19% 和 72.99%，分别低于城市 77.35 个百分点和 26.01 个百分点（见表 4–5）。农村人居环境短板是城乡发展不平衡的重要表征，直接影响到农村居民对现代化成果的分享。

表 4–5　城乡基础设施建设情况比较（2017 年）

指标	城市 / %	农村 / %	城市—农村 / 百分点
供水普及率	98.30	85.29	13.01
燃气普及率	96.26	25.02	71.24
污水处理率	94.54	17.19	77.35
生活垃圾处理率	99.00	72.99	26.01

数据来源：《中国城乡建设统计年鉴 2017》。

4．城乡自由流动面临制度性障碍

受城乡二元经济体制的影响，人、财、物等要素在城乡之间自由流动受到诸多限制，存在严重壁垒，制约了城乡融合发展水平的提升。户籍制度提高了农民进城的门槛，尽管户籍制度改革、城市就业制度改革等使农民进入城市就业的环境有所改善，但农民依然无法同等享受城市公共服务和社会保障，特别是城市住房和子女教育等制度让农民无法实现城市定居目标。农村土地制度改革尚待突破，尽管农村土地征收、集体经营性建设用地入市、宅基地制度改革这“三块地”改革，农村承包地这“一块地”改革及农村土地所有权、承包权、经营权“三权分置”改革有所推进，但体制性突破尚需时间。城乡金融存在严重藩篱，农村资金大量外流，工商资本下乡政策上给予谨慎支持，但依然面临着严重束缚。这些都是城乡融合发展面临的制度性障碍，推动城乡融合发展，要进一步推进各项改革措施，创造良好的制度环境，切实实现城乡要素自由流动。

5．城乡融合存在显著的区域差异

党的十九大报告作出了我国社会主要矛盾已经转化为人民日益增长的美好生活需要同不平衡不充分的发展之间的矛盾的重要论断。目前我国不平衡不充分的发展集中体现在城乡发展的不平衡不充分上，而城乡发展不平衡不充分也体现出了鲜明的区域差异。

一方面，从东、中、西、东北地区四个板块差异来看，西部地区城乡发展不平衡程度最高，城乡收入差距最大。近年来，西部地区城乡收入比与全国城乡收入比持平或略高，东北地区、中部地区和东部地区城乡收入比都低于全国平均水平（见表4–6），城乡发展不平衡不充分的短板主要体现在西部地区。从城乡居民人均可支配收入和农村居民人均可支配收入水平来看，城市的发展水平没有太大的差距，西部地区农村的发展水平与沿海地区农村发展差距较大。要解决城乡发展不平衡不充分问题，应当聚焦到西部等落后地区农村的发展上，通过缩小城乡发展的差距来解决发展的不平衡不充分问题。

表4–6　我国不同区域城乡收入比

地区	2013年	2014年	2015年	2016年	2017年	2018年
全国	2.81	2.75	2.73	2.72	2.71	2.69
东部地区	2.63	2.58	2.57	2.56	2.56	2.54
中部地区	2.52	2.47	2.46	2.45	2.44	2.42
西部地区	3.01	2.94	2.91	2.88	2.86	2.82
东北地区	2.41	2.37	2.38	2.37	2.36	2.34

资料来源：根据《中国经济与社会发展统计数据库》相关数据整理。

另一方面，大中小城市周边的城乡融合状况也存在较大差异。具体表现为特大、超大城市和部分大城市周边城乡融合状况较好，融合水平较高，城乡发展水平都较高。各类生产要素长时间的集聚累积使城市经济得到了有效支撑，随着以城带乡政策的实施以及市民生活需求的多元化发展，大城市周边农村迎来了新的发展机遇，城市的基础设施、公共服务等加快向农村延伸，城市反哺带动作用开始显现。然而，多数大城市和中等城市城乡融合状况仍然较差，城乡差距仍然较大，还处于城市对农村"掠夺式开发"阶段，也没有足够的实力发挥对农村的辐射带动作用，农村要素还处在积聚的初级阶段。

此外，大多数中小城市城乡融合状况相对较好，但尚处于低水平城乡融合阶段，城乡发展水平都较低。

（三）我国城乡融合发展的历史性评价

1．我国城乡融合发展取得历史性进展，呈现阶段性、区域性特征

各级政府对改善城乡关系非常重视，我国城乡融合发展取得历史性进展，突出表现在以下几个方面：一是城镇化水平稳步提高，到 2019 年城镇化率已达到 60.60%；二是城乡差距显著缩小，城乡收入比近 10 年实现平稳下降，逐步实现高水平融合；三是城乡面貌和综合服务功能显著提升，市政基础设施建设逐步延伸，农村道路实现村村通；四是城乡基本公共服务均等化取得重大突破，城乡居民基本养老保险、新型农村合作医疗等保障群体日益增加。城乡融合取得历史性进展的过程也存在明显的阶段性和趋势性特点，总体上，改革开放以来我国城乡融合经历了低水平城乡分割走向低水平城乡融合、以城乡分割为代价向高水平城乡融合做准备和向高水平城乡融合迈进三个阶段，既有鲜明的阶段性又向着城乡融合的方向稳步迈进。此外，我国现阶段的城乡融合还存在明显的区域差异，不仅表现在西部地区城乡融合状况在全国四个区域板块中相对较差，还表现在城市群地区、超大城市、特大城市等周边由于城市的辐射带动作用较强，城乡融合状况相对较好，城乡融合水平也较高。

2．城乡融合发展是城镇化战略和乡村振兴战略的有机契合

当前，我国最大的发展不平衡，是城乡发展不平衡；最大的发展不充分，是农村发展不充分。立足新时代，面对农村发展短板，党的十九大报告首次提出实施乡村振兴战略，建立健全城乡融合发展体制机制和政策体系，加快

推进农业农村现代化，城乡融合发展这一崭新课题呈现在人们面前。城镇化是现代化的必由之路，经过长时间新型城镇化战略的大力推进，2019 年，我国城镇化率达到 60.60%，城镇规划、建设、管理取得长足进展，城市化进程举世瞩目。城镇化在解决农村剩余劳动力转移、消费农业产品和资源，支撑乡村发展方面具有重要作用。乡村振兴战略着力于推动资金、技术、人才等现代生产要素由城镇向农业农村领域延伸，实现对乡村价值的再发现和再利用。城镇化战略立足城市联系着乡村，乡村振兴战略立足乡村依靠着城市，城乡融合发展正是这两大战略的契合点，也是实现城乡互利共荣的唯一路径。

3. 城乡融合发展的科学内涵要逐步深化

城乡融合是对城乡关系的进一步深化，要将城市和乡村当作一个有机整体，二者扬长避短、各取所长，特别是农村农业的功能和形态要进行突破。具体而言，城乡融合发展要包括城乡要素、城乡经济、城乡空间、城乡基础设施建设、城乡公共服务、城乡生态环境多方面的融合。

其中，城乡要素融合，指的是城乡的人、财、物实现双向自由流动，实现等值。城乡经济融合，指的是城乡经济特别是产业形成优势互补、分工合理的有机体。城乡空间融合，指的是城乡空间形态各取所长互相渗透，城市有美景与生态，乡村有便捷与现代。城乡基础设施建设融合，指的是将城市的交通、通信、供电供水、科教、文化等相关设施向乡村蔓延，实现一体化。城乡公共服务融合，指的是加大农村基本公共服务投入，切实实现城乡教育、医疗、社会保障一体化。城乡生态环境融合，指的是城乡物质、能量循环系统健全，乡村田园风光向城市渗透，城市环保理念向乡村拓展。上述六位一体构成了我国城乡融合发展的科学内涵。特别值得注意的是，受到我国城乡关系差异化和阶段性特征影响，我国不同区域城乡融合的侧重略有差异，城乡融合的重点也有所不同。

二、我国城乡比较优势的变化

我国城市地区和农村地区各有优劣，特别是随着人们多元化需求的进一步释放，城乡比较优势发挥将更加充分，同时也将发生重大变化。

（一）我国城市先发优势突出，劣势日益凸显

1．发展优势

从户籍制度松动开始，城市一度成为全国人民竞相追逐的乐土，“农转非”成为一代人的记忆，农民进城成为很长一段时间我国人口迁移的主要特征，《国家新型城镇化规划》也明确提出了我国常住人口城镇化率 2020 年达到 60% 的宏伟目标。城市之所以如此具有吸引力，源于其天然拥有的发展先发优势。城市是产业发展的理想之地，这里拥有较大的人口规模，可以转化成广阔的、多样化的市场需求，跟消费地接近可以使企业更紧密地捕捉到市场需求的变化；这里有丰富的人才储备和先进的技术支撑，接近创新源头，拥有无限活力；这里有利于发挥规模经济效应，最大限度降低生产成本。城市是生活宜居之所，这里拥有完善的交通、供电、供水、供气等基础设施，拥有博物馆、文化馆、图书馆等公共服务设施，可以为城市居民提供最大的便利性，也是现代文明的集中展示地；这里拥有雄厚的资金实力，可以更好地支撑城市的规划建设，提供更加丰富的教育、医疗、卫生等公共服务。城市集聚经济的效应是农村地区所不具备的，这也是城市对农村生产要素产生虹吸效应的根本所在。

2. 存在问题

随着城镇化的大力推进，城市人口规模迅速扩大，但城市精细化管理手段欠缺、管理水平有待提升，交通拥堵、环境恶化、住房紧张、就业困难等“城市病”问题日益凸显，进一步加剧城市负担、制约城市化发展以及降低市民宜居体验。特别是生态环境恶化问题正在成为影响人们空间抉择的关键因素。2019 年，我国 338 个地级及以上城市中，73 个城市环境空气质量达标（好于国家二级标准），仅占 21.6%，京津冀及周边地区“2+26”城市平均优良天数比例为 53.1%，重污染天气频频出现，尤其是北方冬季雾霾多发、持续时间长、影响范围广，成为影响我国城镇化发展的重要问题，也是许多人“逃离”大城市的重要影响因素。同时，经过几十年的发展，城市土地资源日益短缺，城市发展空间受限问题日益显现，土地指标置换问题一直没有取得重大突破，使得城市规划和建设存在盲目向周边摊大饼式的扩延趋势，大量耕地被占，使人地矛盾更加尖锐。再加上边际递减规律的影响，使得城市资本的投资效益、城市土地的产出效率等都呈下降趋势。这些因素使得城市的吸引力下降，成为趋动人们离开城市的“离心力”。

（二）我国农村具有将劣势转化为后发优势的巨大潜力

1. 农村生产要素源源不断流向城市

长期以来，我国实行的是农村支持城市、农业支持工业的发展道路，农村生产要素源源不断地流向城市，这一方面推动了城市文明的进步和工业经济的发展，另一方面则导致农业不强、农村不美、农民不富，造成了严重的“三农”问题。农村生产要素的流失具体表现为农业劳动力的流失，城镇化的大力推进，大量农业转移人口劳动力转入城市，使城镇化率从 1978 年的 17.9% 提升到 2019 年的 60.60%，2019 年农民工总量达到 29 077 万人[①]，造就了城市的人口红利，却为广大农村地区留下了“993861 部队”，农业生产由留守老人、妇女和儿童完成，农村“兼业化、老龄化、低文化”现象普遍，使我国农业现代化发展需要与现实劳动力存量间形成鲜明反差。不仅如此，农村的人才、智力资源也源源不断地流向城市，“知识改变命运”，考学成了农村孩子改变命运的唯一路径，他们毕业后大多留在城市，鲜有回到农村支持农村发展的。我国银行体系也将农民的储蓄、农村的剩余资金源源不断地输往城市支持城市发展建设。再有，农村各种原材料、能源等都从乡村廉价输往城市，城市加工成品，反过来高价卖给乡村，形成巨大的“剪刀差”。可以说过去几十年的发展，乡村几乎所有好东西——资源、资金、人力、人才都持续流入城市，支撑了城市的发展，城市通过与乡村的不平等交换，对乡村形成间接性的“掠夺”。

2．农村的价值在逐步显现

进入新时代，随着边际效用递减规律在城市发生作用以及人们对美好生活的需求发生变化，农村长期以来被低估的价值开始逐步显现，成为农村地区在城乡融合发展中核心的比较优势。

（1）从战略总后方走向战略前沿

长久以来，农业农村扮演着我国战略总后方的角色，成为我国剩余劳动力的“蓄水池”和贫困人口的“蓄水池”（党国英，2018）以及产业过剩的“蓄水池”。随着乡村振兴战略的实施，农村地区将会涌现更多的市场需求，市场前景广阔。

---

① 数据来源于《2019 年中国农民工监测报告》。

（2）生态环境优势正逐步显现

随着生态文明制度建设深入推进，成为“五位一体”总体布局的重要组成部分，“绿水青山就是金山银山”的理念深入人心，人们对“山青、水碧、天蓝”的生态环境日益向往，农村田园风光和清新的空气都成为无价的自然财富。

（3）农业农村的功能在逐步拓展

现代农业不仅能提供粮食、蔬果和工业原料，而且在休闲、旅游、教育、环保等方面的功能更加明显。新型农村不仅是传统的农业生产地和农民聚居地，还具有生态功能和文化传承的功能。

（4）农村土地资源优势亟待释放

随着大量人口进入城市，城市建设用地大幅增加，土地不足的瓶颈因素正在日益显现，农村土地资源成为尚未开发的宝贵财富。“土地是财富之母”，随着农村土地制度改革的推进，一旦跨地区土地指标交易得以实现，农村地区土地资源优势将得到极大释放。

（三）我国不同区域的城乡比较优势梳理

受区域发展差异的影响，各大区域板块城镇化推进程度差异明显，各种类型城市以及离城市不同距离的地区城乡融合状况迥异。目前，我国各区域分别处于城乡融合三个阶段之一，由此导致城乡比较优势存在区域差异。

1. 城市群地区城乡比较优势双向促进

城市群是我国城镇化的主体形态，党的十九大报告提出以城市群为主体构建大中小城市和小城镇协调发展的城镇格局。尽管我国东、中、西、东北地区各区域城市群发展水平存在差异，但城市群地区城乡间基础设施总体上实现了互联互通、公共服务初步实现了均等化，处于向高水平城乡融合迈进阶段，具备城乡高度融合发展的基础条件。城市群地区城乡各自的比较优势得到最大限度的发挥，四通八达的交通网络将城市和乡村紧紧联系在一起，城与乡的界线在渐渐模糊，城乡要素自由流动业已初步实现，城乡公共服务均等化具备初步的实现条件，城乡双向促进是该类地区新的优势，城市的市场、资金、技术、人才优势能最大幅度地服务于农村发展，农村的生态、优质农产品能满足城市美好生活需要，农村的建设用地也可以保障城市居民特别是农民工的住房供给，城乡优势的共同发挥也能催生田园综合体、共享农庄等新业态、新模式。

2．区域性中心城市周边以城带乡作用明显

除去城市群地区，区域性中心城市（大城市、中等城市）周边近郊区，主要指的是省级、地市级中心城市及周边，处在高水平城乡分割向城乡融合发展的准备阶段，区域性中心城市对周边的辐射带动能力较强，以城带乡作用明显。这些地区的城乡比较优势突出表现在城市对乡村的辐射带动，城市基础设施向周边延伸，显著改善城乡环境，城市产业发展为周边提供就业机会，城市周边依托广阔消费市场发展农家乐等特色产业，成为满足城市居民拓展型生活需求的重要场所，也促进了乡村地区的繁荣和农村居民的致富。

3．小县城及镇周边城乡要素流动频繁

小县城及镇周边城乡差距相对较小，发展较为均衡，处于低水平城乡分割走向城乡融合发展阶段，发展模式更多体现为农村提供原材料和劳动力，小县城及城镇发展农产品加工业，城镇工业产品服务农村市场，农村居民到县城及镇买房居住难度较小，城乡要素流动相对频繁，县城及城镇发挥了极好的联系城乡的纽带作用。这些地方的城乡发展优势表现为生产要素集聚优势明显，县域经济发展具有较好支撑，同时各个村镇具有较强的特色化优势，有利于“一镇一业”“一村一品”发展思路的落实。

4．偏远农村地区土地制度改革潜力亟待释放

我国偏远农村地区幅员辽阔，距离城市较远，受到城市辐射带动作用较小，城乡融合发展不具优势。唯一的优势是随着城镇化的推进，闲置土地增多，不管是撂荒的农用地，还是复垦的宅基地，对于建设用地指标不足的城市特别是东部发达城市而言无异于巨大的财富，其优势的发挥有待农村土地制度改革的深入推进，通过“三权分置”改革推动土地流转为农业规模化经营创造条件，通过落实城乡建设用地增减挂钩、跨地区占补平衡提升偏远农村地区的土地价值，从而最大限度释放发展潜力，增加偏远地区农村居民的财产性收入。

（四）新时代新变化给我国城乡比较优势变动带来新机遇

1．城镇化深入推进为人们空间选择提供了更多可能

城镇化是现代化的必由之路，是解决农业、农村、农民问题的途径，是推动区域协调发展的有力支撑。党的十九大以来，乡村振兴战略和区域协调发展战略的实施更加需要城镇化的深入推进。城镇化深入推进有利于实现农业农村现代化，通过吸纳大量农村富余劳动力，加快农村剩余劳动力转移，促进农业发展适度规模经营，推动农业集约化、专业化、组织化和社会化生产，加快构建农业新型经营关系，切实推进农业和农村现代化，真正解决“三农”问题，实现乡村振兴，切实让农村地区成为宜居宜业的空间选择。以城镇化为依托，推动乡村振兴发展，可以让城市和乡村实现城乡空间等值。

2．对高品质生态环境的追求彰显农村生态价值

进入新时代，我国社会主要矛盾已经转化为人民日益增长的美好生活需

要和不平衡不充分的发展之间的矛盾。长期以来，高投入、高消耗、高产出的发展模式，为我国积累了巨大的物质财富，但也对生态环境形成了较大的破坏，生态产品短缺已经成为影响全面建成小康社会的“短板”，以生态环境破坏为代价的发展模式不可持续。随着人们生活水平的提高以及生态环保理念的深入人心，人们对更多优质生态产品提出了迫切需求。农村的蓝天白云、鸟语花香，吃得放心、住得安心，这些长期被忽视的生态价值将在后工业化时期日益凸显，也必将成为新时代农村地区最大的优势。

3．休闲农业、共享农庄等新经济业态的兴起为农村发展注入生机

消费结构的优化升级、互联网等现代信息技术的快速发展以及商业模式的不断创新，驱动农村传统产业形态发展“裂变”，再加上国家在美丽乡村、特色小镇、田园综合体方面的政策支持力度日益增大，极大地推动了乡村产业的转型升级和创新发展。近年来，以休闲农业、乡村旅游、农村电商和共享农庄等为代表的农村新产业、新业态发展迅猛。以休闲农业和乡村旅游为例，2018 年休闲农业和乡村旅游接待游客超过 30 亿人次，实现营业收入 8 000 亿元。截至 2019 年 9 月，全国农村网商近 1 200 万家，带动就业超过 3 000 万人。线上线下、虚拟实体有机结合等多种途径催生出了共享农业、体验农业、创意农业、中央厨房、农商直供、个人定制等大量新业态。这些新产业、新业态的兴起给投资者开辟了新空间，给农村发展注入了生机与活力。

4．进一步改革创新有利于释放农村发展潜力

党的十八大以来，农村改革深入推进，中共中央、国务院印发了土地“三权分置”、农村集体产权制度改革、发展农业适度规模经营、推进农垦改革发展等重要文件，农村改革的“四梁八柱”框架基本建立。但目前为止，许多改革举措还在试点阶段，大部分地区的土地要素还没有得到释放，

土地指标置换还没有大范围推行，农村的土地资源潜力还有待激发。城市人才、技术特别是工商资本下乡还受到诸多限制，城市与农村的优势资源要素还没能对接，没能形成现实生产力。党的十九大提出健全城乡融合发展的体制机制和政策体系，必将进一步向前推进农村改革，进一步释放农村发展潜力。

三、我国城乡融合发展的重点任务

城乡融合发展是新型城镇化战略与乡村振兴战略的契合点，既是乡村振兴战略的实现途径和最终目标，也是新型城镇化的动力之源，要以新型城镇化为抓手，共同打造城乡命运共同体。

（一）促进城乡产业融合，构建现代化的城乡经济体

突破城乡二元经济结构束缚，形成优势互补、分工合理的城乡产业布局体系，实现城乡经济融合，共建现代化经济。

1．合理布局城乡产业

加强农村生产设施建设，培育农业产业主体，建立现代农业生产经营体系，将资源型产品开发、农业初级产品加工业和一些劳动密集型产业以及健康养老等环境友好型产业更多地布局到广大农村地区，增加农村就业机会，活跃农村经济。

2．推进一、二、三产业融合发展

促进农业生产与精深加工、农产品冷链仓储物流、批发零售等产业结合，

打造农产品销售公共服务平台，促进农村电商发展，激励各类企业把服务网点延伸到乡村地区，大力发展“农业 +”，支持农业与观光、休闲、环保等产业结合，使初级产品生产者分享二、三产业的增值收益。

3．加快培育农村新业态新动能

利用“生态 +”“互联网 +”等模式拓展农业功能，构建农业全产业链。突出乡村资源优势和农业特色，形成具有地域特色和品牌竞争力的农业地理标志品牌。促进以农业农村为基础的生态景观、康养休闲、乡村民宿、特色小镇、乡村文化等乡村旅游业和休闲农业的发展。

4．加强对农村的政策支持力度

建立健全引导城市产业、消费、要素向农村流动的政策体系，通过政策要素供给增强乡村经济发展的内生动力，不断拓展农村增收渠道，引导更多农民创业致富。

（二）优化城乡空间格局，夯实现代化经济体系的空间基石

在保存城市和乡村各自地域形态的前提下，各取所长、相互渗透，实现城乡空间融合，城市有美景与生态，乡村基础设施健全和生活便利。

1．推进全域统筹规划

将市、县（区）、镇、村等各级行政单元作为一个整体，推行多规合一，制定统筹城乡全域的空间规划，合理确定城镇、农业、生态三类空间比例，形成定位清晰、互通互补、衔接协调的城乡空间体系，整合城乡各类资源，解决规划城乡脱节和区域分割问题，以规划融合促进空间融合。

2. 构建特色乡村风貌

做好农村重要节点空间、公共空间、建筑和景观设计工作，推动形成乡村特色风貌。研究延续传统乡村经营智慧，保护乡村传统空间肌理和传统建筑，保留乡村景观格局，传承乡土文化传统。积极推行“轻介入、微改善”的本土设计理念，重塑“山水田林人居”和谐共生关系。

3. 积极拓展农村新空间

高水平编制村庄规划，实现空间、生态、基础设施、公共服务和产业规划有机融合。以主体功能区理念引导全域城区与城镇、乡村的协调发展，引导并推进农业生产的规模化、集约化与产业化，形成优势突出和特色鲜明的农业产业带，构建集约、高效的生产空间。促进分散居住人口向乡镇及中心村集聚，建设一批美丽乡村，打造生态文明示范村镇，构建宜居、适度的生活空间。严格管控，加快河渠湖库周边绿化和农田林网建设，加强矿区及周边生态治理和植被恢复，构建山清水秀的生态空间。

(三) 城乡公共服务均等化，实现城乡等值

加大对农民教育、医疗、社会保障等方面投入力度，推动城乡公共服务均等化，实现基本公共服务城乡等值。

1. 完善城乡基本公共服务供给制度

顺应农村家庭社会结构和人口的变化趋势，逐步建立基本公共服务均等化建设标准，推动基本公共服务在城乡之间逐步实现数量合理、质量相近、可达性大致相同。放开市场准入，鼓励各种社会组织、市场主体以及社会公

众参与，完善农村基本公共服务供给方式。

2．促进城乡教育一体化发展

统筹城乡义务教育资源均衡配置，不断加大农村教育投入，建立城乡统一、重在农村的义务教育经费保障机制。适当提高农村教师待遇，统筹配置城乡师资，吸引更多优秀教师到农村任教，缩小城乡教育差距。对农村学校进行标准化改造，落实补助待遇，提高乡村学校和教学点办学水平。

3．加快城乡一体的医疗卫生体系建设

建立农村公共卫生经费保障机制，完善新型农村合作医疗制度，加快城镇居民医保和新农合整合，逐步缩小城乡医疗待遇差距。区县政府通过纵向合作、横向竞争的机制，整合镇、街、村基层医疗卫生机构，健全农村三级医疗卫生服务体系。不断完善分级诊疗和推动“智慧医疗”，让城镇医疗资源向农村辐射，实现医疗卫生资源在城乡间的合理配置。

4．实施城乡统一的社会保障制度

按照“补齐短板、提升水平、逐步并轨”的原则，建立城乡统一的社会保障制度，增加农村社会保障资金投入。加快推进城乡居民养老保险全覆盖，完善农村低保制度，并逐步提高保障水平，加快完善城乡统一的基本医疗保险和大病保险制度。

（四）城乡基础设施一体化，推动城乡形成有机整体

统筹城乡建设规划，促进城乡基础设施建设融合，推动公共资源在城乡合理均衡配置。切实把基础设施建设的重点放到农村，加大各级公共财政对

农村基础设施建设的覆盖力度，补齐农业农村基础设施建设短板。以城乡均衡化为目标，在交通运输、邮电通信、供电供水等生产性设施和科技教育、卫生文化、金融保险、污水和垃圾处理等公共生活服务设施方面实现城乡一体化，让城市和农村形成有机整体，让广大农民群众共享现代文明。统筹城乡基础设施运营管护，形成基础设施运营管护长效机制。加强特色村镇和产业园区基础设施建设。把特色村镇和现代农业产业园等作为就地就近城镇化的主要载体，建成区域性公共服务中心，实现产城融合。

（五）城乡共建生态文明，推进城乡环境互相辉映

推动城乡生态环境融合，使城市生态环境乡村化，乡村环境城市化，实现生态宜居目标。

1. 推进城乡生态环保联防联治

划定城市增长边界，抑制大城市无限蔓延；构建城乡一体的生态系统和绿色屏障，实行城乡环境保护的统一标准；统筹山水林田湖草系统治理，开展农村环境综合整治，严格管控和治理农业面源污染，加快农业废弃物源头减量和资源化利用，实施农村河道疏浚、驳岸整治，加强村庄垃圾、污水等生活污染治理，着力营造优美和谐的田园景观。

2. 统筹城乡环保基础设施建设

加快县域绿化、美化建设，完善生活污染防治等基础设施建设，逐步扩大环境综合整治的力度和范围，提升整治效果。进一步加强城乡污水垃圾处理、水资源利用与保护等基础设施的整体协调，推进城乡之间、区域之间环境保护基础设施的共建共享，形成城乡统筹的生态环境综合保护与建设新格

局。将靠近城区的城郊村直接纳入城市建设管理范畴，统一污染治理设施配置；与城市距离较远、短时间内无法与城市建成区连片的村庄，进行环保基础设施合理配置和村容整治。

（六）促进城乡要素融合，打破城乡二元分割壁垒

发挥市场在资源配置中的决定性作用，构建城乡统一的要素市场，加快形成城乡利益平等交换机制，促进资源要素在城乡间自由平等交换。同时加强资金、人才、技术等稀缺资源下乡的鼓励和引导。

1. 深化农村土地制度改革

深化农村集体产权制度改革，加快落实农村土地所有权、承包权和经营权的“三权分置”改革，健全农村土地流转机制，推动农村资源变资产、资金变股金、农民变股东，让农村创造财富的源泉充分涌流。允许农村集体经营性建设用地出让、租赁、入股，实行与国有土地同等入市、同权同价。改革农村征地制度，提高农民在土地增值收益中的分配比例，从而保障农民公平分享土地增值收益。

2. 推进乡村人才队伍建设

通过资金支持、政策保障、财政优惠、公共服务、投资环境等各方面协同配合，为乡村人才引进建立全面的保障体系，促进人才向乡村流动。积极扶持农民返乡创业，吸引各类主体以智力、技术、管理等多种方式下乡，全面提高城乡资源要素配置效率。重点培养返乡务农的农民工、基层创业的大学生、农村内部的带头人等“新农人”，夯实懂农业、爱农村、爱农民的“三农”工作队伍。加大城乡干部到城市、区县、乡镇、村交流任职力度，提

升农村干部的业务能力。组织专家到乡村开展智力服务，培育新型农业经营主体和新型职业农民队伍，推动乡村聚人气。

3. 加大金融资源对农村的支持力度

强化激励约束机制，保障金融要素资源向农村、农业、农民倾斜。完善农村金融服务渠道和体系，使金融机构从农村吸收的存款主要用于农业农村发展。通过农村土地制度改革和流转的利好，鼓励和有序引导工商资本到农村投资兴业。加快投融资体制机制改革，拓宽融资渠道，完善服务体系，促进城市资本源源不断下乡进村。鼓励企业和社会组织采取投资筹资、捐款捐助等多种投资方式积极支持农村发展。

四、推进城乡融合发展的路径

以城乡融合为纽带，依托我国城镇体系结构，差别化构建城乡融合发展体系，切实发挥城乡比较优势，并积极推进城乡融合模式创新，通过丰富和完善城市群为主体的城镇格局，形成区域协调发展的战略支点。

（一）以城乡统一规划为抓手，将城市群地区作为城乡融合发展的主战场

城市群是最具城乡融合发展基础条件的地区，未来一段时间要以城乡统一规划为抓手，推动城市群地区成为城乡融合发展的主战场。加强城市群地区规划一体化建设，推进“多规合一”，将城乡土地利用、经济社会发展、环境保护等纳入统一规划，甚至将乡村特色风貌规划等纳入城市规划统一考量，重点推进城市和乡村地区空间融合、基础设施建设融合、公共服务融合甚至

生态环境融合，加强“三区三线”的管控作用，统筹安排城乡建设用地，总体设计城乡田园风光，实现城市和乡村的相互“借景”，用乡村的田园风光和秀美环境点缀城市文明，用城市的现代文明促进乡村发展。重点打造若干田园综合体作为城乡融合发展的示范工程。

（二）以产业融合创新为纽带，提高大城市对乡村地区辐射带动力

大城市周边地区城市对乡村的辐射带动作用较强，为满足大城市居民拓展型、改善型生活需求，大城市周边地区可以利用较好的区位优势和交通连接，以产业融合创新发展为纽带，推动与城市融合发展。以都市圈发展思路协调推进城镇化和农业现代化进程，合理定位周边农业发展特色，发展都市型农业，满足城市多样化需求，推动农业生产经营与城市其他产业互相渗透。培育农业新兴产业，以休闲农业、乡村旅游、农村电商等新产业、新业态为引领，助推农业产业全面发展，筑牢城乡融合的产业基础。拓展农业农村服务功能和增收渠道，发挥生活供给、美化环境、调节经济、创造就业、稳定社会、观光旅游等多种功能。推动农村人口与产业在城乡之间自由流动均衡转移，形成独具区域特色的城乡一体化路径。

（三）以县域经济发展为重点，提升小城市周边整体发展能力

小县城及城镇是我国城乡联系的重要纽带，周边城乡要素流动频繁，产业发展相互支撑，工业和农业互促明显，具有低水平城乡均衡发展特征。对于这类地区，要以县域经济发展为重点，推进农村要素向城镇集聚，做大做

强小城市周边整体发展能力。大力推进城镇化发展战略，完善农业转移人口市民化的相关政策，推动人口向城镇集中。加强园区建设，推动产业向园区集中，实现集约化发展，提升工业发展效益。大力发展农产品加工业，实现农业产业化与农产品加工业的联动发展，把农产品加工业作为农村剩余劳动力转移及拓宽农民增收渠道的重要举措。

（四）以农村土地制度改革为突破口，释放偏远农村地区发展活力

推动城乡融合，就要对城乡优势资源统筹利用。偏远农村地区最大的优势就是土地资源丰富，要以农村土地制度改革为突破口，依托市场化手段，释放农村地区发展活力，提升城乡融合发展效能。完善土地产权制度，建立同权同价、流转顺畅、收益共享的农村集体经营性建设用地入市制度，允许偏远农村地区特别是贫困地区建设用地指标与沿海等发达地区城市建设用地指标置换，实现跨省交易，实现村社集体、农民分享城镇化、工业化红利。推动宅基地土地“三权分置”改革，适度放活宅基地和农民房屋使用权，鼓励发达地区城市资本、技术等要素有序下乡，为助推农村产业发展创造更大空间。平等保护土地经营权，鼓励多形式推进农村土地有序流转，积极发展适度规模经营。盘活存量土地，通过村庄整治、农村空闲零散建设用地整理等方式节约出来的建设用地，重点支持乡村振兴。

（五）推动城乡融合模式创新

小城镇、特色小镇推动模式。特色小镇是城乡融合的重要着力点和支撑点，通过建设特而强、聚而合、精而美、活而新的特色小镇，把乡村优美环

境、人文风俗、历史文化、特色资源等在空间上进行集中和集聚，从而实现单向城市化到城乡融合的转变，加速人口、资本、土地在城乡之间合理配置，形成城、镇、乡村三者的功能分工，优化城乡空间布局。

产业发展带动模式。依托乡村特色优势资源，推动农业生产体系和经营体系变革，广泛吸纳城市工商资金、先进技术、人才等生产要素，加快乡村产业发展，延伸产业链条，走一二三产业融合发展道路，创新乡村产业发展形态和模式，形成“一镇一业”“一村一品”特色产业发展格局。

共享农庄发展模式。在不改变农民所有权的前提下，将农村闲置住房进行个性化升级改造，形成一房一院一地，打造“民宿＋农地”休闲养生产品，推行市民田园生活、度假养生、文化创意产业等多种模式，转让经营权租赁给“候鸟”人群等城市居民用于农业生产或农事体验。

城乡要素对接模式。充分利用城市与乡村的比较优势，推动城乡要素对接，特别是通过政策创新、科技创新等手段将发达地区城市的优势与不足同落后地区乡村的优势与不足充分对接，实现城市资本、技术、人才对乡村发展的有力支撑，以乡村土地资源弥补城市建设用地指标的不足。

参考文献

[1] 盛开．以城乡融合发展推动乡村振兴战略[J]. 调研世界，2018(6)：62-65.

[2] 刘彦随，严镔，王艳飞．新时期中国城乡发展的主要问题与转型对策[J]．经济地理，2016（7）：1-8.

[3] 何秀荣．建立健全城乡融合发展体制机制的几点思考[J]．区域经济评论，2018（3）：117-119.

[4] 党国英．振兴乡村 推进农业农村现代化[J]．理论探讨，2018（1）：86-91.

［5］周颖，尹昌斌，程磊磊．我国统筹城乡发展的路径选择与区域重点［J］．农村经济，2011（12）：67–71.

［6］陈钊．面向和谐发展的城乡融合：目标、难点与突破［J］．国际经济评论，2015（3）：131–146.

［7］黄坤明．以新型城市化为主导统筹城乡区域发展［J］．政策瞭望，2010（9）：4–7.

［8］陆铭．建设用地指标可交易：城乡和区域统筹发展的突破口［J］．国际经济评论，2010（2）：137–148.

［9］李兵弟．城乡统筹规划：制度构建与政策思考［J］．城市规划，2010，34（12）：24–32.

［10］张燕平，胡书东．依靠城市化优化发展，助推区域和城乡统筹发展［J］．社会科学战线，2011（4）：53–65.

［11］徐志明．以城乡融合推动城乡建设高质量［J］．群众（思想理论版），2018（5）：43–44.

［12］张晓山．新常态下农业和农村发展面临的机遇和挑战［J］．学习与探索，2015（3）：1–9.

［13］高帆，李童．中国城乡资本流动存在“卢卡斯之谜”吗［J］．经济学家，2016（3）：75–86.

第五章
发挥比较优势促进区域协调联动

内容提要：区域协调发展战略是习近平新时代中国特色社会主义经济思想的重要组成部分，具有丰富的内涵和深远的历史意义。本章首先对区域比较优势进行归纳分类并分析影响区域比较优势的因素，其次深入分析我国区域的类型及比较优势的演化，从沿海与内地、三大地带、七个经济区、四大板块、主体功能区、特殊类型地区和十九个城市群切入，分析各区域的比较优势及其变化，提出促进区域协调联动的路径及重点任务，最后提出促进区域协调联动的重大对策建议。

党的十九大报告明确提出了“实施区域协调发展战略”。中国特色社会主义进入新时代，社会主要矛盾转化为人民日益增长的美好生活需要和发展不平衡不充分之间的矛盾，同时，我国经济发展出现阶段性变化，从中高速增长转向高质量发展。这些变化意味着我国区域协调发展的本质内涵、任务和目标都要做出相应的调整，要适应新发展阶段，全面准确、完整贯彻新发展理念，服务构建新发展格局。因此，新时期我国区域协调发展战略并不是简单地处理区域之间的关系，而是从战略角度分析区域之间新的比较优势，研究发挥区域比较优势、实现区域协调联动发展的有效路径。

一、对区域比较优势的认识

（一）区域比较优势的归类

区域差异是区域比较优势的基础，没有差异就不会有优势，但并非所有差异都有优劣之分。区域比较优势是相对的概念，比较优势是在特定条件下针对特定目标而言的（韦伟等，1992），比如针对自然环境因素，中国南方气候湿润、降雨较多，适合水稻的种植，而北方气候干燥、降雨较少，适合小麦的种植，不能说哪里更具有优势，所谓优势是相对于一定的目标而言的。客观存在的区域差异是区域比较优势形成的基础。区域比较优势大致可分为以下几种类型：

1. 自然条件和自然禀赋的优势

自然条件是社会生产与生活的基础，自然资源的禀赋状况决定了社会生产的空间布局与劳动生产率的差异，特别是受自然资源约束较为严重的产业，比如农业、采掘业、资源指向性的加工业和旅游业等，对这些产业，自然条件具有决定性的影响。自然条件和自然禀赋的优势又可以分为农业资源优势、工业资源优势和旅游资源优势。农业资源优势是指农业的生产活动与自然条件密切相关，农业生产活动受光、热和土壤等自然条件的影响，农业资源的禀赋决定区域农业产业布局和农业生产分工，同时对农业劳动生产率水平也有较大的影响，比如我国各地农业资源条件不同，因此农业生产活动区域差异也较大，新疆干燥少雨，适合哈密瓜、西瓜的种植，福建湿润多雨，适合荔枝、芒果的种植，各地农业资源优势不同，相应的农业生产布局也有较大程度的不同。工业资源优势是指工业生产受矿产资源、水资源和地形地貌等因素的影响，比如采掘业受矿产资源禀赋的影响，冶金、建材等运输成本较高行业受矿产资源禀赋的影响，大多布局于原材料和燃料产地，水资源也是影响工业布局的重要因素。旅游资源优势主要受自然条件和优美自然风光禀赋的影响，随着人民生活水平的提高，旅游资源优势也逐渐显现。

2．人文资源优势

人文资源优势不仅包括人口资源还包括区域的历史沉淀和文化底蕴优势。人文资源优势在区域发展过程中不像自然资源优势那样明显，但是影响深远。人口优势不仅包括人口的数量还包括人口的素质，人口数量曾在一定时期成为区域发展的优势，人口数量既决定了区域的劳动力供应能力，也决定了区域的消费能力，但是随着人口素质成为区域发展的重要因素，人口数量在一定程度上反而有可能限制区域的发展。历史沉淀和文化底蕴优势也是区域比较优势的重要方面，东南沿海地区在明朝和近代都是商品经济较为发达的地区，其深厚的商业文化底蕴为当前东南沿海地区的快速发展提供了良好的氛围和强劲的内驱力。

3．生产要素优势

人力资本、技术和资本等生产要素是经济发展最基本的条件，生产要素优势决定了区域的生产发展水平和生产率水平。生产要素优势包括人力资本优势、技术优势和资金优势等。人力资本优势不是广义的人口数量优势，而是人力资本状况，包括人力资源的素质、知识、眼界等。区域人力资本优势越明显，该地区的经济活力和生产能力也就越强。技术优势并不独立存在，而是蕴含于其他要素之中，其作用却举足轻重。技术优势作为区域发展的重要支撑力，决定着地区的生产力水平和生产结构，进一步影响区域在贸易和分工中的地位。资金优势包括资金的规模、结构和资金的再生产能力，资金的规模决定着地区生产能力，资金规模既是过去生产能力的结果，也代表着区域今后的生产能力。资金的结构是资金在各产业中的分配，合理的资金结构有利于区域的优势倍增。

4. 区位交通优势

交通优势是区域发展的重要基础，交通优势包括先天形成的交通优势，也包括后天形成的区位优势。改革开放以来，沿海地区作为我国开放的前沿，区位优势明显，与海外市场联系紧密，便于产品的出口与进口。随着全球分工的不断深化和我国交通基础设施的不断完善，沿海产业不断向内陆地区转移，内陆地区的交通优势也不断显现，比如以郑州为代表的内陆交通中心，武汉等城市形成的水运与铁路运输的交汇中心等。随着我国“一带一路”倡议的提出，西部内陆地区逐渐形成一批新的交通枢纽，内陆沿边地区逐渐成为开放的前沿阵地新的交通枢纽。

（二）区域比较优势的影响因素

区域比较优势和劣势不是一成不变的，今天的优势明天可能成为劣势，今天的劣势也可能发展成优势。导致区域比较优势变化的因素是多方面的，其中主要的是技术变革、生产要素流动、政策因素和市场变动等。

1. 技术变革

技术变革的内容极为丰富，比如新材料、新工艺、新技术的采用。技术的不断变革对区域比较优势演化也具有重要影响，技术变革往往发生在区域要素集聚的地方，因为这些区域资金充足，人才集聚，中心区域往往是技术变革发生的地方，但是随着技术的不断扩散，那些技术变革区域的比较优势将不断减弱，因此这些区域必须不断提高技术创新水平，才能保持技术比较优势。技术变革也会对区域自然资源的比较优势产生影响，一方面随着技术的不断变革，区域资源的综合利用效率得到提高，区域资源优势不断加强，另一方面随着技术变革以及新材料、新能源的不断应用，以往的资源优势将逐渐减弱。此外，技术变革还将对要素禀赋优势产生影响，技术的变革与更新使机器不断替代人工，劳动力素质将成为越来越重要的因素，劳动力数量不再是区域比较优势，技术变革还会给劳动力充足的区域带来结构性失业。

2．生产要素流动

劳动力、资本与技术等生产要素在区域之间流动对区域比较优势有直接的影响，一个直接表现是改变了区域之间的要素禀赋状况。例如改革开放初期，我国沿海地区出口劳动密集型产品，中西部地区的人口不断向沿海地区流动，这改变了中西部地区劳动要素禀赋的优势。近年来东北地区人才、技术流失严重，东北已从以往的工业制造业发达区域逐渐变为“锈带”地区，这很大程度上也是由于生产要素的不断流出而造成的区域优势变化。

3．政策变化

区域政策是我国区域经济发展的重要抓手。为适应不同发展阶段的需求，我国的区域政策不断调整。国家制定的区域政策也客观上带来了一些区域的优势。改革开放以前，我国区域政策是大力发展内陆地区，很多重要工程与重点项目都选择布局在内陆地区，这时候内陆地区的区位优势明显，而随着改革开放的不断推进，我国的区域政策开始向沿海地区倾斜，从深圳特区、海南经济特区到14个沿海开放城市的设立，我国沿海地区的区位优势开始显现，沿海地区成为我国对外开放与对外交流的重要阵地。此外，我国实行的扶贫政策对老少边穷地区也有所侧重。各类区域发展政策深刻影响区域比较优势的变化。

4．发展阶段

发展阶段是影响区域比较优势的重要因素。改革开放初期，我国主要发展劳动密集型产业和加工贸易，此时劳动力成为区域的比较优势，而随着我国经济持续发展，尤其是近年来我国由高速增长转向高质量发展，劳动密集型产业逐渐从东部沿海地区向内陆地区转移，技术创新成为带动区域发展的重要因素，由此可见，发展阶段成为区域比较优势变化的重要因素。

5．全球化

全球化带来区域分工体系的不断完善和深化。改革开放以来，我国对外开放程度不断扩大，在全球价值链分工中区域分工也不断完善。改革开放初期，我国重点发展加工贸易，处于全球产业价值链的低端。东部地区由于其区位优势和技术优势，大力发展加工贸易与劳动密集型产业，成为我国对外开放的重要阵地，而中西部地区重点支撑东部地区的发展，充分发挥中西部地区的资源禀赋优势，为东部地区提供原料与劳动力。随着加入WTO和改革开放的深化，我国在全球产业分工中的地位逐渐发生变化，开始向全球产业价值链的中高端过渡，这对地区产业分工产生了重要的影响。东部地区的创新优势不断显现，而中西部地区由于全球化的推进也逐渐参与到全球产业分工之中，成为对外开放的前沿。

6．市场变动

一个地区的生产优势，只有通过市场才能转化为区域利益，而市场供求是变化多端的，因此区域比较优势也是处于不断变化的过程之中。影响市场供求变化的因素包括国民收入水平的提高、技术的创新与扩散以及生产规模的不断扩大等。随着国民收入水平的不断提高，需求会发生变化，区域生产比较优势也会发生变化，但是相对于国民收入水平的变化，技术进步所带来的需求变化的影响更大。随着技术创新与扩散，新产品与新需求不断产生，这对区域的影响较为明显。例如东北地区作为我国的重工业基地为新中国的发展做出重要贡献，但是随着新技术与新需求的产生，东北的工业优势不再明显，而新经济与新技术发达地区的优势不断显现。从供给侧来看，随着资本的积累和技术的创新，生产规模不断扩大，供求关系发生较大变化，一旦某种产品的供给能力超过市场的需求能力，地区的生产优势将不复存在。

7．基础设施改善

基础设施作为区域发展的重要支撑，为区域发展带来了活力与保障。基础设施完善一方面为本地发展带来了便利的环境，另一方面也加强了本地与其他区域的联系，降低了成本。基础设施是缩小地区差距的重要抓手，欠发达地区大多是交通等基础设施较为落后的地区，随着基础设施的不断完善，欠发达地区潜在的优势开始显现。

二、我国区域类型及其比较优势的演化

（一）改革开放初期到20世纪90年代末

1．沿海与内地的划分及区域比较优势

1982年5月26日，国家计委、国家统计局联合发出《关于沿海和内地划分问题的通知》，正式划分了我国的沿海与内陆地区，“沿海地区的范围包括辽宁、河北、北京、天津、山东、江苏、上海、浙江、福建、广东和广西11个省、市、自治区（台湾省回归祖国后也应包括在内），其余18个省和自治区称为内地。”

沿海地区拥有优越的地理位置、相对完善的交通基础设施、较大的规模优势，明显的政策优势以及显著的技术优势。沿海地区多为平原和低山丘陵地区，地形平坦，有利于开发建设和交通等基础设施布局，经过新中国成立以来不断地开发建设，总体上形成了较为合理的城镇体系和较为完善的基础设施体系，相比西部地区具有明显优势。从经济总量来看，1981年沿海地区生产总值是2 509.11亿元，占全国生产总值的53.37%，内地生产总值是2 191.91亿元，占46.63%，沿海地区以更小的地域范围集聚了更大的经济总量，规模优势更明显。沿海地区还有明显的政策优势。1980年，中共中央、国务院决定设立深圳等四个经济特区，1988年设立海南经济特区。1984年，国务院批准首批14个沿海地区城市对外开放。国家加大对沿海地区投资开发力度，固定资产投资逐步超越内地，以1982年为例，沿海地区固定资产投资402亿元，而内地为388亿元，这与三线建设时期沿海与内地之间的关系截然不同，政策的倾斜成为沿海地区重要的比较优势。此外，沿海地区还具有科

研力量、技术水平和管理水平的优势，以专利授权量为例，1990 年沿海地区专利授权量为 11 508 件，占全国专利授权总量的 61%，而内地仅为 7 494 件，占全国专利授权量的 39%，沿海地区专利授权量是内地的两倍左右，技术优势明显。内地与沿海相比也有一定的优势，内地能源、矿产资源丰富，分布有大型能源化工基地、粮食主产区、较多的国有经济，能源原材料优势、农牧业生产优势明显。内地作为能源原材料、农产品的重要来源地有力支持了沿海地区的发展（姚鹏等，2015）。

2. 三大地带的划分与区域比较优势演化

1986 年通过的《中华人民共和国国民经济和社会发展第七个五年计划》中明确指出，我国地区经济的发展，要正确处理东部沿海、中部和西部三个地带的关系，这是首次明确把我国划分沿海与内地两大区域改为划分东中西三大地带。[①]“七五”计划明确了三大地带不同的发展任务，要正确处理三大地带的关系，充分发挥其各自的比较优势，依据梯度转移理论，开发顺序遵循先东部、后中部、再西部的顺序，由高梯度向低梯度推移。

东部地区是我国基础设施最好、城市化水平和科技水平最高的地区。东部地区自然条件的比较优势表现在气候湿润、地形平坦、土壤肥沃、农业发达，比如长江三角洲、珠江三角洲、黄淮海平原以及海洋水产区都在东部地区。东部地区工业发达，包括辽中南、京津冀、长江三角洲以及珠江三角洲等重要工业阵地；东部地区交通发达，铁路与客运四通八达，航空、航海联系世界各地；东部地区科技教育发达，居民受教育水平较高，以 1990 年为例，东部专利授权量为 11 533 件，中部地区为 4 879 件，西部地区为 2 590

① 东部：辽宁、天津、北京、河北、山东、江苏、上海、浙江、福建、广东和广西；中部：黑龙江、吉林、山西、内蒙古、安徽、江西、河南、湖北、湖南；西部：四川、云南、贵州、西藏、陕西、甘肃、青海、宁夏、新疆。

件，东部地区科技优势明显。东部地区城市人口密集，城镇人口占全国一半，城镇化水平高，以 1990 年为例，中、西部城镇化率分别为 25% 和 20%，东部城镇化率达到了 31%。

中部地区位于我国的腹地，起到承东启西的作用。中部地区的比较优势主要是能源和矿产资源明显，山西的煤炭、黑龙江的石油、湖北和江西等地的有色金属储量丰富，1991 年山西省煤炭产量占全国的 1/4 以上，黑龙江原油产量占全国的 1/3 以上，达到 39%。中部地区农业比较发达，黑龙江的松嫩平原和三江平原、湖北的江汉平原、湖南的洞庭湖平原、江西的鄱阳湖平原都是我国重要的粮油糖等生产基地，内蒙古有我国最大的牧场，黑龙江有我国最大的林区。中部地区有色金属冶炼和重工业发达，以铁路和河运为主的交通运输业也较为发达。

西部地区位于我国的西南和西北，能源和矿产资源丰富，旅游资源分布广，数量多。西部地区边界线较长，邻国众多，具有发展边界贸易的优势。西南地区在水资源方面具有得天独厚的优势。

3. 七个经济区与区域比较优势演化

"九五"计划期间，国家的区域发展战略逐渐开始从东部地区率先发展转变为缩小区域差距，进入 20 世纪 90 年代以来，我国东部沿海地区抓住发展机遇，利用全球产业结构调整的机会，发挥了自己的比较优势，经济快速发展，而中西部地区在经济全球化的过程中，对外开放缓慢，经济发展比较滞后，区域之间的差距不断扩大。国家在"九五"计划中明确提出了缩小地区差距和促进中西部地区发展的措施。在此期间国家划分了七大经济区，分别发挥各个经济区的比较优势，促进产业发展。

长江三角洲和长江沿江地区：包括长江三角洲 14 个市和沿江 28 个市。长江三角洲和长江沿江地区区位优势明显，通江达海，联通东、中、西，处于南北东西交流的结合部，水资源丰富，水运便利，铁路、公路和航运也十分发达。科技文化水平和内外贸易水平也处于全国领先地位。农业发展水平和商业化程度较高。“九五”期间，长三角地区努力调整工业结构，从轻纺为主的产业结构向技术密集程度高的机电工业转变，同时积极发展第三产业。该地区推动各省经济向长江沿线布局，促进长江经济走廊的形成。

环渤海地区：包括河北、山东、辽宁、山西、天津、北京和内蒙古中部七盟市，是我国的政治、文化、对外交流中心。环渤海地区人才资源优势明显，高校云集，拥有全国 34 所“985 高校”中的 9 所。环渤海地区交通发达，拥有全国最密集的铁路运输网络和优良的港口。环渤海地区发展的重点是积极发展电子、汽车和高新技术产业，促进产业结构的高级化；提高钢铁、石油化工、重型机械等优势产业的技术水平和产品开发能力等。

东南沿海地区：包括广东、福建两省，与香港、澳门、台湾毗邻，对外经济技术合作条件比较优越，锰及有色金属丰富，水资源丰富，港口优势明显。东南沿海发展重点是发挥加工工业的优势，推进产业结构从劳动密集型向技术和资本密集型等附加值较高的方向发展，充分利用区位优势和港口优势发展外向型经济。

西南和华南地区：包括四川、贵州、云南、广西、海南、西藏和广东西部的湛江、茂名。区内自然资源丰富，较多属于陆地边境省，漫长的边界线成为与周边国家贸易往来的前沿，工业有一定发展基础。发展重点是实现区域内粮食基本自给，发展经济作物尤其是热带和亚热带经济作物，建成全国重要的热带和亚热带经济作物基地。机电工业以成套设备、仪器仪表、广播通信设备、数控机床、汽车、家电和军工等优势产业和产品为重点；轻纺工业以亚热带和热带植物加工为主；利用区域水资源优势，大力发展以水电为主的能源工业；发挥区域有色金属资源优势，发展有色金属加工业。

东北地区：包括黑龙江、吉林、辽宁三省和内蒙古东部四盟市。东北地区作为我国工业发展较早和较快的地区，区域优势明显，“九五”期间，东北地区产业优势明显，是我国重要的重化工业基地，产业集聚程度较高，辐射范围较广。东北地区由于工业起步较早，积累了大量具有较高素质和专业水平的劳动者，使东北在吸引外资和发展经济方面具有活力。东北地区拥有自然资源优势，原油和土地资源丰富。东北地区区位优势明显，与俄罗斯、朝鲜、韩国接壤，与日本隔海相望，具有扩展东北亚市场的优越地理区位。东北地区交通优势明显，交通路网密集，形成了完善的水陆空交通体系。区域发展的重点是积极参与东北亚地区的国际合作与交流，发挥科技力量优势，促进高新技术产业的形成与壮大，加快调整和优化产业结构，大力发展第三产业。

中部地区：包括河南、湖北、湖南、安徽和江西五省，中部地区位于我国东部与西部的连接区域，核心优势为丰富的水资源和有色金属资源，农业发达，水运、铁路网较为完善，科技力量较为雄厚。区域发展的重点为大力发展农业，将中部地区打造成我国重要的粮食、棉花和油料等产品生产基地，同时发挥本地区的科技力量优势，调整改造三线企业，形成一批机电、轻纺和电子企业组成的支柱产业。生态环境方面加大对湖泊与河流的治理。

西北地区：包括陕西、甘肃、宁夏、青海、新疆五省区和内蒙古西部三盟市。西北地区自然资源丰富，特别是能源、矿产和可开发的土地资源丰富；西北地区是我国通往中亚、西亚，甚至是欧洲的重要通道；西北地区大多是高原高寒地区，旅游文化资源丰富。发展的重点：充分发挥能源、矿产资源优势，大力发展能源、原材料加工，主要是煤炭、原油、电力、有色金属、石油化工等；加强交通、通信等基础设施建设；扩大开放，搞好边境贸易和商业流通。

（二）“十五”以来我国区域的四大板块

随着我国对外开放的不断深入和经济的快速发展，缩小区域差距逐渐成为区域发展的重要问题。2001 年国家明确了实施西部大开发的政策措施，2002 年提出振兴东北等老工业基地战略，2003 年党的十六届三中全会通过《中共中央关于完善社会主义市场经济体制若干问题的决定》，鼓励东部有条件地区率先基本实现现代化，2004 年首次明确提出促进中部崛起，我国的区域格局逐渐从三大地带向东部、中部、西部和东北四大板块[①]过渡。

东部地区区位、体制创新、科技创新和对外开放具有明显的比较优势，特别是科技创新一直是区域比较优势，专利授权量处于较高水平。此外，东部地区始终是我国改革开放的前沿，改革持续领先，经济外向度高，对外开放优势明显。

中部地区具有承东启西、连南贯北的区位优势和综合资源优势，郑州、武汉等城市逐渐成为区域性中心城市，交通区位优势明显，尤其是随着“十三五”时期“一带一路”和长江经济带战略的实施，中部地区的区位优势更加明显。中部地区农业优势明显，应大力发展农业产业化经营，形成区域性、专业化、大规模的农产品生产。随着东部地区生产要素成本上升，大批具有竞争力的制造业向中部地区转移，重庆逐渐成为区域制造业中心，制造业优势更加明显。中部地区人口优势突出，以往中部人口大量流向东部地区，随着产业从东部转移到中部，人口回流成为常态。中部地区的区位人口优势不断显现。

---

① 东部：天津、北京、山东、江苏、上海、浙江、福建、广东、海南和河北；中部：山西、安徽、江西、河南、湖北、湖南；西部：四川、云南、贵州、西藏、陕西、甘肃、青海、宁夏、内蒙古、新疆和广西；东北：辽宁、黑龙江、吉林。

东北地区是我国的老工业基地，改革开放初期为我国经济的恢复与发展起到了不可替代的作用，但是随着我国经济发展由高速转向中高速，东北地区以往的优势不复存在，甚至逐渐成为制约东北地区发展的因素，产业人才优势消失，大量人口流失。流失人口中，高学历、管理层和技术骨干占比较高。东北地区的生育率也低于全国的平均水平。

西部地区资源和能源优势明显，旅游资源较为丰富且开放优势加快显现。西北和西南各省市有大量的稀有矿藏，如镍、铁、铝、铬等金属富矿，稀土和锡等非金属资源。塔里木盆地、准噶尔盆地、吐鲁番盆地、河西走廊、陇东高原、陕北地区和四川盆地是中国开发石油、天然气的重要基地，为我国能源工业和重化工业提供重要的资源保障。西部地区水资源丰富，长江和黄河都发源于我国西部，有关资料显示，西部的水能蕴藏量为5.57亿千瓦，占全国的82.3%，可开发利用的水电资源为2.74亿千瓦，占全国的72.3%。这些数据都显示，西部地区资源和能源比较优势明显。随着“一带一路”倡议的提出，西部地区更显优势，从改革开放的后方逐渐成为开放前沿，成为中国面向中亚、西亚和欧洲开放的重要窗口。

（三）2010年以后主体功能区划分下区域比较优势

2010年12月国务院发布了我国首个全国性国土空间开发规划——《全国主体功能区规划》。按照开发方式，我国主体功能区可以分为优化开发区域、重点开发区域、限制开发区域和禁止开发区域；按照开发内容，我国可分为城市化地区、农产品主产区和重点生态功能区。

优化开发区域是经济比较发达、人口比较密集、开发强度较高、资源环境问题突出的地区，此类区域以往凭借区位优势与国家政策优势，经济获得了长足的发展，但是随着开发强度的提高出现了人口密集、交通拥挤和资源环境质量下降等突出问题，因此需整合区域优势，优化区域发展，把优化开发区打造成为全国的创新区域，并且在更高层次上参与国际分工，提升区域的国际竞争力。

重点开发区域是有一定经济基础、资源环境承载能力较强、发展潜力较大、经济和人口集聚程度较高的区域，此类区域大多位于我国中西部地区，区域比较优势是交通优势明显，自然资源丰富，劳动力充足，但是此类区域的发展还不充分，划分为重点开发区将为此类区域发展带来重要的机遇。重点开发区在整合传统比较优势的基础上发挥新的区位优势、创新优势、集聚优势等，成为我国重要的增长极。

限制开发区主要分为两类，一类是农产品主产区，此类区域耕地较多，农业发展条件较好，必须把增强农业综合生产能力作为发展首要任务；另一类是重点生态功能区，此类区域是生态功能脆弱或生态功能重要，环境承载能力较弱的区域。限制开发区资源环境优越、耕地较多，但是此类区域在以往的发展中常常被列为重点发展区，城市的无序扩张等问题多发生在这些区域，造成了优质耕地等重要资源的锐减，将这类区域划定为限制开发区，重点发展农业和进行环境保护，有利于约束建设空间的无序蔓延，增强维护粮食安全、生态安全的能力，同时，保障粮食安全、生态安全的功能也将成为此类区域新的比较优势。

禁止开发区是依法设立的各级各类自然文化资源保护区域，以及其他禁止进行工业化城镇化开发、需要特殊保护的重点生态功能区。此类区域是重要的生态屏障，在气候调节、水源涵养、水土保持、防风固沙、生物多样性维护等方面发挥重要功能，是维护我国生态安全的核心区域，天然的生态、优美的环境、清洁的水土空气资源，也是其比较优势所在。

（四）特殊类型地区

革命老区、边境地区、资源型地区等特殊类型地区一般经济发展较为落后、基础设施欠缺、人口素质较低，但也是自然资源和物产较为丰富的地区。针对这些区域存在的问题，国家实施西部大开发、扶贫开发等扶持政策，不断完善特殊类型地区的基础设施，普及义务教育，支持职业教育，特殊类型地区的基础设施不断完善，人口素质不断提高，区域的能源资源、红色教育资源、历史文化资源等比较优势逐步得到体现，适宜发展乡村旅游、红色旅游、民族旅游等。

能源矿产资源基地在三线建设时期和改革开放初期为我国工业发展提供了丰富的资源，一批能源矿产资源城市成为当时比较发达的城市，比如辽宁阜新、四川攀枝花、新疆克拉玛依等，但是随着资源的不断开采和我国经济转型发展，受环境污染与资源枯竭等的双重制约，资源型地区的发展面临较大困难，以往的资源优势成为区域发展的劣势。这些区域应充分利用资源优势，加快由资源开采向资源精深加工转变，由单一资源型经济向多元产业体系发展。

省际交界地区往往是被各省忽略的区域，区域发展较为缓慢。近年来省际交界区域的优势开始不断显现，如浙江提出将省际边界地区的衢州、丽水建设成为衢丽花园城市群，支持衢州打造四省边际中心城市，建成推动浙江经济向内陆邻省拓展的桥头堡。又如内蒙古、山西、河北三省依托省际交界地区的乌兰察布、大同、张家口，建设“乌大张”合作区，在大同和乌兰察布的交界地成立煤化工基地，由大同提供煤炭资源，乌兰察布提供电力，充分发挥了各自的比较优势，推动“乌大张一体化”发展。近期提出的长三角生态一体化绿色发展示范区也是布局在三省（市）交界地区，类似案例还有很多。省际交界区域的发展必然成为各省加强区域合作的重要区域，也将成为推动区域协调发展的重要新增长点。

（五）十九个城市群的比较优势

城市群是我国新型城镇化的主要空间形态。“十三五”规划提出建设 19 个城市群，包括京津冀、长三角、珠三角、山东半岛、海峡西岸、哈长、辽中南、中原、长江中游、成渝、关中平原、北部湾、晋中、呼包鄂榆、黔中、滇中、兰州—西宁、宁夏沿黄、天山北坡等十九个城市群。

京津冀、长三角、珠三角和成渝城市群是国家重要经济增长极。

京津冀城市群的比较优势是全国政治中心、文化中心、国际交往中心、科技创新中心，聚集了全国最多的创新要素（人才、科研院所），形成了密集便捷的交通网络，京津冀城市群将依托创新要素集聚成为世界级城市群。

长三角城市群是我国经济最具活力、开放程度最高、创新能力最强、吸引外来人口最多的城市群之一，城市群区位优势明显，是东亚地理中心和西太平洋的东亚航线要冲，是“一带一路”与长江经济带的重要交汇地带，交通条件便利，拥有众多现代化的江河港口群和机场，公路和铁路密集，形成了综合立体交通网。长三角的比较优势在于经济活力强、创新要素集聚、空间集约利用程度高，在全球价值链分工中的地位不断跃升，国际竞争力明显。

珠三角城市群改革开放之初即设立了深圳经济特区，借助毗邻港澳优势，率先推动改革开放，借助港澳辐射作用，统筹利用好内资外资两种资金和社会主义、资本主义两种市场，全面推动经济社会建设，经过长期发展，形成以广州、深圳为核心，东莞等若干城市为支撑的都市连绵区，产业发展程度高，科技创新能力强，人才人力资源丰富，资金要素保障能力强。在粤港澳大湾区建设、深圳社会主义先行示范区建设等政策加持下，未来粤港澳大湾区将跻身世界一流湾区行列，建设成为世界级城市群。

成渝城市群位于“两横三纵”城市化战略格局沿长江通道横轴和包昆通道纵轴的交汇地带，是全国重要的城镇化区域，具有承东启西、连接南北的区位优势。总体上自然禀赋优良，综合承载力较强，交通体系比较健全，电子信息、装备制造和金融等产业实力较为雄厚，具有较强的国际国内影响力，是西部经济基础最好、经济实力最强的区域之一。此外，成渝地区人力资源丰富，创新创业环境较好，统筹城乡综合配套等改革经验丰富，开放型经济体系正在形成，未来发展空间和潜力巨大。

除以上四大城市群之外，东部地区城市群新旧动能转换提速，正加快向高质量迈进。山东半岛城市群经济优势明显，城市密集，制造业集聚程度较高，与日本、韩国隔海相望，并且拥有优良的港口，自然资源和人文景观丰富（范恒山，2011）。海峡西岸城市群与台湾相邻，同根同源，经贸合作交流便捷。

东北地区城市群借力东北振兴战略机遇，正在加快推进全面转型振兴发展。哈长城市群南靠辽中南城市群，北临俄罗斯远东地区，是东北地区对外开放的重要门户，经济基础较好，是全国老工业基地和最大的商品粮基地，煤炭、石油等资源禀赋丰富，此外，旅游资源也十分丰富。辽中南城市群城市密集，资源丰富，拥有优良的港口，与朝鲜、韩国接壤，与日本隔海相望，是我国面向东北亚开放的重要门户。

中部地区城市群依托区位、产业等方面综合优势，正成为拉动区域增长的重要新增长极。中原城市群位于沿海和西部地区的结合部，是我国经济由东向西递次发展的中间地带，交通便利，高速公路通车里程居全国前列，郑州机场可以实现与国内外重要机场的快速联通。长江中游城市群交通便利，水运发达，城市群人口众多、资源丰富，农业特别是粮食生产优势明显，工业门类较为齐全，初步形成了以装备制造、汽车及交通运输设备制造、航空、冶金、石油化工、家电等为主导的现代产业体系，战略性新兴产业和服务业发展迅速。晋中城市群资源禀赋优势较为明显，特别是煤炭等资源非常丰富。

西部地区除成渝城市群外，大多尚处于城市群培育阶段。关中平原城市群地处我国内陆中心，是欧亚大陆桥的重要支点，是西部地区面向东中部的重要门户，历史文化底蕴厚重，产业体系完备。呼包鄂榆城市群能源资源丰富。黔中城市群自然资源丰富，生态环境优美，产业发展基础较好。滇中城市群作为我国西南地区重要的城市群之一，是我国面向南亚、东南亚的辐射中心，在对外开放与区域协作发展方面都有重要意义。兰州—西宁城市群矿产资源、有色金属、天然气、石油等资源均位居全国前列，同时，农业条件较好，是我国粮食、畜牧品、中药材等的重要生产基地，工业也有相当基础。宁夏沿黄城市群集中了宁夏自治区 90% 以上的水资源，70% 的粮食产量，煤炭探明储量规模大，风能、太阳能等新能源丰富。天山北坡城市群是新疆现代工业、农业、交通信息、教育科技等最为发达的区域，集中了新疆 83% 的重工业和 62% 的轻工业，历年国内生产总值占新疆 40% 以上，对新疆经济起着重要的带动、辐射和示范作用。

北部湾城市群资源要素禀赋优越，拥有我国南部最大海湾，生态环境质量一流，与东盟国家紧邻，是中国面向东盟国家的重要门户。

三、发挥比较优势促进区域协调发展的对策建议

党的十九大报告对区域协调发展进行了全面、系统和概括的论述。深入实施区域协调发展战略对缩小地区差距、推进高质量发展促进共同富裕具有重要的现实意义。当前，我国区域协调发展步入稳步推进的正常轨道，无论是国家战略导向还是区域政策体系都比较清晰。尽管这样，现阶段我国区域发展不协调、不充分问题仍然比较突出，从认识到政策都应做出相应

的调整，才能从现有水平的区域协调发展迈向高水平、高质量的区域协调发展。

（一）深化要素跨区域流动体制机制改革

促进要素自由流动是解决区域发展不协调、不充分的一个关键突破口。改革开放以来，我国要素流动体制障碍逐渐减少，促进要素跨区域流动的市场机制日趋健全，要素流动更加顺畅。但我国要素跨区域流动尚不充分，制约要素跨区域流动的体制“顽疾”仍然存在。解决要素跨区域自由流动的关键在于以下几个方面：

完善要素价格形成机制。无论是自然资源还是劳动力、技术资源，都要建立相应的市场化定价机制，让价格信号引导要素资源在区域之间形成合理、高效配置。各级政府应减少对自然资源产品或劳动力价格形成机制的直接干预，压缩政府性定价的范围，纠正对自然资源产品、劳动力等要素的不合理补贴行为，让要素资源的价格能真实地反映市场供需变化，让资源富集地区能够真正获得较高的经济收益。

防范地方保护主义。建议国家组织实施社会主义市场经济秩序的专项督察，对地方政府截留资源、封锁市场、违规为本地企业提供保护伞等行为要依法依规进行严肃处理，引导地方政府按照国家区域发展总体战略主动推进区域协同发展。

降低要素跨区域流动成本。在国家交通主干网络基本建成的条件下，未来应优化交通基础设施投资的方向，重点解决跨区域的断头路、瓶颈路、城际铁路等线路建设，加快交通一体化进程。同时，充分利用日趋完善的现代交通基础设施网络，大力发展现代物流业，破解物流“最后一公里”、物流枢纽发展滞后等问题，实现物畅其流。

建立以居住证为载体的基本公共服务体系。深入推进户籍制度改革，因地制宜、分类引导、循序渐进推进流动人口市民化，实施便民化的居住证登记制度，使居住证真正成为流动人口异地享受均等化公共服务的“护身符”。

（二）健全区域协调发展体制机制

完善区域合作机制，坚持优势互补、互利共赢的原则，继续深入推进以地方政府为主导的区域经济合作，规范政府合作行为，明确政府合作行为的“负面清单”。鼓励区域合作市场化运作，支持企业开展跨区域产业协作，吸引东部企业到中西部和东北投资。鼓励央企优化调整下属企业的区域布局，将下属企业产生的利润更多地留在地方，支持中西部和东北发展。顺应区域协同发展的形势，支持多层次、多形式、多领域的功能平台合作，促进政企良性互动，引导社会资本参与功能平台建设。

深化区域互助机制。完善发达地区对口帮扶机制，因地制宜探索产业帮扶、干部交流、人才培养等多种帮扶模式，鼓励有条件的地方探索政府主导、市场介入、公众参与的社会化对口帮扶模式。此外，为了改变长期以来对口帮扶的单向利益输出做法，我国应建立互利共赢的可持续的帮扶机制，使发达地区在对口帮扶中拓展发展新空间。

完善区域补偿政策。在推动长江经济带绿色发展中，探索建立流域上中下游生态保护补偿机制，形成以纵向、横向相结合的财政补偿为主、以市场化的排污权转让为补充的生态补偿体系。依托重点生态功能区开展生态补偿示范区建设，按照生态功能区面积和区域人口设计生态补偿基金实施方案，建立生态保护、居民就业转换、建设用地指标跨地市流转等多种形式的经济补偿，确保生态功能区居民生活水平和基本公共服务与其他地区相当。完善国家农产品主产区建设的配套支持政策，建立粮食直补与市场价格挂钩的调节机制，加大对农产品主产区的财政转移支付，促进区际利益协调平衡（覃成林，2011）。

建立战略融合发展机制。统筹东部率先发展、中部崛起、西部开发和东北振兴的关系，平衡中央对各区域的政策支持力度（范恒山，2007）。以长江经济带建设为牵引，进一步完善东部、中部和西部的联动发展机制，促进产业、交通和生态三个领域率先突破，实现长江上中下游产业转移协作、现代综合交通体系建设和生态环境协同治理。以丝绸之路经济带为纽带，以经济带沿线城市为节点，推动四大板块相关地区的协调联动，共同开展国际产能合作和全方位对外开放。

（三）创新产业转移协作方式

我国区域发展不平衡不充分问题突出，地区间发展机会差距大，地区比较优势不能充分发挥，地区发展潜力处于待激发状态，进一步优化产业布局与促进产业转移是缓解区域发展不平衡、不充分的重要途径。

全方位深入推进产业跨地区梯度转移。在国家层面，要支持产业向长江经济带、丝绸之路经济带境内段、西江经济带等主要联结带的纵深转移，充分利用我国内地的比较优势和市场，同时也要在京津冀地区探索城市群或都市圈内部的产业转移新机制新模式，为超大城市、特大城市产业疏解转移提供可借鉴可推广的经验。

探索地方特色的合作园区发展模式。继续推动以政府为主导的跨地协作的合作园区建设，探索规划共编、园区共建、利益共享、风险共担的机制，把合作园区作为产业跨区域转移的承接载体。积极探索市场化的产业园区合作，鼓励社会资本组建园区开发专业企业，由专业企业根据市场规则在全国布局建设一批统一品牌、连锁式管理、一体化招商、菜单式服务、平台化运作的产业园区，形成政企合作新样板。在园区转型升级中，支持一批传统工业园区直接委托专业园区开发企业开发、招商引资和服务管理，建立公私合作的责任分担和利益分享机制，打造产业合作新平台。

鼓励在省域或行政区域面积较大的市域建立产业园区合作机制。为了深入实施《全国主体功能区规划》和优化国土开发，禁止在生态功能区新建产业园区，引导生态功能区所在县（市、区）到本市或本省重点开发区域租地或以建设用地指标置换空间等形式设立合作园区，通过自主管理或委托管理形式对合作园区进行管理，并建立相应的责任分担、利益分享等合作机制。

（四）完善区域协调发展配套政策

加快中央财政对中西部地区的转移支付力度。在专项资金或项目安排方面，按照事权划分的类型，对于市级及以上政府事权范围内的项目，尽可能降低直至取消中西部地区县级财政配套比例，减轻中西部地区特别是原贫困县的财力负担。中央财政应对中西部地区跨区域的交通基础设施、重大生态环境治理工程、公共服务设施等重点项目予以大力支持，加大对中西部地区特别是特殊类型地区基础教育的投入力度。对中西部地区重点功能平台，中央要酌情考虑予以特殊的税收优惠政策，提高对外来资本的吸引力。加大中央和地方财政支持力度，填补资源型地区、老工业基地等地区城镇职工养老保险资金不足问题，彻底解决历史遗留问题。

提高中西部地区特别是特殊类型地区九年义务教育和职业教育办学质量。实施职业教育免除学杂费和奖补政策。加大对资源转型地区、老工业基地等特殊区域下岗职工转岗再就业培训，建立以企业为主体再就业培训体系。实施中西部偏远地区和东北等老工业基地特殊的高层次人才引进和留用政策，通过定向培养、专项计划、委托培养等方式大力培养适应地区经济社会发展的专业人才。建立人才流动的培养基金返还机制，对于跨区域就业的人才，原则上按照工作年限予以人才输出地区必要的培养成本返还。

在提高土地利用效率的前提下，各省区可以根据主体功能区的类型在省域内实现城镇建设用地指标跨地市有偿流转，严格控制限制开发区和禁止开发区城镇建设用地的使用规模，鼓励这两类区域将城镇建设用地指标流转到其他类型区域使用。探索建立优化国土空间开发的机制，提高城镇建设用地综合利用效益，建立建设用地低效使用的惩罚问责机制，实现城镇建设用地使用效益与城镇建设用地指标安排的联动，对于建设用地擅自改变用途、批而未用、低效利用等现象予以核减一定比例的用地指标。禁止农村地区私自建房，将农村集体建设用地纳入城市建设用地执法管理范围。

（五）更加精准有效治理区域问题

针对区域问题日益增多，采取合并同类项的办法，将不同类型的区域问题适当归类（张可云，1998），及时出台和实施相关的区域规划和政策措施，更好地激发区域比较优势，有针对性地促进区域发展。

提高特殊类型地区内生发展能力。支持革命老区、边境地区、欠发达地区、资源型地区、老工业基地和生态退化地区等特殊类型地区发展，加大基础设施、生态建设、教育发展、就业培训等方面投入，鼓励特色优势产业发展。

提高“城市病”发生区域自主调节能力。针对“大城市病”问题日益突出并具有普遍性的问题，在全国范围内统筹实施集中整治专项行动，同步对我国城市规划和建设的相关法律法规进行全面修订，并对有关体制机制提出与时俱进的配套改革措施。通过集中整治“大城市病”，优化提升我国超大、特大和大城市的功能，增强城市自主调节能力，发挥这些中心城市对区域发展的辐射带动力。

提高区域生态环境修复能力。经过多年的开发建设，我国区域性生态环境问题比较突出，京津冀雾霾、长江流域水环境等问题已严重威胁到区域可持续发展，如不及时、妥善解决可能影响到国家的全局发展。在现阶段及今后一段时期，应按照国家战略总体部署，加快推进区域生态环境协同治理，在京津冀协同发展、长江经济带建设中探索一些新的经验，在节能减排、产业布局优化调整、机制建设等方面取得新的突破，促进绿色低碳发展。

参考文献

［1］韦伟，王建，郭万清．中国地区比较优势分析［M］．北京：中国计划出版社，1992.

［2］覃成林．区域协调发展机制体系研究［J］．经济学家，2011（4）：63–70.

［3］范恒山．国家区域协调发展战略和环渤海地区振兴［J］．经济研究参考，2007（19）：2–19.

［4］范恒山．深化区域合作 促进协调发展［N］．人民日报，2011–11–4（07）.

［5］姚鹏，孙久文，鞠晓颖．我国区域经济发展格局：回顾、现状与展望［J］．区域经济评论，2015（5）：147–152.

［6］张可云．中国区域经济格局演变趋势分析［J］. 理论研究，1998（2）：9–12.

第六章
陆海统筹发展格局与重点任务

内容提要：本章梳理了新中国成立以来我国陆海统筹的起源及基本内涵，从海洋资源、海洋经济、陆海统筹进展、面临的问题等方面总结了我国陆海统筹的发展基础。提出优化陆海统筹空间格局的思路，要以共同建设从北到南的大“S”形沿海经济带为依托，以发展海洋经济和推进沿海地区高质量开发开放为重点，以构建起陆海相互衔接、双向开放、有力支撑海洋强国建设的综合格局为目的，打造蓝色经济走廊、构建“一带九区多点”海洋开发格局、打造“一线管控、两域对接、三极优化、多点联动”的海岸带空间总体格局。

一、陆海统筹的源起及内涵

（一）陆海统筹概念的演进脉络

1．萌芽阶段（1949—1978 年）

早在 20 世纪 50 年代，毛泽东主席就提出了统筹兼顾建设社会主义的思想。通盘考虑、综合谋划、统筹兼顾，成为处理各种矛盾和关系，促进党和国家各项工作的重要方针。在该阶段，我国实施了“向内地倾斜，均衡布局”的区域发展战略。沿海地区主要发挥的作用是保卫国家安全、保障海上运输、防止海上侵略等。该时期的区域发展战略与我国区域发展的历史既定格局是分不开的。在此背景下，1964 年国家海洋局成立，主要职能是海洋调查和科研，由海军代管。

2．理念与实践探索阶段（1978—2012 年）

党的十一届三中全会后，我国进入了全面改革开放的新时期。中国区域经济发展采取“向沿海倾斜，推进中西部开发”的非均衡发展战略，呈现了新的地域格局。国民经济和社会发展对海洋资源的利用需求非常迫切，向海开发成为这一阶段的主要内容。1996 年，我国制定了《中国海洋 21 世纪议程》，首次提出“要根据海陆一体化的战略，统筹沿海陆地区域和海洋区域的国土开发规划，坚持区域经济协调发展的方针，逐步形成不同类型的海岸带国土开发区”，[①] 从而奠定了陆海统筹的基本理念。

---

① 国家海洋局 .《中国海洋 21 世纪议程》[M] . 北京：海洋出版社，1996.

进入21世纪以后，陆海关系逐渐变得复杂，全球资源紧缺、人口膨胀、环境恶化问题日益严重，陆域经济的发展受到限制，海洋经济越来越受到重视，海洋产业体系逐渐拓展。但由于技术条件限制，海洋发展潜力有待进一步发掘，由此提出用统筹的方式来解决区域内陆海发展问题。《中华人民共和国国民经济和社会发展第十二个五年（2011—2015年）规划纲要》明确提出："坚持陆海统筹，制定和实施海洋发展战略，提高海洋开发、控制、综合管理能力。"实施陆海统筹作为党和国家首次提出的一个全新发展理念，标志着我国陆海可持续发展又进入一个新的历史阶段。在此形势下，涉海事业全面发展，海洋经济、海洋科技创新、海洋生态环境保护、海洋综合管理、海洋权益维护等各方面都获得了空前的发展。

3．实操阶段（2012年至今）

随着我国资源环境瓶颈日益加剧、经济运行中不平衡不充分的问题更加突出、周边海洋形势日渐复杂多变，陆地和海洋统筹发展的需求愈发迫切。2013年7月30日，习近平总书记在中央政治局第八次集体学习时强调，我们要着眼于中国特色社会主义事业发展全局，统筹国内国际两个大局，坚持陆海统筹，扎实推进海洋强国建设。坚持走依海富国、以海强国、人海和谐、合作共赢的发展道路，通过和平、发展、合作、共赢方式，实现建设海洋强国的目标。2017年10月，党的十九大报告提出"坚持陆海统筹，加快建设海洋强国"的战略部署，将陆海统筹上升至国家重大战略层面，同时明确了陆海统筹的战略地位，即建设中国特色海洋强国的基本原则和重要路径。

2018年3月17日，党的十三届全国人大一次会议表决通过关于国务院机构改革方案的决定。根据方案，组建自然资源部，统一行使全民所有自然资源资产所有者职责，统一行使所有国土空间用途管制和生态保护修复职责，着力解决自然资源所有者不到位、空间规划重叠等问题，实现山水林田湖草整体保护、系统修复、综合治理。这意味着陆海统筹从体制和管理层面基本实现统一，为实现内陆、沿海、近海、远海空间的统一谋划，实现陆海资源的更有效配置奠定了前所未有的基础。

（二）陆海统筹的内涵

统筹，即通盘筹划，也就是统一地、全面地筹划，统筹安排。陆海统筹中的“陆”即陆地，是指我国主权范围内的陆域国土；“海”包括两个方面的内容，首先是我国具有完全主权的“蓝色国土”——内水和领海、我国拥有主权的岛礁以及拥有主权权利和专属管辖权、具有“准国土”性质的专属经济区和大陆架，其次是指与我国国家发展利益相关的海域，包括与国家利益相关的公海及国际海底区域、南北极区域等（曹忠祥，高国力，2015）。陆海统筹是将陆海空间社会经济活动作为相互依赖、相互作用的整体来考虑，其内涵特征及其重要性可以从三方面理解：

基于宏观层面，陆海统筹是深入推进新一轮高水平对外开放的重要路径。当前，推进互联互通、加快融合发展成为促进各国共同繁荣发展的必然选择。陆海统筹旨在从全球尺度去谋划、配置陆海资源，积极发展我国与其他国家特别是“一带一路”沿线国家的经济合作伙伴关系，共同打造政治互信、经济融合、文化包容的利益共同体、命运共同体和责任共同体。

基于中观层面，陆海统筹是高效落实区域协调发展战略的重要举措。围绕党的十九大报告提出的“实施区域协调发展战略”，陆海统筹旨在建立更加有效的区域协调发展新机制，推动东部沿海地区率先优化发展与西部大开发、东北老工业基地振兴、中部地区崛起等区域发展战略相融合，形成区域间良性互动与合作共赢的国土空间开发新格局。

基于微观层面，陆海统筹是切实提高海岸带综合管理能力的重要抓手。海岸带是我国人口和经济活动的重心地带，也是自然资源丰富、环境问题复杂且动态变化的陆海交汇典型地区。陆海统筹旨在协调匹配海岸带地区的陆海主体功能定位、空间格局划定、开发强度管控和发展方向，形成人与自然和谐共处的现代化海岸带发展新局面。

二、我国陆海统筹的发展基础

（一）我国主要的海洋资源

我国主张管辖海域面积约 300 万平方千米，大陆海岸线长 18 000 千米，岛屿岸线长 14 000 千米，面积大于 500 平方米的岛屿 7 300 多个，海岛陆域总面积约 8 万平方千米。辽阔的海域蕴藏着丰富的海洋生物资源、海洋矿产资源、海水资源、海洋可再生能源和海洋空间资源等。

1. 海洋生物资源

海洋生物资源是指有生命的能自行繁殖和不断更新的海洋资源。我国海洋生物资源丰富，已有记录的海洋生物 20 278 种，其中，鱼类 3 032 种，螺贝类 1 923 种，蟹类 734 种，虾类 546 种，藻类 790 种（傅秀云，王长云，王亚楠，2006）。海洋渔业资源是重要的海洋生物资源，是人类摄取动物蛋白质的重要来源。保护和可持续利用海洋渔业资源，对维持海洋生态平衡，保障国民食品安全具有重要意义。据估算，渤海最大可持续渔获量为 12 万吨，黄海为 81 万吨，东海为 182 万吨，南海为 472 万吨。然而，在过度捕捞、海洋环境污染等因素影响下，海洋渔业资源出现明显衰退，许多重要经济种类资源量下降、个体变小、性成熟提前。

2. 海洋矿产资源

海洋矿产资源既包括我国管辖范围内的海洋油气资源、天然气水合物和滨海砂矿等，还包括我国向国际海底管理局申请的具有专属勘探开发权的多金属结核、富钴结壳和多金属硫化物等。

在海洋油气资源方面，根据全国常规油气资源潜力系统评价（2008—2014 年），我国常规油气资源总量丰富，全国常规石油地质资源量 1 085 亿吨，累计探明 360 亿吨，探明程度 33%，处于勘探中期；常规天然气地质资源量 68 万亿立方米，累计探明 12 万亿立方米，探明程度 18%，处于勘探早期。海洋油气资源主要集中在渤海、珠江口、琼东南、莺歌海、北部湾和东海等含油气盆地，勘探开发潜力巨大。

在天然气水合物方面，经勘探调查，我国已将南海北部陆坡、南沙海槽、西沙海槽、东海陆坡、东沙群岛圈定为天然气水合物远景区。南海东北部海域钻探区水合物具有"埋藏浅、厚度大、赋存类型多、饱和度高、甲烷纯度高"等优质矿藏特点，综合显示具有较好的水合物资源潜力。2020 年 3 月，我国在水深 1 225 米的南海神狐海域进行了天然气水合物的第二轮试采，创造了产气总量 86.14 万立方米、日均产气量 2.87 万立方米两项新的世界纪录，攻克了深海浅软地层水平井钻采核心技术。

在滨海砂矿方面，我国重要海砂资源区面积约 30.3 万平方千米，估算资源量约 4 749 亿立方米，其中近海陆架出露海砂约 3 866 亿立方米，陆架埋藏砂约 883 亿立方米。

在国际海底区域矿产资源（简称"区域"）方面，已知具有潜在商业开采价值的金属矿产资源主要有多金属结核、富钴结壳和多金属硫化物。为履行国际义务，我国积极参与"区域"矿产资源勘探工作，举办面向发展中国家人员的培训班，为其他发展中国家参与国际海底事务提供支持。在 2001 年、

2011 年、2013 年和 2015 年经国际海底管理局批准，先后获得了四块具有专属勘探权和优先开采权的矿区，即位于东太平洋中部克拉里昂 - 克利珀顿断裂带面积为 7.5 万平方千米的多金属结核矿区、西南印度洋面积约 1 万平方千米的多金属硫化物矿区、西北太平洋面积为 3 000 平方千米的富钴结壳矿区、东太平洋克拉里昂 - 克利珀顿断裂带面积约 7.3 万平方千米的多金属结壳资源矿区。

3．海水资源

海水资源系指海水及海水中存在的可以被人类利用的物质。海水约占地球表面积的 71%，具有巨大的开发潜力。海水利用包括海水淡化、海水直接利用和海水中化学资源的提取。具体来讲，海水淡化是海水脱盐生产淡水，是实现水资源利用的开源增量技术，可以增加淡水总量，且不受时空和气候影响，可以保障沿海居民饮用水和工业锅炉补水等稳定供水。海水可直接用作火电、核电及石化、钢铁等高耗水行业的冷却水。海水中含有的钠、镁、溴等矿物质经提取后具有重要的经济价值。

4．海洋可再生能源

海洋可再生能源属于清洁能源，其开发利用对于提高清洁能源比例，构建低碳能源体系具有重要意义。我国潮流能、温差能资源丰富，波浪能资源具有开发价值，离岸风能资源具有巨大的开发潜力。开发利用海洋可再生能源，是丰富沿海地区能源供给体系，解决边远岛屿用能的重要途径。

我国近海潮汐能蕴藏量 19 286 万千瓦，技术可开发量 2 283 万千瓦。我国沿岸的潮汐能资源主要集中在东海沿岸，福建、浙江沿岸最丰富，如浙江的钱塘江口、乐清湾，福建的三都澳、罗源湾等；其次是辽东半岛南岸东侧、山东半岛南岸北侧和广西东部等岸段。

我国近海波浪能蕴藏量 1 600 万千瓦，技术可开发量 1 471 万千瓦。我国沿岸波浪能资源地域分布很不均匀，以台湾省沿岸最高；浙江、广东、福建、山东沿岸次之；广西沿岸最低。外围岛屿沿岸波浪能功率密度高于近海岛屿沿岸，近海岛屿沿岸波浪能高于大陆沿岸，渤海海峡、台湾南北两端和西沙群岛地区等沿岸波浪能功率密度较高。

我国近海潮流能蕴藏量 833 万千瓦，技术可开发量 166 万千瓦。潮流能以浙江沿岸最多，其次是台湾、福建、辽宁等省份沿岸。杭州湾和舟山群岛海域是全国潮流能功率密度最高的海域。渤海海峡北部的老铁山、福建三都澳、台湾澎湖列岛渔翁岛海域潮流能功率也较高。

我国近海温差能蕴藏量 36 713 万千瓦，技术可开发量 2 570 万千瓦。南海由于纬度低、水深、海域广阔等原因，温差能资源丰富，占总温差能的 90% 以上。南海表层海水和深层海水温差大，具有利用海水温差发电的有利条件和广阔前景。东海以及台湾以东海域同样蕴藏着较丰富的温差能资源。

我国近海盐差能蕴藏量 11 309 万千瓦，技术可开发量 1 131 万千瓦。我国海洋盐差能主要分布在长江口及其以南江河入海口沿岸，珠江口海域也有较丰富的盐差能。

我国近岸海上风能蕴藏量 88 300 万千瓦，技术可开发量 57 034 万千瓦。近海地区 100 米高度、5 ~ 25 米水深范围内技术开发量约为 1.9 亿千瓦，25 ~ 50 米水深范围约为 3.2 亿千瓦。我国海上风能资源丰富，主要分布在福建、江苏和山东。

5．海洋空间资源

我国拥有漫长的海岸线、广阔的海域、数量众多的海湾和海岛，为渔业、港口航运、能源开发等产业的发展提供了重要的空间资源。

我国大陆海岸线北起鸭绿江口，南至北仑河口。海岸类型多样，包括淤泥质岸线、砂砾质岸线、基岩岸线、生物岸线、河口和人工岸线。我国海岸线漫长，长度位居全世界前10位，但70%的沙质海滩和大部分开阔泥质潮滩存在不同程度的侵蚀现象，适宜建筑港口的深水岸线资源更为稀缺，深水岸线仅400千米。

我国海域面积广阔，领海及内水面积约为40万平方千米，毗连区面积为13.04万平方千米，主张管辖的海域面积约300万平方千米。我国沿海城市范围内，现有滨海旅游资源区12 413处，潜在滨海旅游资源区343处，其中近期可开发的84处，包括15处生态滨海旅游区、7处休闲渔业滨海旅游区、6处观光滨海旅游区、26处度假滨海旅游区、5处游艇旅游区、2处特种运动滨海旅游区、23处海岛综合旅游区。我国具有潜在开发价值的海水养殖区面积170.78万公顷，其中池塘养殖区面积19.11万公顷，底播养殖区面积69.91万公顷，筏式养殖区面积64.08万公顷，网箱养殖区面积17.31万公顷，工厂化养殖面积0.37万公顷。沿海各省（区、市）的潜在海水增殖放流区109个，人工鱼礁区182个，水产原、良种场835个。

我国海岛众多，广布于温带、亚热带和热带海域。不同海岛的岛体、海岸线、沙滩、植被、淡水和周边海域生物群落形成了各具特色、相对独立的海岛生态系统。一些海岛还具有红树林、珊瑚礁等特殊生境。海岛及其周边海域自然资源丰富，有港口、渔业、旅游、油气、生物、海水、海洋能等优势资源。

（二）我国海洋经济发展现状

2019年，全国海洋生产总值达到89 415亿元，比上年增长6.2%，海洋生产总值占国内生产总值的比重为9.0%。从三次产业来看，海洋第一、第

二、第三产业增加值占海洋生产总值的比重分别为 4.2%、35.8% 和 60.0%。[①] 总的来看，我国海洋经济发展呈现出以下几个特点。

1．海洋经济规模与结构稳中趋优

海洋经济总体规模稳步增长。2001 年，我国海洋生产总值为 9 518.4 亿元，2002 年突破万亿元；5 年后的 2006 年实现翻倍增长；2009 年跃上 3 万亿元台阶，达到 31 964 亿元；2010 年实现 7 457.3 亿元的增幅；2012 年海洋生产总值突破 5 万亿元；此后就以每两年 1 万亿元左右的净增量直线上涨，2016 年突破 7 万亿元大关，2019 年增长到 89 415 亿元。

2．海洋产业转型升级势头良好

海洋产业作为实现海洋经济向质量效益转变的基本载体，结构调整成效初显，转型升级势头良好。

海洋传统产业优化升级加速。海洋渔业生产技术水平和效益明显提升，部分近海渔业资源有恢复的迹象，单位养殖面积产出效益呈现增长；海洋油气勘探开发进一步向深远海拓展，海域可燃冰试采创纪录；海洋船舶工业生产实现恢复性增长，高端船舶和特种船舶的新接订单有所增加，但产业结构调整仍面临较大压力；海盐综合开发利用产业链不断拓展，具有节能环保特点的新型工艺已成为大型盐化工企业推行的主要生产工艺。

海洋新兴产业总体保持较快发展。海洋工程装备制造业产能结构性过剩形成倒逼，产业转型将迈向深水、高端化；海洋生物医药领域政策扶持和投入力度逐步加大，产业集聚程度不断提升；海水利用规模不断增大，海水淡化技术与装备能力显著提升；海洋能开发利用技术和成果整体水平迅速提升，

① 数据来源：自然资源部 .2019 年中国海洋经济统计公报［R/OL］. 2020–4.

区域布局和产业链条已现雏形。

海洋服务业多元化发展态势更趋明显。邮轮、游艇等新业态快速发展，全域旅游成为带动海洋旅游业升级的新理念、新模式；海洋文化产业已成为沿海城市发展的软实力与城市形象的重要支撑，众多海洋文化品牌受到越来越多的人关注；涉海金融服务业快速起步，创新模式层出不穷，信贷产品不断创新，金融促进海洋经济发展的态势不断拓展。

3．海洋经济效率态势较好

海洋经济效率表征海洋经济发展质量和产业进步程度，可以用海洋经济全员劳动生产率与海洋经济密度反映。

涉海就业稳定增长。2018 年，全国涉海就业人员 3 684 万人，比上年增加 27 万人。[①] 随着我国海洋经济蓬勃发展，涉海就业人数保持稳定增长。相比 2001 年，净增就业 1 549.4 万人，增幅达 73%。

海洋经济全员劳动生产率逐年增加。近十余年来，海洋经济全员劳动生产率发生显著变化，每万人产出规模从 2006 年的 7.29 亿元直线上升至 2018 年的 22.64 亿元，增幅高达 210.56%。我国海洋经济全员劳动生产率的大幅提升主要源于海洋科技进步、涉海从业人员素质提高和海洋制造产业自动化水平的提升。随着技术密集型、资本密集型海洋产业的高速发展，海洋经济产出效率还将有持续上升的空间。

海洋经济密度显著提高。2001 年我国单位岸线海洋经济密度为 0.53 亿元 / 千米，十余年来该指标逐年提升，至 2019 年达到 4.97 亿元 / 千米，提高了 8.4 倍。

---

① 因 2019 年全国涉海就业人员数据未公布，本书采用 2018 年数据。

（三）我国陆海统筹取得的成效

1．加快建设海洋强国成为国家战略的重要组成

21 世纪的海洋已成为经济全球化、区域经济一体化的联系纽带，成为各国展示综合国力和国际影响力的新舞台。从战略高度关注海洋，综合规划海洋事业的发展，已是当今各沿海国家的共识。世界许多沿海国家不断调整和制定其海洋战略和政策，以服务于国家战略目标。中国是陆海兼备的发展中人口大国，在海洋上拥有广泛的战略利益，理应分享人类共同的海洋财富。我国经济已成为高度依赖海洋的开放型经济，国家发展对海洋资源、空间的依赖程度大幅提高。中国的安全与发展需要走向海洋，拥有强大的海洋综合实力才能为国家经济和社会发展提供必要的保障。经过多年的努力，中国海洋事业取得了令人瞩目的成就。在 2013 年中共中央政治局第八次集体学习时，习近平总书记强调，中国坚持走依海富国、以海强国，人海和谐、合作共赢的发展道路，通过和平、发展、合作、共赢方式，实现建设海洋强国的目标。党的十九大报告更是明确提出“坚持陆海统筹，加快建设海洋强国”的战略部署。这是党的政治决策，更意味着“加快建设海洋强国”已成为国家大战略的重要组成部分（王芳，2016）。

2．沿海省市区域发展上升为国家战略

2008 年以来，国家连续公布《珠江三角洲地区改革发展规划纲要（2008—2020 年）》《江苏沿海地区发展规划》等沿海区域经济发展规划，并积极推进山东、浙江、广东、福建海洋经济试点建设，掀起了新一轮沿海区域经济发展高潮。党的十八大以来，京津冀协同发展、21 世纪海上丝绸之路、

《中共中央 国务院关于支持海南全面深化改革开放的指导意见》等战略的实质推进，更是进一步从区域空间上推动海洋经济，以强大的扩张力，由浅水近海向深水远海、陆海双向及社会、经济、文化三维坐标扩展突破。总的来看，以人口趋海移动和沿海经济发展引发的以海洋资源开发和海洋产业发展为特征的“新东部”正在崛起，并已成为中国经济版图新的增长极。

3. 陆海统筹成为国民经济高质量发展的重要途径

《中华人民共和国国民经济和社会发展第十二个五年规划纲要》明确提出：“坚持陆海统筹，制定和实施海洋发展战略，提高海洋开发、控制、综合管理能力。”实施陆海统筹首次作为党和国家提出的一个重要发展原则，标志着我国陆海可持续发展进入一个新的历史阶段。《全国海洋主体功能区规划》（国发〔2015〕42 号）明确指出，统筹海洋空间格局与陆域发展布局，统筹沿海地区经济社会发展与海洋空间开发利用，统筹陆源污染防治与海洋生态环境保护和修复。随着我国资源环境瓶颈制约日益加剧、经济运行中不平衡不充分的问题更加突出、周边海洋安全和利益形势日渐复杂多变，陆地和海洋统筹发展的需求愈发迫切。2018 年 3 月，国务院机构改革方案决定组建自然资源部，从体制和管理层面为实现陆海统筹奠定了基础。

4. 陆海统筹地方实践的政策文件相继出台

在海洋事业全面发展的大背景下，我国沿海 11 省市均因地制宜积极开展陆海统筹实践，内容涵盖经济统筹（产业体系、空间布局、基础设施建设等）、资源统筹、生态环境统筹、科技创新统筹、体制机制统筹等。结合陆海统筹的内涵，沿海省市实施陆海统筹最为直接的体现是强化规划引领，提升海岸带综合管理水平。早在 20 世纪 90 年代，部分沿海省市就率先出台了海岸带相关管理规定或指导意见。例如，江苏 1991 年率先通过《江苏省海岸带管理条例》，并于1999年进行修订；青岛市于1995年通过《青岛市海岸带规划管理规定》，并于1999年进行修改。

进入21世纪以来，随着以生态系统为基础的海洋综合管理理念逐步推广，沿海省市海岸带综合管理方面的规划及相关政策文件相继出台。例如，威海市在2010年通过了《威海市人民政府关于加强岸带管理与保护意见》。2013年5月，《辽宁海岸带保护和利用规划》出台，该规划是我国首个海岸带保护和利用规划，是指导辽宁海岸带资源开发、生态保护、港口建设、产业发展、城镇布局的纲领性文件，是辽宁省各部门和海岸带各地区编制相关规划、进行项目布局、建设美丽家园的重要依据。

2015年11月，青岛市发展改革委等部门印发《青岛市海域和海岸带保护利用规划》，提出坚持陆海统筹、生态优先原则，对近岸陆域、岸线、海域在时间和空间上进行统筹布局。2016年8月，福建省发展改革委、海洋渔业厅印发实施《福建省海岸带保护与利用规划（2016—2020年）》，围绕统筹海陆资源配置、优化海岸带空间开发格局，为"十三五"时期福建省海岸带保护与开发利用提供了重要依据。

2016年8月海南省政府印发《海南经济特区海岸带保护与开发管理实施细则》。2017年12月，广东省政府和国家海洋局联合印发《广东省海岸带综合保护与利用总体规划》。该规划坚持陆海统筹、以海定陆的理念，按照"多规合一"的思路，实现用"一张图"管控海岸带，提出了构建"一线管控、两域对接，三生协调、生态优先，多规融合、湾区发展"的海岸带功能管控总体格局。2019年6月，广东省自然资源厅印发《关于推进广东省海岸带保护与利用综合示范区建设的指导意见》，明确提出到2020年在汕头华侨试验区、东莞滨海湾新区、湛江海东新区建成第一批3个海岸带保护与利用综合示范区，并启动潮州、揭阳、深圳、中山、茂名等第二批5个海岸带保护与利用综合示范区建设等。

5. 海洋资源利用水平明显提升

在海洋生物资源开发利用方面，我国海洋生物医药研发和新型生物制品研制取得进步，海洋生物资源利用领域从食品扩展到医药、工农业制品等领域。在海洋矿产资源开发利用方面，我国海域油气资源勘探开发步伐加快，海外油气勘探开发取得重大突破，海洋油气为保障国家能源安全、支持经济建设做出重要贡献。积极开展天然气水合物调查工作，为未来开发利用新型资源做好准备。我国在“区域”内多金属结核、富钴结壳、多金属硫化物的专属勘探区积极履行合同，但尚未进入商业开采阶段。在海洋可再生能源利用方面，潮汐能利用技术基本成熟，达到国际先进水平；潮流能、波浪能等均处于试验示范阶段；温差能、盐差能处于基础性试验研究阶段；海上风能发电已进入商业化运行阶段。在海水资源综合利用方面，海水淡化、海水直流冷却、海水循环冷却、海水化学资源利用规模不断增长，应用地区和领域不断拓展。在海洋空间资源利用方面，大陆自然岸线保有率较低，海岸动态平衡遭到破坏；港口岸线资源利用率不高，航运市场持续低迷。

6. 涉海基础设施取得突破性进展

港口和沿海道路等重大交通基础设施建设步伐加快。近年来，厦门远海全自动化码头、上海港洋山港区四期全自动码头、青岛港全自动化集装箱码头等相继建成，其中洋山港区四期全自动码头是全球规模最大、设备最先进的码头，且拥有自主知识产权。我国港口技术走在了世界前列，吞吐能力显著提升。宁波舟山港 45 万吨级原油码头、广州港南沙港区集装箱三期等一批重点工程陆续建成投入使用，我国沿海形成环渤海、长三角、东南沿海、珠三角和西南沿海 5 个现代化港口群，基本建成了包括集装箱、煤炭、石油、铁矿石、粮食、商品汽车、陆岛滚装和旅客运输等在内的综合性、立体式运输系统。全球货物和集装箱吞吐量前十的港口中，我国占据 7 席。2019 年末，全国沿海港口万吨级及以上泊位 2 076 个，增加 69 个。青岛海湾大桥、杭州湾跨海大桥、舟山跨海大桥、平潭海峡大桥、港珠澳大桥、青岛胶州湾海底隧道、崇明长江隧道等一批跨海桥梁和海底隧道相继建成，为陆海经济统筹奠定了坚实基础。

（四）我国陆海统筹面临的现实问题

当前，国民经济发展进入高质量发展的新阶段。我国在陆海统筹的规划与实践方面既存在历史遗留的“老问题”，也有新形势下涌现的“新问题”，突出表现在陆海衔接不紧密，海洋事业发展不平衡、不协调、不可持续等。

1．陆海空间规划衔接不紧密

海陆交汇区域的空间性规划存在严重的职能和权限交叉、彼此冲突的情况，直接造成粗放式开发与高强度开发并存，低产值的用海用地活动大量占用近岸地区。部分沿海地区脱离实际需求盲目填海，填而未用、长期空置，个别项目违规改变围填海用途，用于房地产开发，浪费海洋资源，损害生态环境。目前，我国有超过 30% 的原生砂质海岸遭到破坏，超过 60% 的沿岸沙坝、海岸潟湖等地貌景观被损毁。

2．海洋资源开发布局亟待深度优化

现阶段，我国海洋整体开发程度比较低，重近岸开发、轻深远海利用，重资源开发利用、轻海洋生态效益的矛盾比较严重。港口、岸线等近岸资源

过度开发，海洋经济发展布局重化工化趋势明显。但是，沿海 10 ~ 30m 等深线以内的浅海和滩涂面积目前的利用率不足 10%，而 20 ~ 30m 等深线以内的空间资源开发利用则更少。

3．近海海域污染类型多、分布广、影响大

近海受到陆源污染范围不断扩大，氮、磷、COD 及重金属污染明显，赤潮、绿潮等海洋灾害事件频发。根据陆源入海污染源排查初步结果，全国 9 600 个陆源入海污染源中，入海河流 740 余条，入海排污口 7 500 余个，排涝泄洪口 1 350 余个。“十二五”期间劣四类海水水质面积平均为 4.74 万平方公里，较“十一五”时期增加了 47%。

4．海洋科技支撑能力严重不足

我国海洋科技自主创新和成果转化能力明显低于发达国家水平，海洋资源开发的关键核心技术仍受制于人，海洋科技成果转化效率不高。例如，在高端船舶和海工制造业领域，企业多以集成制造为主，大量核心技术和关键配件不具备自主研发和生产能力，依赖进口多。此外，深水、绿色、安全等领域的海洋高新技术与国际先进水平也相差较大。

5．海洋生态文明建设体制机制尚不完善

涉海部门间、地区间沟通协调的体制机制尚未完善，海洋资源尚未建立产权归属清晰、权责明确、监管有效的自然资源资产产权制度，长期以来未对海洋资源进行有效的资产化管理，海域资源有偿使用价格形成机制不合理等问题突出。

三、优化陆海统筹空间格局

（一）总体思路

现代化经济体系是由社会经济活动各个环节、各个层面、各个领域的相互关系和内在联系构成的一个有机整体，其建设既立足于推动国内经济高质量发展，高效落实区域协调发展战略，也着眼于经济全球化和区域经济一体化，要求建立高水平开放型经济体系。对照现代化经济体系的内涵与范畴，我国陆海统筹空间格局优化要求在促进陆域国土纵深开发的同时，充分发挥海洋国土作为经济空间、战略通道、资源基地、安全屏障的重要作用，总体思路可以归纳如下：

以共同建设从北到南的大“S”形沿海经济带为依托，以发展海洋经济和推进沿海地区高质量开发开放为重点，以构建起陆海相互衔接、双向开放、有力支撑海洋强国建设的综合格局为目的，从宏观、中观、微观三个维度做到“三个推动”：推动东部沿海地区率先和全面参与国际分工和“一带一路”建设，主动融入经济全球化；推动东部沿海地区率先优化发展与西部大开发、东北老工业基地振兴、中部地区崛起等区域发展战略相融合，扩大内陆地区分享海洋经济发展效益的范围，形成优势互补、分工协作、均衡协调的国土空间开发新格局；推动海岸带资源综合保护与开发利用，加强在产业布局、资源开发、环境保护和防灾减灾等方面的协同共治，建立人与自然和谐共处的现代化海岸带发展新格局。

（二）重点任务

1. 以“一带一路”为重点，打造蓝色经济走廊

随着经济全球化和区域经济一体化的进一步发展，以海洋为载体和纽带的市场、技术、信息等合作日益紧密。根据“一带一路”建设的重点方向，即丝绸之路经济带重点畅通中国经中亚、俄罗斯至欧洲（波罗的海），中国经中亚、西亚至波斯湾、地中海，中国至东南亚、南亚、印度洋通道。21 世纪海上丝绸之路重点方向是从中国沿海港口过南海到印度洋，延伸至欧洲；从中国沿海港口过南海到南太平洋。[①] 我国陆海统筹空间格局的优化要进一步拓宽视野，以“一带一路”为重点方向和主要载体，以此串连起东盟、南亚、西亚、北非、欧洲等各大经济板块。

以大“S”形沿海经济带为主要支撑，鼓励环渤海、长三角、海峡西岸、珠三角等经济区和沿海港口城市发挥地方特色，加大开放力度，以蓝色经济为重点领域，密切与沿线国的合作，重点打造三条经济走廊：

一是连接中国—中南半岛经济走廊，经南海向西进入印度洋，衔接中巴、孟中印缅经济走廊，共同建设中国—印度洋—非洲—地中海蓝色经济通道。该通道建设的重点任务包括：鼓励渔业企业开展境外合作，出口先进养殖设施和海水养殖技术，在海外建立远洋渔业基地和水产品加工基地，联合制定海产品安全标准。鼓励企业和科研院所到国外承揽海水淡化与综合利用工程，通过合作建厂、设备出口、工程设计、技术服务等多种方式开展合作。深化与东南亚及非洲国家在矿产等资源勘查开发领域的国际合作，以石油、天然

① 国家发展改革委、外交部、商务部 . 推动共建丝绸之路经济带和 21 世纪海上丝绸之路的愿景与行动［R/OL］. 2015-3.

气、铁、镍、铬、锰、铝、铜和钾盐等矿产为重点，创新合作开发模式，实现共赢发展。

二是经南海向南进入太平洋，共建中国—大洋洲—南太平洋蓝色经济通道。该通道建设的重点任务包括：鼓励大型船舶配套企业通过对外合资、合作、租赁等手段，依托国外供应商的成熟网络提升营销服务能力。鼓励船舶企业、科研院所与国外相关机构开展联合设计和技术交流，建立产业技术创新联盟。重点围绕海水养殖业、海水利用业、海洋化工业和海洋盐业等领域，探索构筑沿海地区循环产业体系，积极推广循环经济等海洋产业发展新模式。

三是积极推动共建经北冰洋连接欧洲的蓝色经济通道。该通道建设的重点任务包括：鼓励我国企业积极承建海外风电项目，开展潮流能、波浪能等领域的科研技术合作与交流。支持国内企业并购或参股国外高端装备制造企业和研发机构，支持国内企业培育国际化品牌，开展国际化经营，多层次参与国际合作。研究制定海洋工程装备制造标准体系。大力推动我国现代中药出口，联合开展海洋药源生物筛选和育种工作，建立海洋药物资源库。

2. 以海洋经济圈为重点，构建“一带九区多点”海洋开发格局

以海岸带为主要载体，调整优化以辽东半岛海域、渤海湾海域、山东半岛海域、苏北海域、长江口及其两翼海域、海峡西部海域、珠江口及其两翼海域、北部湾海域、海南岛海域等九区组成的近岸海域空间布局，保障国家沿海发展战略所确定的重点城市、重点产业和重大基础设施建设的有效实施，形成我国“一带九区多点”海洋开发战略格局。

（1）北部海洋经济圈

北部海洋经济圈由辽东半岛、渤海湾和山东半岛沿岸及海域组成。2019年，北部海洋经济圈海洋生产总值26 360亿元，占全国海洋生产总值的比重为29.5%。结合产业布局来看，该区域汇集了较多的交通、能源、石化、钢

铁等产业项目，海洋经济发展以投资和海域资源投入驱动为主。按照国民经济高质量发展和生态文明建设的新要求，北部海洋经济圈各省市应积极探索经济发展与资源环境承载力、海洋经济增长与人们对美丽海洋需求相统一的发展道路。

重点服务支撑京津冀协同发展等重大战略实施推进，充分发挥海洋经济发展基础雄厚、海洋科研教育优势突出等特点，着力优化港口资源配置与整合，完善集疏运体系，将其打造成为我国北方地区对外开放的重要平台，我国参与经济全球化的重要区域，具有全球影响力的先进制造业基地和现代服务业基地、全国科技创新与技术研发基地。

（2）东部海洋经济圈

东部海洋经济圈由江苏、上海、浙江沿岸及海域组成。该区域岛屿众多，滩涂广袤，在远洋渔业、海洋交通运输业、海洋船舶工业和海洋工程装备制造业方面处于领先地位，是中国主要的海洋工程装备及配套产品研发与制造基地、大宗商品储运基地。综合来看，东部海洋经济区内各省海洋经济发展水平相对均衡。2019 年，东部海洋经济圈海洋生产总值 26 570 亿元，占全国海洋生产总值的比重为 29.7%。

立足未来，要充分发挥共建“一带一路”倡议与长江经济带发展战略交汇区域、港口航运体系完善、海洋经济外向型程度高等优势，将其打造成为我国参与经济全球化的重要区域、亚太地区重要的国际门户以及具有全球影响力的先进制造业基地和现代服务业基地。

（3）南部海洋经济圈

南部海洋经济圈由福建、珠江口及其两翼、北部湾、海南岛沿岸及海域组成。该区域海洋养殖与捕捞、海洋装备制造、海洋工程建筑业、滨海旅游业较为发达。区域内各省海洋经济发展各具特色，差异显著。广东省海洋经济综合实力强，产业规模一直处于全国首位；福建省海洋产业门类齐全，海洋生物医药等战略性新兴产业增长速度较快；海南、广西的海洋生物资源和景观资源丰富，交通运输业方兴未艾，未来发展潜力巨大。2019 年，南部海洋经济圈海洋生产总值 36 486 亿元，占全国海洋生产总值的比重为 40.8%。

立足未来，要充分发挥该区域海域辽阔、资源丰富、战略地位突出的优势，将其打造成为我国对外开放和参与经济全球化的重要区域，具有全球影响力的先进制造业基地和现代服务业基地，我国保护开发南海资源、维护国家海洋权益的重要基地。

3．打造“一线管控、两域对接、三极优化、多点联动”的海岸带空间总体格局

海岸带是我国人口和经济活动的重心地带，也是一个自然资源丰富、人口众多、环境问题复杂且动态变化的陆海交汇典型地区。优化海岸带空间格局，加强海岸带综合管理，是贯彻落实党的十九大报告关于“坚持陆海统筹，加快建设海洋强国”相关部署最为直接的抓手。着眼全国海岸带地区经济活动的可持续健康发展，围绕打造成片保护、集中开发、进度有序、疏密有致的海岸带综合利用格局，将陆域和海域作为一个整体，统筹功能分区、资源开发、环境保护、产业布局和设施建设，打造“一线管控、两域对接、三极优化、多点联动”的海岸带空间总体格局。

“一线管控”是指海岸线。海岸线是由海陆相互作用形成，是链接海陆功能的纽带。实践中，要严格保护自然岸线，整治修复受损岸线，拓展公众亲海空间，与近岸海域、沿海陆域环境管理相衔接，实现海岸线保护与利用的经济效益、社会效益、生态效益与军事效益相统一。

“两域对接”是指陆域和海域，以海岸线为轴，统筹规划岸线两侧功能和需求，使陆地主体功能区规划与海洋主体功能区规划有效衔接，整体推进海陆经济产业发展和示范，促进陆域和海域各类空间要素有机衔接。

“三极优化”是指以环渤海、长江三角洲、珠江三角洲地区为主体，发挥辐射带动作用，打造全国范围大“S”形沿海经济带三大核心增长极。

“多点联动”是指发挥环渤海、长江三角洲、珠江三角洲三大城市群以外的城市群、都市圈及沿海城市的支撑作用，以资源环境承载力为基础，不断推动产业结构优化升级，创新引领集聚发展，提高资源配置的集约水平，推动海岸带地区绿色发展。同时，突出海峡、海湾、海岛的区域特色，打造沿海蓝色产业经济带。

四、统筹陆海发展的重点任务

新形势下，要以陆促海、以海带陆，着力培育海洋发展新优势，加快补齐海洋发展的短板，加强陆海基础设施对接、促进陆海产业融合发展、推动陆海生态环境共建共保，不断培育壮大海洋经济发展新增长点，加强海洋资源环境保护，推进海洋主体功能区建设，优化陆海统筹开发的空间格局，着力维护和拓展国家海洋权益，积极参与国际和地区海洋秩序的建立和维护，推进海上务实合作，拓展我国区域协调发展的海上战略部署空间。

（一）陆海比较优势变化

随着世界上对于海洋国土争夺的激烈，以及“蓝色圈地”运动的兴起，各国逐渐意识到海洋国土的重要性，并纷纷宣誓本国海洋国土的范围与主权。我国是海洋大国，海洋资源丰富，开发潜力巨大，但长期以来，“以陆定海”的决策思维较为明显。进入 21 世纪，人类重返海洋的时代已经到来。海洋作为国土空间，无论是它的物质资源价值还是政治经济价值，都远远超出人们原有的认识。人们对海洋的需求也不再只是“兴渔盐之利，行舟楫之便”了。海洋国土与陆域国土一样是我国领土中不可分割的部分，随着海洋资源的开发与管理，研究、开发利用海洋的实践还在发展，人类对海洋价值的认识也会继续深化。

结合实际来看，东部沿海地区以近 14% 的陆域土地面积承载着全国 40% 以上的人口，创造了近 60% 的国内生产总值。随着我国沿海地区经济社会快速发展，沿海地区人口集聚程度更高。据统计，我国沿海地区人口约 6.0 亿，人口密度约 468 人 / 平方千米，远高于全国人口密度 144 人 / 平方千米。沿海地区经济发展较快，远高于全国平均水平，但存在地区不平衡问题。2020 年，沿海地区全国百强县中沿海地区约占 70%，尤以江苏、浙江和山东居多，分别为 25 个、18 个和 15 个。

海洋的大规模开发离不开陆域经济的支持，而陆域经济的进一步发展也要依托海洋资源的支撑。因此，实施海陆一体化开发，加强海陆经济联动，已成为国民经济转向高质量发展的必然方向。针对现阶段我国海洋战略地位不高、海洋发展滞后的实际，必须切实提高全社会特别是政府决策部门的海洋意识，树立全新的海洋国土观、海洋经济观、海洋安全观，注重建设海洋文明；将海洋开发作为国家国土开发的重要组成部分，在综合权衡陆地经济发展基础、发展需求和海洋国土资源状况及其开发现状的基础上，逐步将国土资源开发战略重点转移到海洋国土的开发上来，促进海洋大开发和海洋经济大发展，不断提高海洋在国家发展战略中的地位与作用。特别是随着新形势大部制改革，要加快推动国家发展战略由“以陆为主”向“倚陆向海、陆海并重”转变，实现国家区域发展战略、海洋发展战略的有效衔接和陆海之间的战略平衡，真正把我国建设成为海陆兼备的世界强国。

（二）统筹陆海经济发展

充分发挥我国陆海兼备的优势，把陆地和海洋作为整体考虑，根据国民经济高质量发展要求和国际海洋开发形势变化，协调陆地资源高效利用和海洋资源开发的关系，以陆地资源开发技术和产业为依托，促进海洋资源有序开发、有效利用，加快陆海双向“走出去”步伐，培育壮大海洋产业，逐步形成以陆促海、以海带陆、良性互动的经济发展格局。

1．统筹陆海资源高效开发利用

围绕统筹陆海资源开发，实现陆海优势互补的目标，充分结合海洋经济领域供给侧结构性改革，大力提高海洋生物资源、矿产资源、海水资源、海洋可再生能源等主要海洋资源可持续开发利用的能力。

一是按照整体、协调、优化和循环的思路，促进海域资源的合理开发与可持续利用。以生态友好、环境友好的方式开发使用海域，最大限度降低对海洋生态环境的影响。积极鼓励生态用海活动与海洋生态修复、建设的有机结合。综合评价海域开发利用的适宜性和海洋资源环境承载能力，建立海岸带、近海及远海资源合理开发的整体性、长远性、战略性新布局。推进海洋空间开发布局的优化，全面促进海洋资源节约集约开发。

二是落实海洋主体功能区制度，根据不同海域的资源环境承载力、开发强度和发展潜力，科学谋划海洋空间利用和海岸带经济布局，完善开发政策，规范开发秩序，形成资源、环境、经济社会协调发展的海洋主体功能区格局。严格按照主体功能区的定位推动发展，建立海洋生态保护区网络制度。建立海洋、海岸带资源环境承载力监测预警机制，对海洋资源环境承载力下降或超载区域，实行限制性政策和措施。对主体功能为生态服务的沿海限制开发区，实行财政转移支付制度，可以考虑逐步取消地区生产总值考核。

三是建立健全海洋空间和资源规划体系，实行功能管制和规模控制双管齐下，促进近岸、近海有序利用，拓展深远海资源有效开发。合理控制各类建设用海规模，保证生活空间和生态空间用海。严格保护自然岸线，延长人工岸线，保留公共通道，打造亲水岸线。改变传统的分散用海方式、粗放用海方式，实行集中适度规模开发，提高单位岸线和用海面积的投资强度，实现海域资源的合理配置。积极加强深远海能源和矿产资源地质勘查，加快海洋油气资源勘探开发步伐，加大对远洋捕捞业的政策支持力度，提高外海捕捞作业水平，支持发展深海养殖业，改变落后的掠夺式生产方式。

2. 加快陆海双向“走出去”步伐

全面开放是我国当前奉行的基本国策，而加快“走出去”步伐是其中的主要方向，是拓展国家发展战略空间的必然选择。经过多年的发展，我国内陆边疆的沿边开放已经取得了比较大的进展，特别是以国际次区域合作为主要形式的国际合作步伐的加快，对于扩大国家资源保障来源、促进陆路国际战略通道建设、稳定边疆、带动内陆广大区域发展等已经发挥了重要作用。今后要重点围绕共建“一带一路”倡议，在进一步加快沿边开放、促进国家发展陆上战略空间拓展的同时，继续发挥沿海开放在国家对外开放中的主导作用，深化海洋产业“走出去”发展战略。

第一，合理实施海外并购战略。对于我国短期内自主创新无法获得重大突破且在国际上处于“跟跑”的领域，可以通过海外并购的方式获得技术升级，寻求本国企业缺乏的关键技术与装备制造能力。当前和今后一段时期，海洋经济领域海外并购的重点是海洋油气、海洋生物医药、海水淡化等产业链的“短板”。要以市场为导向，加强与美国、挪威、法国、澳大利亚、日本、韩国、新加坡等国家涉海企业的合作，提高全球海洋产业价值链分工中的地位和作用，形成新的业务模块。

第二，支持涉海企业“抱团出海”。各种类型的境外经贸合作区已成为推进共建“一带一路”和国际产能合作的重要载体。合作区不仅使我国优势产业在海外形成集聚效应，也降低了中国企业“走出去”的风险与制度性交易成本（沈铭辉、张中元，2016）。为此，有必要将更多的涉海元素注入境外经贸合作园区中，在国际海洋产业价值链分工体系中占据更加主动的地位。积极扶持涉海企业参与建设境外产业园区，鼓励涉海龙头企业吸引上下游产业链转移和关联产业协同布局，特别是尝试运用 PPP 模式在 21 世纪海上丝绸之路沿线国家投资、建设和运营自贸区，将海外园区打造成海洋领域优势装备和优质产能的重要输出平台。

3．构建现代海洋产业体系

实现海洋产业提质增效、构建现代海洋产业体系的关键在于能否实现增长动力的“去旧换新”，即实现增长动力的转化。新形势下，要继续加速海洋渔业、海洋船舶工业、海洋盐业等海洋传统产业优化升级，稳步化解部分产业产能周期性过剩问题；培育海洋生物医药、海水淡化、海洋可再生能源等海洋战略性新兴产业尽快发展成为海洋主导产业、支柱产业，有效破解部分产业发展存在的政策性、体制性障碍；大力发展海洋领域生产性服务业和生活性服务业，促进海洋服务业通过模式创新向产业链高端延伸，不断增强拉动就业和支撑经济增长的能力，构建起结构合理、开放兼容、自主可控、具有国际竞争力的现代海洋产业体系。此外，加快推动现有涉海国家级园区的整合提升，完善园区管理的制度体系，优化园区布局，培育若干具有世界影响力、竞争力、特色鲜明的海洋产业集群。

（三）陆海生态文明建设

树立“绿水青山就是金山银山”的强烈意识，充分考虑陆地、流域、沿海地区发展对海洋生态系统的影响，借鉴国际先进经验，实施流域环境和近岸海域污染综合治理，以近岸海域水质考核、总量控制等制度建设为手段，明确地方政府对管理海域海洋生态环境负总责的法定责任，注重强化环境质量要求、质量考核、质量追责，加强陆海统筹、河海统筹、中央与地方统筹，突出联防联控，构建陆海统筹、河海兼治的污染防治机制，大幅提升生态文明建设水平。

1．扎实推进总量控制制度

以近岸海域和流域环境质量改善为核心，以地方政府为实施主体，抓住重点区域和典型区域，尽快完善污染物总量制度和相应的技术规范，在全国更大的范围推广应用。地方政府要积极协调涉海相关部门，确定目标、工作方案和任务分工，实现近岸海域污染控制与陆域污染防治的衔接一致，确保总量控制制度的落地实施。

2．加强入海河流和排污口监管

要适应大部制改革的新形势，坚持陆海一体、河海一体的原则，建立并完善从山顶到海洋的生态环境监管体系。强化入海河流监管，加强重点流域、海域污染防治目标衔接，通过建设海洋环境实时在线监控等措施，加强入海河流断面监测监管。对于新增排污口要严格审查，特别是对于在海洋自然保护区、重要渔业水域、海滨风景名胜区和其他需要特别保护的区域新设排污口的要更加严格审查。

3．推动海洋产业绿色发展

坚持绿色发展的理念，以低碳、集约、高效的高新技术成果转化为重要手段，提升各类海洋开发活动的资源利用水平。同时，充分衔接全国国土规划纲要、全国国土空间规划、海洋主体功能区规划、海洋功能区划、行业发展规划等，优化调整各类海洋开发活动的强度和布局。例如，优化海水养殖区域布局，严格控制海水养殖污染，推广多层级综合养殖、工厂化循环水等生态化养殖方式。再如，在船舶设计中更多体现节能减排理念，积极研制新一代节能环保型船舶，同时鼓励多式联运等快速高效运输技术的推广普及。

（四）陆海基础设施互联互通

陆海双向的基础设施建设充分展示我国新的比较优势。结合实际来看，我国在铁路、公路、港口、人机交互、万物互联等传统、新兴基础设施各个领域，在设计、建造、运行、管理、资金、技术、人才、培训等各个环节，特别是效率和性价比方面具有较为明显的优势。值得注意的是，我国桥梁、隧道等工程的规模、投资等均居世界前列。无论是跨海桥梁、海底隧道，还是桥隧结合，我国均已具备工程的研究、设计、规划和建设能力。但是，陆海基础设施建设特别是“一带一路”沿线国家的设施联通是一个立体、复杂、多元化的综合基础设施网络，涉及领土主权、法律规范、技术标准、环境评估，更涉及政府、企业和个人，以及项目的设计、融资、施工、运营管理等众多方面。立足未来，围绕建设现代化经济体系的核心目标，要进一步夯实陆海基础设施建设水平，提高互联互通合作水平，加快生产要素流动与区域经济融合，促进和支撑沿海地区经济发展。

1. 优化提升航运港口建设

针对我国港口服务功能单一、港口结构性过剩、港口间无序竞争和资源分散等现实问题，要进一步整合国内沿海港口资源，在规划、运营、体制改革、服务、绿色、安全、创新等方面提升港口转型升级水平。例如，加快电子口岸建设和普及范围，在主要港口建立港航电子数据交换中心，为通关一体化服务创造条件；优化港口和航线布局，特别是推进深水航道和集疏运体系建设，大力发展铁水联运和江海联运。继续推进环渤海、长三角、珠三角、东南沿海、西南沿海等区域港口群建设，构筑起21世纪海上丝绸之路经济带枢纽和对外开放门户，拓展开发国际航线和出海通道，对接全球互联互通大格局。

与此同时，积极推进海外航运港口支点建设。海外港口项目是推进共建“一带一路”倡议的重要载体之一。要加强国际港口间合作，支持大型港航企业实施国际化发展战略，结合市场需求，通过收购、参股、租赁等方式，参与海外港口管理、航道维护、海上救助，为远洋渔业、远洋运输、海外资源开发等提供商业服务。

2．高质量推动陆海通道建设

一是加强工程项目的前期调查、研究和设计。与陆域工程相比，大型跨海工程涉及多学科、多领域，其研究、论证、建设和运营也往往涉及多部门、多区域，时间和空间跨度均难以想象。因此，需要加强调查研究，严格按照《国务院关于加强滨海湿地保护 严格管控围填海的通知》（国发〔2018〕24号）及《海岸线保护与利用管理办法》等新要求，全面展开工程的前期调查和研究，针对工程方案、区域经济社会发展、生态环境影响、工程项目风险等重点领域的关键技术开展研发和评价，为国家决策和工程规划建设提供更为客观的参考依据。

二是加强与“一带一路”沿线国家基础设施建设规划、技术标准体系的对接，创新合作模式，先试点再推广，共同推进蓝色经济走廊建设。鼓励更多的民营企业参与双边跨境光缆等建设，规划建设覆盖范围更广、更具国际影响力和竞争力的洲际海底光缆项目，逐步形成连接亚洲各次区域以及亚欧非之间的基础设施网络。

三是推动我国边远海岛交通体系发展，支持码头、桥梁道路等交通基础设施建设，着力解决边远海岛居民最急需、最迫切的出行和对外交流问题。

3．保障海岸公共通道与亲水空间

在海岸带地区的基础设施建设中，应充分考虑公共空间的预留，以满足公众观海、亲水等公益需求。海岸带地区的旅游休闲娱乐用海项目和城镇建设用海项目，必须预留一定宽度的公共通道和亲水岸线，禁止非公益性设施占用公共旅游资源，防止以用海项目界址等形式人为阻断公共通道、分割亲水岸线。海岸带地区的其他海洋（海岸）工程应注重海岸景观维护与建设，打造亲水岸线，在不影响海域基本功能发挥、不会对社会公众产生不利影响的前提下，应提供满足公众通过和亲水的必要空间。在有条件的沿海省、自治区、直辖市，探索建立海岸建筑后退线制度，促进海岸线两侧陆域和海域开发利用的协调，促进集约节约利用海岸带资源。

五、陆海统筹发展对策建议

（一）建立陆海一体的国土空间规划体系

准确把握陆域和海域空间治理的整体性和独特性，开展陆海全覆盖的资源环境承载能力基础评价和国土空间开发适宜性评价，保障陆海全覆盖的主体功能区战略格局精准落地。编制国家级海岸带保护和利用规划，以“三区三线”为重点，促进陆域和海域各类空间要素有机衔接，强化空间用途管制，整合形成陆海协调一致、功能清晰的空间管控分区。推进海岸带保护管理立法工作，探索建立海岸带地区协调发展新模式和综合管理新机制，建立健全

海岸带管理的体制机制，明确基于生态系统的海岸带综合管理的相关制度和措施。

（二）构建陆海资源开发保护的综合协调机制

建议自然资源部、生态环境部、住房和城乡建设部、应急管理部等建立联席会议机制。打破区域、流域和陆海界限，打破行业和生态系统要素界限，对国土空间规划实施及自然资源开发利用进行统一监管。严格按照陆海全覆盖的主体功能定位，控制各部门资源开发利用强度，促进人口规模、产业结构、增长速度与资源环境承载力和环境容量相适应。选取典型沿海省市，开展陆海全覆盖的自然资源资产负债表试点工作，努力摸清自然资源资产的家底及其变动情况，为推进生态文明建设、有效保护和永续利用自然资源提供信息基础、监测预警和决策支持。

（三）深入实施科技兴海战略

紧紧把握全球新一轮科技革命和产业变革重大机遇，在深海科学前沿、海洋空间规划利用技术、海域天然气水合物勘查开发等领域集中力量突破一批重大关键技术并加快转化，引领全面节约和高效利用海洋资源，提升我国海洋资源开发的核心竞争力、空间拓展力和利用效率。因地制宜地高质量推进陆海联动工程。陆海联动工程是海陆两大系统实现综合开发的纽带，主要包括海洋空间开发利用工程，海洋资源开发利用与保护工程，海上交通运输工程，海洋防灾减灾工程。加强科技兴海公共平台能力建设，优化科技兴海平台区域布局。继续推进国家海洋高技术产业基地、全国科技兴海产业示范基地、全国海洋经济发展示范区、海洋科技企业孵化器等载体和平台建设，发挥其创新要素向区域特色产业聚集的优势，开发具有自主知识产权的产品，培育我国海洋知名品牌，培育新的产业增长点，增强辐射带动能力。

（四）实施海洋资源开发“走出去”战略

海洋资源的开发不仅需要着眼于国家管辖内海域资源，更要从国家管辖外海域找出路，进一步实施“走出去”战略，以管辖内海洋资源的可持续利用推动国家管辖外海域资源的开发，合理开发我国海洋资源，合法利用全球海洋资源。建议在21世纪海上丝绸之路倡议的指导下，做好海洋资源开发“走出去”顶层设计及路线图规划，尽早实现并优化我国海洋利益的全球布局。对内加快海洋科技创新，推动传统海洋产业绿色转型，通过产能置换、改造升级等方式主动压减和转移过剩产能，积极谋求发展的新动能，培育壮大海洋战略性新兴产业，推动海洋经济高质量发展；对外借助国际协定谈判，在相关规则的制定中，做好参与国际协定磋商谈判的各项准备，在积极履行《联合国海洋法公约》的同时，充分展示我国负责任大国的形象和能力；同时，使谈判走向基本满足我国的战略利益需求，进一步拓展和确保我国的合法利益。

（五）加强对跨国涉海企业的培育

重点在海洋战略性新兴产业领域，如海洋工程装备制造、海水利用、海洋生物医药等，尽快选择一批具有一定规模，发展基础较好，有从事对外海洋领域投资开发经验和基础的跨国涉海企业特别是民营企业给予重点支持，从而带动更多内陆企业“由陆转海”的积极性，打造一批能够在国际海洋产业链条和国际海洋产品市场上灵活运营、长期发展的实力派跨国涉海企业。

利用我国具有充足外汇储备的优势，为跨国涉海企业的对外直接投资给予积极的财政支持。例如，对海洋石油企业采取税收豁免、税收抵免、税收饶让等措施，避免国际双重征税；建立延期纳税制度、赋税亏损退回与赋税亏损结转制度，促进海洋石油企业利用对外投资的利润进行再投资等。

参考文献

［1］曹忠祥，高国力，等 . 我国陆海统筹发展研究［M］. 北京：经济科学出版社，2015.

［2］王芳 . 中国海洋强国的理论与实践［J］. 中国工程科学，2016，18（2）：55-60.

［3］沈铭辉，张中元 . 中国境外经贸合作区："一带一路"上的产能合作平台［J］. 新视野，2016（3）：110-115.

第七章
城乡区域协调发展评价

内容提要： 基于对改革开放以来我国区域发展阶段历程的总体回顾，研究梳理新时期我国区域协调发展的内涵及政策含义，探索构建包含经济发展、公共服务、基础设施、民生改善、科技创新、生态环保等 6 个一级指标、增长速度等 11 个二级指标、人均受教育年限等 12 个三级指标的区域协调发展指标体系，并从时间序列对我国区域协调发展程度进行评价，进一步提出建立区域协调发展指数发布制度和促进区域协调发展的具体对策建议。

改革开放以来，我国取得了举世瞩目的成就，但各地区的发展水平仍然很不平衡，东、中、西部在资源禀赋、经济社会发展、人民生活等方面差异较大。党的十九大提出中国特色社会主义新时代下的“主要矛盾已经转化为人民日益增长的美好生活需要和不平衡不充分的发展之间的矛盾”，并提出实施区域协调发展战略。区域协调发展已成为全面建设社会主义现代化国家的重要抓手，成为建设现代化经济体系的重要内容，区域政策成为国家宏观调控的重要手段，对于我国增强区域发展协调性、推动现代化经济体系建设、实现“两个一百年”奋斗目标具有重大战略意义。为了更好地了解城乡区域的发展形势，有针对性地解决城乡、区域不平衡矛盾，需要准确地衡量当今各省级区域在经济社会发展各方面的发展水平。

一、城乡区域协调发展指标体系的构建

区域协调评价一直是学术界的热点和难点。长期以来，由于学者对区域协调发展的内涵缺乏统一的认识，对区域协调发展究竟应该包含哪些目标和内容存在争议，由此也导致了区域协调发展评价的具体对象的差异和分歧。总体来看，学者对区域协调发展的评价可划分为两大类，第一类是强调经济差距的缩小，并通过计算区域经济差距的各类系数来评价协调程度；第二类是统筹考虑经济、社会、生态等多方面情况，通过建立指标体系，形成区域协调发展指数，来评价协调程度。

（一）城乡区域协调发展评价的主要方法综述

1. 计算区域经济差距的各类系数来评价协调程度

部分学者认为，区域协调发展的根本标准是区域经济差距的缩小，在其他条件一定的情况下，区域经济发展差距越小，区域经济发展的协调程度就越高，因此大量学者通过对反映经济差距的指标进行测算来评价区域协调程度。例如，通过计算人均 GDP 或人均收入指标的加权变异系数、泰尔指数、基尼系数来测度和描述区域经济差异，并以系数的大小和变化评价区域协调程度。对于具体选取何种数据指标来度量区域经济差异，学术界并没有统一的标准。研究者根据自己的研究需要和数据可获性选择不同的指标，例如人均 GDP、人均收入、人均消费等。早期考察地区经济差异的指标多为人均 GNP，1993 年我国国民经济核算体系进行重大调整之后，人均 GDP 成为大多数文献经常使用的指标，在考虑地区间居民收入、生活水平差距的文献中，学者多采用人均收入的指标。

杨开忠（1994）以省域为单元，选取人均 GNP 指标计算了 1952 年至 1990 年的加权变异系数，发现省区经济差异变化以 1978 年为分界点，大致呈现“U”形轨迹变动。覃成林、李二玲（1994）使用 GDP 和 GDP 年均增长率两项指标，与南北地区人均 GDP 的相对比率，再使用标准差和加权变异系数，分别测度论述改革开放以来中国南北区域之间的经济相对差异基本呈缩小趋势，其程度远小于东西之间的经济相对差异，绝对差异稍有扩大，南北区域之间的经济总体水平经历了由南弱北强到南强北弱的变化过程。罗守贵、高汝熹（2005）认为多数研究采用的是人均 GDP 数据，但该指标并不能反映政府通过财政、税收及补贴等再分配方式带来的实际可支配收入变化，所以据此得出的区域差距结论并不十分准确。正是由于采用数据和研究方法的差异，导致研究结果差异较大，揭示的演化趋势有些是相互矛盾的。他们采用人均 GDP、人均可支配收入，计算了 1998 年至 2003 年的基尼系数，发现系数不断上升，区域差距呈现扩大趋势。千春晖、郑若谷（2010）借鉴泰尔熵的原理，构造了一个泰尔指数，用以分析中国改革开放以来的地区经济差距问题。研究发现中国地区经济差距已演变为倒“N”形，1990 年和 2003 年是两个拐点（见表 7–1）。

表 7–1　中国区域经济差异测度的相关研究

研究者	数据指标	时间范围	计算方法	主要结论
杨开忠（1994）	人均 GNP	1952—1990	加权变异系数	以 1978 年为分界点的“U”形轨迹
覃成林、李二玲（1994）	人均 GDP	1978—2000	加权变异系数	总体下降趋势

续表

研究者	数据指标	时间范围	计算方法	主要结论
罗守贵、高汝熹（2005）	人均 GDP、人均可支配收入	1978—2003	基尼系数	呈不断上升趋势
干春晖、郑若谷（2010）	人均 GDP	1978—2007	泰尔指数	以 1990 年和 2003 年为分界点的倒“N”形

2. 统筹考虑经济、社会、生态等多方面状况，建立指标体系来评价协调程度

另一部分学者则认为，区域协调发展是一个涉及多方面多层次的复杂问题，一个指标或少数几个指标所形成的系数不足以全面反映区域各方面的状况，区域经济发展差距也只是影响区域协调发展的一个方面。为全面分析和评价区域协调发展需要，评价指标体系至少还应该纳入对收入水平的提高、基础设施和公共服务的改善等其他方面的定量考察，并由此建立一个反映区域协调发展的指标体系。所谓指标体系则是根据测评目标和测评内容的要求构建的一组相关指标，据以搜集测评对象的有关信息资料，能够综合反映测评对象的基本面貌、素质和水平。

林毅夫、蔡昉、李周（1998）指出国际上对区域经济的差异研究出现了新的趋势，地区差距的研究不再局限于人均收入和人均产值的比较，而是包括了人均消费水平的差异，以及一些社会指标的差异。韩兆洲（2000）从经济水平与经济结构、科技进步与人口素质、社会发展与居民物质生活水平、生态环境与自然资源等四个方面精选了一系列指标，构建反映区域经济协调发展综合评价指标体系。应用层次分析法确定指标权重，采用加权算术平均法对全国各省、市、自治区指标进行综合计算排序，在此基础上进行总体目标评估和分类目标评估分析。这可以说是我国对区域经济协调发展评价进行

的较早的专门研究。蒙少东（2004）在对区域协调发展相关概念进行辨析的基础上，选定备选指标，按照德尔菲（Delphi）法构成了三层次的区域经济协调发展指标体系，计算出 2002 年我国区域经济的协调发展水平值为 50.07，处于较低的协调水平。张大为、黄姗姗、丁健民（2006）选取成都经济圈主要城市，就社会经济发展、科学文化技术、人民生活水平、环境、基础设施建设、卫生、人口就业结构等几个方面选取指标，通过专家咨询法确定指标权重，通过改进功效系数法对成都经济圈城市经济协调发展的状况进行评价，从而进行分类、比较和排序，提出了成都经济圈各主要城市加强区域经济协调发展的对策建议。曾福生、吴雄周（2011）的研究从另一个角度诠释了区域协调发展内涵与区域协调发展评价之间的契合。他从城乡视角出发，借鉴相关研究成果，选取城乡二元劳动生产率、城乡居民恩格尔系数、农村支出占预算支出的比重、城乡居民人均收入和城乡居民人均居住面积为单项评价指标，以因子分析法对湖南省 1978—2008 年的城乡协调发展水平进行测度和评价。在指标的设定形式上，作者并未选取城乡绝对量指标，而是创造性地采用了比值形式的结构性指标，即以农村值和城镇值中较大的做分母，较小的做分子。这种指标设定方式具有以下优点：一是体现了“城乡区域”在区域协调发展中的主体地位，并将“区际联系”直接反映于具体指标之中，较好地体现了区域协调发展的内涵；二是比值形式的设置方式有助于消除指标量纲的影响，保证了指标在时间上或者空间上的可比性；三是所有具体指标值均位于 0 到 1 之间，更加符合人们对于“协调”概念的认知习惯。李晶（2013）基于“惩罚”不均衡发展的思想，在人类发展指数的基础上，基于乘积法原则构建地区协调发展指数（HDIr），用以测度和反映地区差距和不协调程度。利用《中国人类发展报告》的数据，对 HDIh（混合人类发展指数）与 HDIr 进行统计对比分析，结果表明 HDIr 不但具有统计上优于 HDIh 的稳健性，而且可以更准确地透视中国人类发展的地区不平衡和不协调问题：中国的地区差距不断扩大是个不能忽视的问题；在发达地区，不但在经济、教育和健康三个方面发展程度都比较高，而且各个维度发展比较协调；在落后地区，不但在经济、教育和健康三个方面发展相对落后，而且三个维度发展的不协调程度也较高。

构建区域协调发展评价指标体系的核心步骤是指标的选择和权重的确定。指标选择上不能是无序无章的，应该遵循一定的原则，通过一定的方法筛选出能够反映区域协调发展问题的指标体系。在一定的原则下，指标体系选取用简单的线性结构难以描述各指标的内在联系，需要借助一定逻辑方法来实现。全海娟（2006）认为，现有的指标选取的方法一般有三种：目标层次分类展开法、因果法、复合法。蔡国梁，廖为鲲，涂文涛（2005）认为建立区域经济发展评价指标体系的方法有：系统分析法、频度统计法、德尔菲法。其中，德尔菲法是在初步提出评价指标的基础上，征询有关专家的意见，对指标进行调整，并赋予相应权重，是在实际研究中运用比较多的方法。

总体来看，随着区域经济发展内涵的不断丰富，仅仅依靠计算区域经济差距的单一系数越来越难以反映区域协调发展的实际情况。必须紧扣社会主要矛盾变化，以“创新、协调、绿色、开放、共享”的新发展理念为主线，统筹考虑区域经济、社会、文化、生态等多方面的内容，并据此选择适合的指标，建立指标体系，通过模型分析、专家打分等多种途径合理赋予各指标相应的权重，计算分项指数和总指数，形成区域协调发展指数来评价区域协调程度。

（二）本研究的指标体系设计

2017 年中央经济工作会议对新时代下区域协调发展的基本含义进行了明确，要实现基本公共服务均等化，基础设施通达程度比较均衡，人民生活水平大体相当。此外，城乡区域协调发展内在要求经济发展的差距控制在一个合理的区间，增长动力更加依靠创新驱动，人与自然要和谐共生。围绕上述目标，城乡区域协调发展指标体系应包含经济发展、公共服务、基础设施、民生改善、科技创新、生态环保六个方面。其中，经济发展既要关注发展水平的差距，也要关注日益加深的增长分化现象；公共服务根据服务领域主要包括教育、卫生；基础设施根据通达方式聚焦公路、铁路；民生改善重在考察城乡居民人均可支配收入；科技创新要同时关注科技投入和产出；生态环保要优先关注人民群众最关心的空气质量。据此，我们构建出包含6个一级指标、11个二级指标、12个三级指标的区域协调发展指标体系（见表7–2），基于数据可得性，评价时间段为2005年至2019年（或2018年）。需要强调的是，有别于现有的关于竞争力排名和综合发展水平排名研究采用的通过对层层指标进行加权平均后汇总排名的方法，本研究并不将重点放在加权平均和排名上，以避免权重的主观选择及层层加权平均的数据处理将重要信息遮蔽。

表7–2　城乡区域协调发展指标体系

一级指标	二级指标	三级指标
经济发展	增长速度	GDP增速
	发展水平	人均GDP
公共服务	教育	人均受教育年限
	卫生	每万人拥有卫生机构床位数
基础设施	公路	公路密度
	铁路	铁路密度
民生改善	居民收入	城镇人均收入
		农村人均收入
	城乡收入	城乡收入比
科技创新	科技投入	R & D经费支出占地区生产总值比重
	科技成果	人均三项专利受理数
生态环保	空气质量	空气质量达到及好于二级的天数占比

二、基于指标体系的我国城乡区域协调发展评价

从经济增长、收入差距、基本公共服务、基础设施、科技创新、生态环保等六方面对我国城乡区域协调发展进行评价。

（一）经济增长分化加深，低速增长省份日益增多

2013 年以来，随着我国经济发展进入新常态，依靠创新驱动的省份继续保持了较为稳定的中高速增长，经济增长在发展阶段更高的基础上表现出了更强的韧劲和惯性，而原先主要依赖投资拉动、资源驱动的资源型省份则经历了一轮较大幅度的经济下滑，省区经济增速分化明显抬头，原先较为接近的省际增长格局已经打破，不同经济增长方式带来的增速分化已成为区域经济增长的主要特征。

从四大板块来看，2008—2012 年，中西部和东北地区经济增速连续 5 年超过东部地区，显示出强劲增长势头，到 2013 年这一态势终结。2015 年以后，得益于西南地区的高速增长，支撑了西部地区的整体速度优势。2017 年以来，西部的内蒙古、甘肃等北方省区增速持续下滑，南方的重庆也退出领跑全国的第一方阵，西部地区的增速优势不断弱化。从四大板块看，2019 年，东部、中部、西部、东北地区分别增长 6.2%、7.3%、6.8%、4.6%，相比 2012 年东北地区和西部地区下滑幅度较大，东北地区连续 4 年增速低于 6%，西部地区增速自 2004 年以来首次低于中部地区（见图 7-1）。此外，板块内部的分化也日益显著。东部的北方省份与南方省份的差距在持续扩大，中部的山西与其余五省的差距可能会再度扩大，西南与西北从 2015 年开始形成的差距仍在持续。

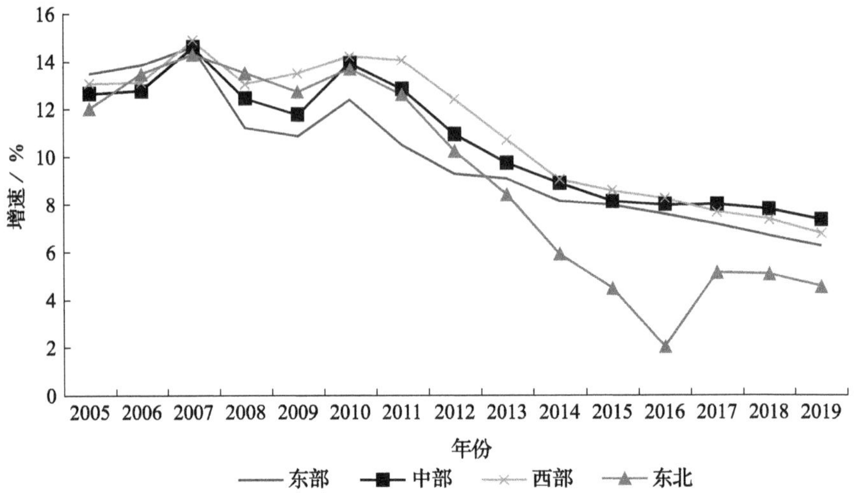

图 7–1 东部、中部、西部、东北地区 GDP 增速

从南北方[①]看，从 2013 年开始，我国南方省份的总体增长速度开始超过北方，一直持续至今并且差距不断扩大，呈现出全国经济增长“南快北慢”和经济总量占比“南升北降”的“分化”格局。我国南北增速差距连续 5 年维持在 1 个百分点以上。一方面，国内增速较高的地区主要在南方，2019 年增速最快的 10 个省份有 9 个来自南方，西南板块长期占据我国增速第一方阵。另一方面，国内陷入低速增长的地区主要在北方，2019 年增速最慢的 10 个省份 7 个来自北方，2013 年以来，黑龙江、辽宁、吉林、内蒙古、天津、甘肃等多个北方省份都经历过断崖式下滑，东北、华北的增速持续低于全国平均水平。

从经济发展水平看，经济增长分化加深已经对人均 GDP 差距造成了影响。2005 年到 2013 年，反映地区发展差距的人口加权人均 GDP 变异系数逐年缩小，但 2014 年以后系数出现上升，表明 2019 年地区发展差距已经回弹至 2013 年水平（见图 7–2）。

① 北方包括北京、天津、河北、山西、内蒙古、辽宁、吉林、黑龙江、山东、河南、陕西、甘肃、青海、宁夏、新疆 15 省（区、市），其余 16 省（区、市）为南方。

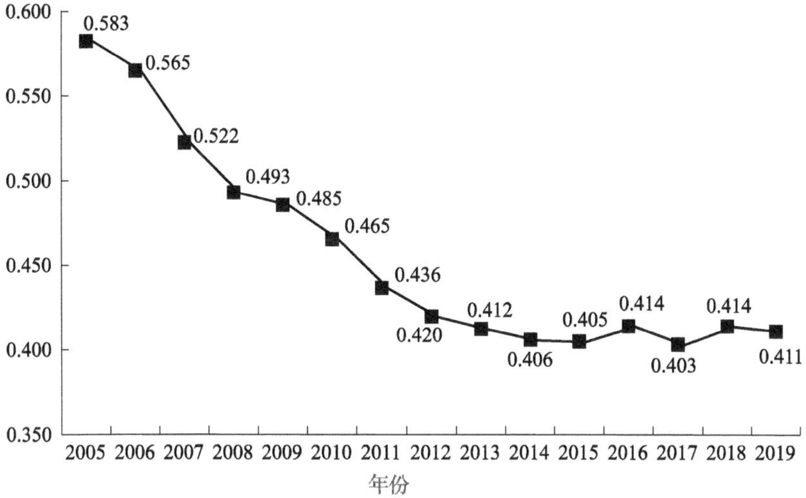

图 7-2　2005—2019 年省际人口加权人均 GDP 变异系数

（二）城乡居民收入差距持续缩小，地区收入差距出现回弹

2005 年以来，我国城乡居民收入差距呈现先扩大后缩小的倒“U”形走势。2005—2009 年，我国城乡居民收入保持较快增长，但城乡居民收入差距持续扩大，城乡收入比从 3.22 提高到 3.33。2010 年以后，随着国家加大对民生领域的投入，特别是党的十八大以来农村脱贫攻坚力度的持续加大，城乡居民收入差距不断缩小。2013 年，城乡居民收入比十年来首次低于 3，2019 年进一步降至 2.64（见图 7-3）。

在城乡收入差距不断缩小的同时，地区收入差距缩小的动力在 2013 年以后出现明显衰减，特别是 2016 年以来地区收入差距甚至重现扩大苗头。居民人均可支配收入的变异系数是反映地区差距变化的重要指标，2007 年至 2012 年，省际城镇居民人均可支配收入差距不断缩小，表现为变异系数从 0.272 逐步下降，并在 2012 年收敛至近年来最低值 0.252。2013 年以后，变异系数开始抬升，2019 年 0.264 的变异系数预示着省际城镇收入差距已回弹至 2010 年

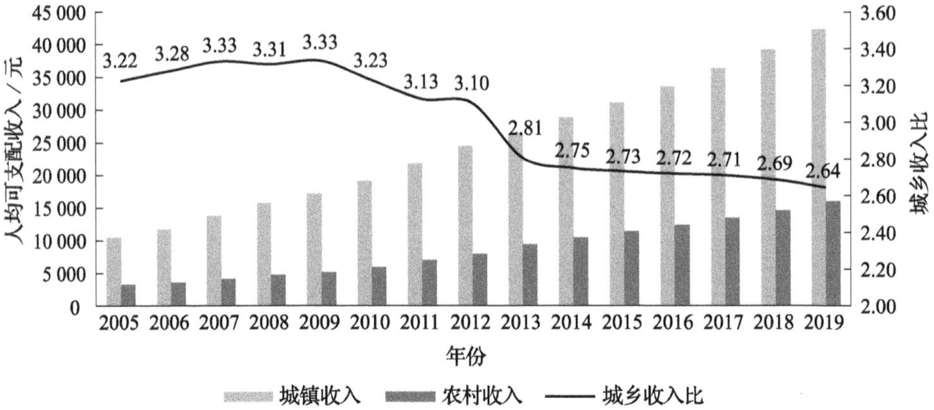

图 7-3　2005—2019 年城镇、农村家庭人均可支配收入和城乡收入比

水平（见图 7-4）。省际农村居民收入差距变化的趋势与城镇基本相似。2006 年至 2013 年，省际农村居民收入差距迅速缩小，31 个省（区、市）农村居民人均可支配变异系数从 0.462 快速下降至 0.347。但 2014 年以后，变异系数基本稳定在 0.34 左右，省际农村收入差距进一步缩小的难度明显加大（见图 7-5）。

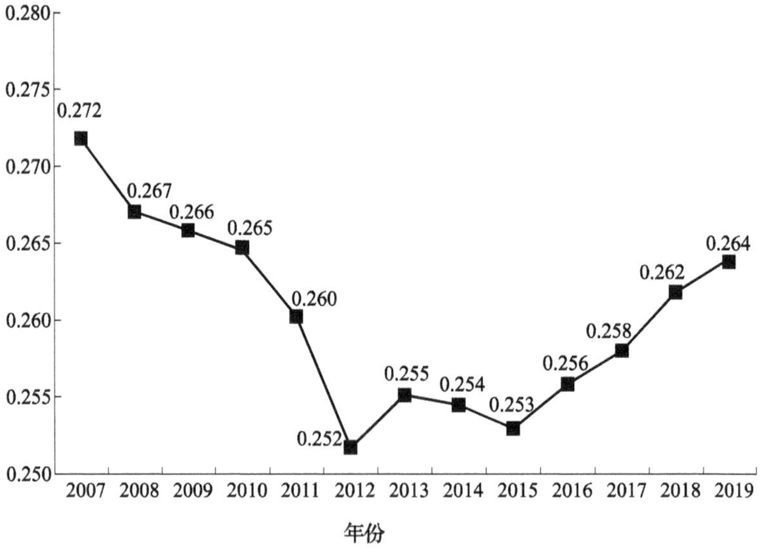

图 7-4　31 个省（区、市）城镇居民人均可支配收入变异系数

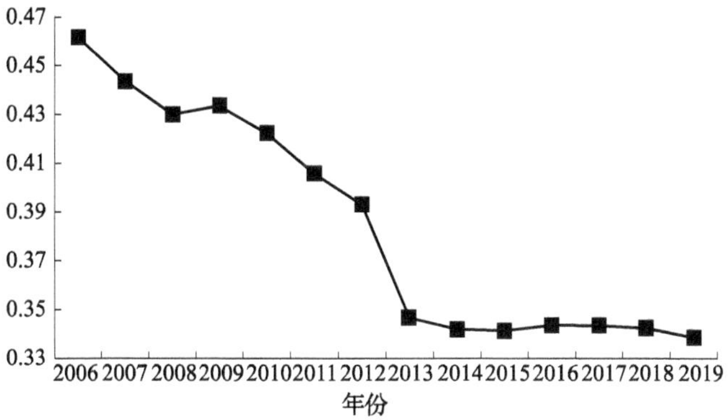

图 7-5　31 个省（区、市）农村居民人均可支配收入变异系数

（三）基本公共服务均等化有效推进，城乡区域差距仍然突出

当前，我国已初步构建起覆盖全民的国家基本公共服务制度体系，各级各类基本公共服务设施不断改善，但仍存在资源配置不均衡，服务水平差异较大的问题，主要表现在：

教育方面，随着国家义务教育均衡发展深入推进和九年义务教育的巩固，2005 年以来，我国各省人均受教育年限均有不同程度提高，但区域间差距依然明显。2018 年，全国 6 岁以上人口平均受教育年限为 9.3 年，相比 2005 年提高 1.4 年，增幅为 18.3%。在人口流动、城乡统筹、国家政策扶持等综合因素作用下，中西部教育改善相对明显，2005—2018 年，平均受教育年限增幅超过全国的共有 14 个省份，其中 11 个来自中西部地区，特别是西藏提高 1.3 年，增长 53.9%，增幅为全国第一。尽管如此，西部地区仍是我国教育的短板区域，与东部和全国的差距依然较大。2018 年，西部 12 省（区）中有 8 省（区）低于全国平均水平。从全国来看，人均受教育年限最低的西藏为 5.8 年，仅相当于年限最高的北京的 45.8%（见图 7-6）。

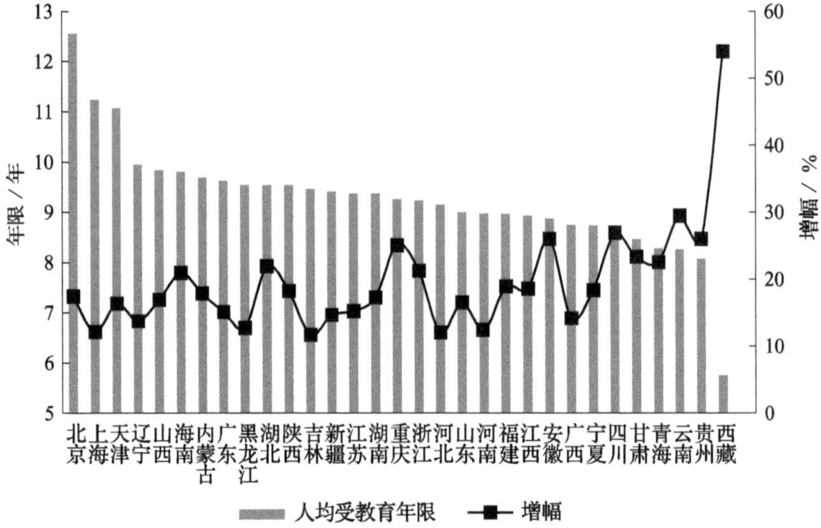

图 7-6　2018 年 31 个省（区、市）人均受教育年限及相比 2005 年增幅

医疗方面，随着国家促进医疗资源向中西部地区倾斜、向基层和农村流动，缩小区域之间基本医疗卫生服务的差距，中西部地区医疗卫生硬件设施正在持续提高。2005—2012 年，东部、中部、西部、东北地区每万人拥有卫生机构床位数分别从 28 张、17 张、23 张、35 张提高到 41 张、41 张、44 张、49 张，中西部地区首次实现了对东部地区的赶超。2018 年，东、中、西、东北四大板块每万人拥有卫生机构床位数分别达到 55 张、61 张、65 张、68 张，相比 2012 年分别提高 34.5%、47.9%、46.9%、38.0%，中西部地区提高幅度继续高于东部（见表 7-3）。

表 7-3　四大板块每万人拥有卫生机构床位数　　单位：张

年份	东部	中部	西部	东北
2005	28	17	23	35
2006	29	18	24	36
2007	30	19	25	36
2008	35	27	29	39

续表

年份	东部	中部	西部	东北
2009	37	29	31	41
2010	40	32	34	44
2011	42	34	37	46
2012	41	41	44	49
2013	43	45	48	51
2014	45	48	52	54
2015	47	51	54	57
2016	50	54	57	60
2017	53	58	62	64
2018	55	61	65	68

资料来源：Wind 数据库。

从城乡差距来看，2005 年到 2016 年，每万人拥有城市执业（助理）医师数和农村执业（助理）医师数都呈现上升态势，表明城乡医疗服务均出现改善，但城市改善幅度要大于农村，导致城乡比不断上升，城乡医疗服务差距呈现扩大趋势。

（四）中西部基础设施通达性提升，西部铁路密度依然较低

广大中西部地区基础设施得到不断完善，为促进经济进一步快速发展奠定了良好基础，在国土开发、扶贫开发和边疆建设，以及有效实施区域协调发展和新型城镇化战略等方面发挥了更为显著的作用。

公路建设方面，中西部地区特别是中部地区发挥承东启西、连南接北的综合交通运输枢纽地位，公路密度快速增加。2018 年，东部、中部、西部、

东北等级公路总里程分别达到 112.8 万公里、121.7 万公里、176.2 万公里、35.9 万公里，每万平方公里等级公路长度分别为 12 170 公里、11 831 公里、2 563 公里、4 444 公里，分别为 2005 年的 2.41 倍、3.24 倍、3.02 倍、2.20 倍。

铁路建设方面，随着我国中长期铁路规划的实施，跨区域快速通道基本形成，高速铁路逐步成网，中西部地区铁路加快建设，西部地区的铁路密度快速增加，但与东中部的差距依然明显。2018 年，东部、中部、西部、东北铁路总里程分别达到 3.15 万公里、2.89 万公里、5.28 万公里、1.85 万公里，每万平方公里铁路长度分别为 340 公里、281 公里、77 公里、228 公里，分别为 2005 年的 1.85 倍、1.65 倍、1.88 倍、1.38 倍，西部铁路密度相当于东部的 22.6%。

（五）内陆省份创新能力加速提升，区域间科技创新差距依旧明显

目前，我国自主创新能力提升较快。2018 年，全国研发（R&D）经费支出占国内生产总值的比重为 2.15%，相比 2005 年提高 0.83 个百分点，增幅为 64.2%，但与发达国家相比，我国核心技术和基础研究仍有待突破。此外，我国区域发展不平衡问题在这一领域较为突出，内陆地区与沿海地区综合创新能力差距明显，在科研经费投入、科研成果转化等方面有待提高。

科研经费投入方面，内陆地区创新能力加速提升。2005—2018 年，研发强度增幅超过全国平均水平的共有 16 个省份，其中 12 个来自内陆地区（图 7-7），受此影响，省际研发强度差距逐步缩小，2005—2018 年，省际 R&D 支出占 GDP 比重变异系数从 0.93 下降到 0.65，2012 年到 2018 年累计下降 0.1。

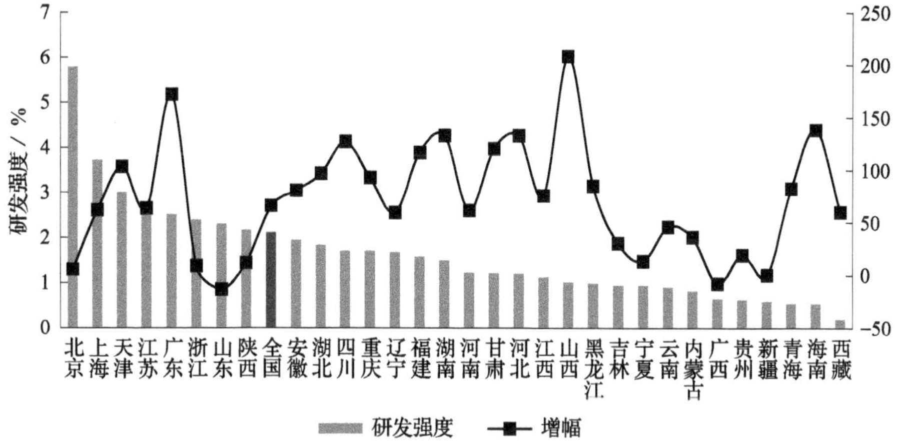

图 7-7　2018 年 31 个省（区、市）研发支出占 GDP 比重及相比 2005 年增幅

然而，省际研发强度差距逐步缩小并未改变东部沿海创新高地的强势地位。2018 年，东部、中部、西部、东北 R&D 支出占 GDP 比重分别达到 2.76%、1.64%、1.32% 和 1.49%，东部地区研发强度是西部地区的 2 倍。与 2005 年相比，东部、中部研发强度分别提高了 1.27、0.90 个百分点，西部和东北仅提高了 0.40 和 0.25 个百分点。与此同时，2018 年，东部、中部、西部、东北研发支出占全国的比重分别为 67.0%、16.7%、12.7% 和 3.6%，东部在研发活动中占据绝对的主导地位（见表 7-4）。

表 7-4　四大板块 R&D 支出占全国的比重　　单位：%

年份	东部	中部	西部	东北
2005	67.3	11.3	12.7	8.7
2006	68.3	12.0	11.9	7.8
2007	68.2	12.3	11.9	7.6
2008	68.0	13.2	11.7	7.1
2009	65.8	14.4	12.5	7.3
2010	66.5	14.2	12.4	6.9
2011	67.0	14.3	12.0	6.7

续表

年份	东部	中部	西部	东北
2012	67.0	14.7	12.0	6.3
2013	66.9	15.0	12.0	6.2
2014	67.2	15.2	12.0	5.6
2015	68.0	15.2	12.2	4.7
2016	68.2	15.2	12.4	4.2
2017	67.5	16.0	12.5	4.0
2018	67.0	16.7	12.7	3.6

资料来源：Wind 数据库。

科研成果转化方面，中西部和东北地区每万人专利受理量仍明显低于东部地区。2018 年全国每万人国内发明专利申请受理量为 9.9 件。东、中、西、东北四大板块每万人专利受理量分别为 16.7 件、7.2 件、4.5 件、4.4 件，西部和东北地区仅相当于东部的四分之一左右，仅相当于东部 2010 年的水平。

（六）生态文明建设初显成效，环境保护任务仍然艰巨

随着我国对生态文明建设的重视程度不断提高，全国各省级区域的环境保护与绿色发展取得一定成效，生态环境明显改善，经济能耗水平显著降低，各主要指标均呈现好转趋势，但大气污染治理形势依旧严峻。与 2005 年相比，2018 年 31 个省会直辖市中的 27 个空气质量达到及好于二级的天数占全年比重下降（见图 7-8）。从区域来看，北方地区空气治理任务更为繁重，2018 年空气质量最差的 10 个省会有 9 个位于北方，相比 2005 年空气质量下降最严重的 10 个省会有 7 个位于北方。

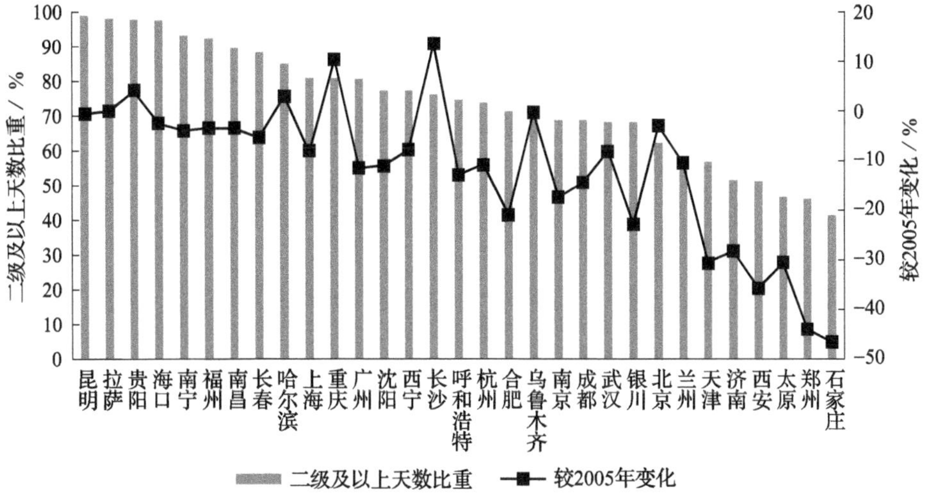

图 7-8　2018 年省会空气质量达到及好于二级的天数占全年比重和较 2005 年变化情况

三、针对特定区域和特定领域的城乡区域协调发展政策建议

针对城乡区域协调发展存在的主要短板，应采取短中长期综合施策，针对特定区域、特定领域提出相应政策措施。

（一）密切关注北方失速省份，推动资源型省份和产业衰退型地区结构转型

持续关注辽宁、天津、吉林、内蒙古、甘肃等低速增长省份的经济运行情况，以稳投资为突破口，尽快开工建设一批已列入中长期规划、前期工作充分的区域性重大基础设施项目。北方地区特别是资源型省份和产业衰退地区要以深入贯彻落实供给侧结构性改革任务为主线，深度开发“原字号”、改造升级“老字号”、培育壮大“新字号”，坚决淘汰钢铁、水泥、煤炭、平板

玻璃等落后产能，推动传统装备制造转型升级，不断培育壮大增长新动能，加快新能源、新材料产业发展，加快战略性新兴产业和现代服务业发展，积极发展民营经济，逐步摆脱对资源经济的依赖和经济结构“过重”的局面，实现高质量发展。

（二）打破行政壁垒，加强城乡、区域间劳动力等要素流动

全面实施全国统一的市场准入负面清单制度，消除歧视性、隐蔽性的市场准入限制，建立市场准入负面清单动态调整机制和信息公开机制。深入实施公平竞争审查制度，清理和废除现行规章、规范性文件和其他政策措施中含有的地方保护、指定交易、市场壁垒等内容，打破行政性垄断，防止市场垄断。研究提出促进劳动力、人才社会性流动体制机制改革意见，打破阻碍劳动力在城乡、区域间流动的不合理行政壁垒。全面放宽城市落户条件，深化“人地钱挂钩”配套政策。加快深化农村土地制度改革，推动建立城乡统一的建设用地市场，完善承包地所有权、承包权和经营权“三权分置”制度，探索宅基地所有权、资格权、使用权“三权分置”改革。以长三角、粤港澳、京津冀、长江中游区域市场建设为先导，深化在市场监管共治、市场信息互通和信用体系互认等方面推动区域合作，加快构建区域一体化市场，引导资金、技术、人才等生产要素跨区域、跨城市有序自由流动。

（三）补齐基础设施短板，建设跨区域重大基础设施

统筹推进跨区域重大基础设施建设，形成布局合理、功能完善、衔接紧密、保障有力的现代化基础设施网络体系。支持毗邻省份加强沟通协调，加快铁路、高等级公路、内河航道、通用机场等交通干线建设，提高城市群之

间、城市群内部通达水平，打破区域断头路，畅通瓶颈路段。提升京津冀、长三角、粤港澳互联互通能力，建设长江黄金水道，发展江海、铁水、陆航等多式联运。增加中欧班列开行班次，增强中西部地区与“一带一路”的联系。打破城乡、区域间数字鸿沟。

（四）坚持人民为中心，推进基本公共服务均等化

基本公共教育方面，建立城乡教育联盟，促进城区强校与乡镇强校共同发展，联盟学校之间实行资源共享，在教育思想、教学方式、学校管理等方面进行融合，实现城乡优质教育资源共享。提高中西部地区教育质量，加大高端人才引进力度，切实增强教师队伍水平，全面落实乡村教师支持计划，在教师编制核定、补充、培养、培训、合理流动、津贴补贴等方面向中西部偏远地区学校教师倾斜。基本医疗服务方面，继续加强乡镇卫生院、社区卫生服务中心和村卫生室建设，推广家庭医生签约服务，完善基层医疗卫生服务体系，提高乡镇医疗服务能力和水平，大力发展县级医院，使绝大多数的常见病、多发病、危急重症和部分疑难复杂疾病的诊治、康复能够在县域内基本解决。推进东部地区医院对口支援中西部偏远卫生院工作，推进医疗人才“组团式”援助，带教培养当地卫生人员，提升中西部卫生院诊疗服务水平。完善中西部卫生技术人员培养机制，提高偏远地区职业（助理）医师、护士等医护人员福利待遇。借助互联网技术，在地广人稀的边境地区构建流动医疗服务网络，开发远程医疗指导和教学观摩网络，指导地方实践，为远程手术提供可能。鼓励和引导社会资本参与社会医疗服务的提供，大力支持民营医院发展，加快探索政府购买医疗服务模式，有效解决东部地区床位紧张的问题。文化方面，加大乡村文化设施建设投入，推进乡、镇、街道文体站和村、社区文化室标准化建设和广播电视“村村通”工程。完善县级公益

性文化设施。建设一批满足群众文化需要的县级美术馆、文化宫、群艺馆、影剧院、规划馆、档案馆，补齐文化设施短板。加大对边境地区各级文化馆（站）免费开放经费支持，支持公共图书馆、村文化室、村民活动广场、群艺馆建设，支持非物质文化遗产保护工作，推动公共文化服务体系建设，提高边境地区广播电视节目覆盖面，提升边境地区公共文化服务均等化水平。

（五）实施创新驱动战略，引导区域间创新要素扩散

鼓励引导区域间加强创新要素对接流动。推动企业、高等学校、科研院所跨区域开展产学研合作，共建创新平台基地，实现互利共赢发展。推动国家自主创新示范区、高新区、农业科技园区等加强东部与中西部、东北地区对接合作，发挥各自比较优势，共建科技园区。支持区域间合作共建技术转移中心、成果转化基金，加快技术转移和成果转化。推动区域间围绕生态建设、环境治理、医疗健康及产业发展等问题开展联合攻关，共享创新成果。加强东部自贸区、自贸港、北京和上海科创中心等重大开放创新平台建设，推出一批改革创新举措，研究制定力度更大的科技体制改革、科研管理体制改革措施，不断激发创新活力和动力。深入推进对口科技援助，鼓励东部地区与西部地区合作创新，探索欠发达地区创新驱动发展新路径。

（六）加强生态环境保护，开展区域污染联防联控

将共同改善区域生态环境放在突出重要位置，重点开展生态屏障建设、大气污染防治、近岸海域环境综合整治等工作，共同创建天蓝水净、人与自然和谐相融的美好家园。加大生态保护和建设力度，协同推动重点生态功能区的生态系统保护和修复，加强跨行政区自然保护区建设和管理，联合构建

生态安全屏障。支持建立污染防治区域联动机制，开展区域大气污染和江河湖海水环境联防联治，统一规划、统一标准、统一环评、统一监测、统一执法，建立会商机制。完善区域间自然资源资产产权、排污权等交易机制。由中央政府负责确定配额方法和市场监管，推动建立健全用水权、排污权、碳排放权、用能权额度初始分配制度，完善自然资源资产有偿使用制度，培育发展各类产权交易平台，积极推动交易机制试点。推进流域上下游间水权市场化交易，推进跨区域排污权、碳排放权有偿使用和市场化交易。建立健全用能预算管理制度。

参考文献

[1] 杨开忠 . 中国区域经济差异变动研究 [J]. 经济研究，1994（12）：28-33.

[2] 李二玲，覃成林 . 中国南北区域经济差异研究 [J]. 地理学与国土研究，2002（4）：76-78.

[3] 罗守贵，高汝熹 . 改革开放以来中国经济发展及居民收入区域差异变动研究：三种区域基尼系数的实证及对比 [J]. 管理世界，2005（11）：45-49.

[4] 干春晖，郑若谷 . 中国地区经济差距演变及其产业分解 [J]. 中国工业经济，2010（6）：25-34.

[5] 林毅夫，蔡昉，李周 . 中国经济转型时期的地区差距分析 [J]. 经济研究，1998（6）：5-12.

[6] 韩兆洲 . 区域经济协调发展统计测度研究 [D]. 厦门：厦门大学，2000.

[7] 蒙少东 . 区域经济协调发展研究 [D]. 天津：天津大学，2004.

[8] 张大为，黄姗姗，丁健民 . 成都经济圈区域经济协调发展研究 [J].

商场现代化，2006（10）：248.

［9］曾福生，吴雄周．城乡发展协调度动态评价：以湖南省为例［J］．农业技术经济，2011（1）：86–92.

［10］李晶．省域尺度下的中国区域协调发展指数研究：基于人类发展视角的实证分析［J］．西部论坛，2013，23（6）：53–61.

［11］全海娟．区域经济协调发展评价指标体系及评价模型研究［D］．南京：河海大学，2007.

［12］蔡国梁，廖为鲲，涂文涛．区域经济发展评价指标体系的建立［J］．统计与决策，2005（19）：45–46.

第八章
完善区域政策体系

内容提要：区域政策是政府通过经济、法律、行政等相关措施调节区域发展的手段，新时代下，需要根据国家实施区域协调发展战略和化解我国区域发展不平衡问题的需要，加快完善我国区域政策体系，以更好发挥不同区域的比较优势，促进区域协调联动发展，加快完善有利于发挥市场配置资源的决定性作用的区域政策体系，促进区域高质量发展，把国民福利“蛋糕”做得尽可能大，同时加快完善推进基本公共服务均等化的区域政策体系，使不同区域的居民都能获得公平分享国民福利“蛋糕”的均等化机会。加快建立并不断完善区域政策的制定、评估和动态调整机制，适时推进区域协调发展立法工作，为区域政策制定和实施提供法律法规支撑。

我国国土空间广阔，区域之间的自然地貌、区位条件、发展基础、发展潜力有着巨大的差异。促进区域协调发展一直是我国经济社会发展中的重要内容，为了促进区域协调发展，国家在统筹考虑效率与公平、政府与市场、经济与社会、生产与分配、生态与环境等诸多关系的基础上，制定了一系列政策措施，在很大程度上缓解了我国区域协调发展中存在的地区差距过大和城乡割裂等突出问题，促进了我国区域协调性不断提高（赵勇，魏后凯，2015）。随着新时代我国社会主要矛盾的转化，我国区域协调发展中还面临着不平衡不充分等问题，需要不断完善相关政策，促进我国区域协调发展。

一、市场和政府在区域政策体系中的作用

处理好市场和政府的关系，是构建区域政策体系的核心（范恒山，2012）。促进区域协调发展，首先要充分发挥市场配置资源的决定性作用，促进生产要素在区域间自由流动，促进区域比较优势充分发挥，实现生产效率最大化和整个国民福利最大化，这是构建区域政策的基本前提。即，区域政策是以整个国民经济福利最大化为前提的，区域政策不能以牺牲发达地区的快速发展为代价。同时也要看到，发挥市场的作用可以实现生产效率的最大化，但是未必能够实现分配领域的公平化，而推进基本公共服务均等化，必须要发挥政府在基本公共服务领域的引导作用，这样才能维护社会公平正义，实现区域协调发展。

（一）市场作用对区域协调发展的影响

在完善的市场经济体制下，生产要素可以实现区际自由顺畅流动，优质生产要素会向区位条件好、投入产出高的区域集聚，从而实现生产效率的最大化和整个社会财富的最大化，由于各种生产要素的组成比例不会因为区域的不同而有很大差别，所以市场作用可以使不同区域之间生产要素总量差别很大，但是人均差别并不一定很大。根据福利经济学第一定理，在不存在外部性、公共产品提供、垄断以及信息不完全等问题的前提下，市场可以对资

源实现最优配置，但是在现实中，上述前提是不存在的，所以市场在解决区域生态环境、基本公共服务、基础设施等问题时也存在不足。

1．发挥市场作用可以提高生产效率，实现社会财富的最大化

发挥市场的作用可以实现资源的最优配置，提高生产效率，从而实现整个社会财富的最大化，这是推进区域协调发展的前提。我国改革开放 40 多年来的快速发展，很大程度上都得益于市场机制的作用。促进区域协调发展，其前提是发展，只有实现又好又快的发展，才能把整个“蛋糕”做大，每个人分到的“蛋糕”才有可能实现最大化。区域协调发展，绝不能以牺牲发达地区的快速发展为代价，那样就本末倒置，得不偿失了。从我国区域发展的实际来看，妨碍区域又好又快发展的重要因素就是市场作用的发挥受到行政或其他因素的干扰，使得生产要素在区域间自由顺畅流动受到限制，资源无法合理配置，区域经济比较优势和活力发挥不出来，生产效率也很难提高。因此，在实际工作中，必须打破行政区域分割，促进全国统一市场体系建设，这是推进区域协调发展的基本前提。

2．完善的市场经济体制可以在一定程度上缩小区域之间的人均指标差距

有人认为，发挥市场的作用只会产生区域发展中的“马太效应”，拉大区域发展差距，不利于区域协调发展。其实这种理解是不全面的，完善的市场经济体制可以在一定程度上缩小区域之间的人均指标差别。因为在完善的市场经济体制下，生产要素可以在不同区域之间实现顺畅流动，而从宏观的角度看，资金、劳动力、技术等之间要有一个相对稳定的比例关系才能形成生产力，而这一比例关系并不会因为区域的不同而有很大的差别。区域条件好、投入产出高的区域在集聚大量资金、技术的同时，也会集聚大量的人口，

区位条件差、投入产出低的区域不仅资金、技术总量小，人口数量也少，这样，尽管不同区域之间在总量上有很大差别，但人均指标的差别却不会太大。实际上，尽管发达国家不同区域之间的总量差别很大，但是人均 GDP 却很少有超过 2 倍差距的。而在我国，由于要素的区域间自由流动还不顺畅，特别是劳动力，虽然可以实现区域间的自由流动，但是直到目前为止，都无法实现区域间自由顺畅的体制性流动，造成我国不同区域之间不仅总量相差很大，而且人均量也相差很大。

3．市场可以在生产领域很好地发挥作用，却不能妥善处理分配领域的公平性问题

发挥市场作用可以提高生产效率，实现社会财富的最大化，即把“蛋糕”做到最大，但是，这只是区域协调发展的一个前提，促进区域协调发展除了强调生产领域的效率外，还要强调分配领域的公平性。如果只是把“蛋糕”做到最大，而只有少部分人分享“蛋糕”，其他人无论是从机会上还是结果上都无法分到大小适宜的“蛋糕”，那就背离了区域协调发展的目标。政府部门和专家学者之所以对区域协调问题如此关注，除了在生产领域市场作用发挥不充分之外，另外一个非常重要的原因就是社会分配领域的不公平。社会分配领域的不公平，会引发很多社会矛盾，影响区域协调发展与和谐社会的构建。从社会保障来看，不仅存在巨大的地区差别，还存在着巨大的人群差别，并且社会保障在不同地区之间流转不畅。从政府提供的基本公共服务来看，区域之间的差别也非常大。促进区域协调发展，推进基本公共服务均等化，必然要充分发挥政府公共财政的基础性作用，这样才能维护社会公平正义，缩小区域差别。

4．市场发挥作用需要一定的前提条件

根据福利经济学第一定理，在不存在外部性、公共产品提供、垄断以及

信息不完全等问题的前提下，市场才能对资源实现最优配置。而在现实社会中，上述假设是不存在的。在促进区域协调发展的过程中，上述问题则可能构成障碍。比如外部性问题，在我国，生态环境存在很大的外部性，而且内部化面临诸多困难，例如，河流的上游地区往往不考虑河流下游地区的用水需求，布局发展污染性的产业，导致河流下游地区深受污染。目前我国的大江大河和主要湖泊大都存在污染问题，“三江三湖”的治理虽然投入巨资，但总体效果并不理想。再如公共产品的提供，无论是质还是量在区域之间都存在巨大差别。还有，由于信息不对称，我国食品、药品在不同区域销售时不仅面临多次重复检测，而且时常出现质量问题。上述问题的解决，不能仅依靠市场的力量，而且要更加依托政府的作用。

（二）政府作用对区域协调发展的影响

区域协调发展除了强调生产领域提高效率外，还强调分配领域实现公平，而这两方面，特别是分配领域，都需要发挥政府的作用。政府作用可以弥补市场作用的不足，从公平正义的角度促进区域协调发展，既要强调发展，也要强调以人民为中心的发展思想，发展成果能够让全体人民共享。当然，如果政府进行不当干预，出现“缺位、错位、越位”的现象，则可能对区域协调发展产生严重不利影响。

1. 政府担负着推进在分配领域实现相对公平的责任

就实现分配领域相对公平而言，政府有着不可推卸的维护社会公平的职责。如何将“蛋糕”做得更大，需要发挥市场的作用，如何公平分配“蛋糕”，则需要发挥政府的作用，政府需要制定公平的“蛋糕”分配原则，确保每个人能够在“蛋糕”分配的机会上和结果上实现相对公平。具体来说，一是要实现社会保障的“广覆盖、保基本、小差别、易流转”，社会保障是政府利用国家财富为居民谋福利的一种举措，是政府让所有居民能够共享发展成果的行为，因此，社会保障一定要体现公平性，不能因地域或人群的不同而有太大差别，而且社会保障账户应能在不同地域和不同行业之间顺利流转。二是政府基本公共服务应该实现相对均等化。政府提供的基本公共服务也不能因为地域或人群的不同而存在很大的质和量的差别。

2．政府担负着弥补市场不足的责任

政府除了担负着捍卫国家主权、提供社会服务的职能外，还有弥补市场不足、调节宏观经济的功能。这一点在发达的市场经济国家也得到明显体现，当他们出现经济危机或宏观经济失调时，政府都会积极采用各种措施来调整宏观经济。在促进区域协调发展领域，政府更应该发挥积极作用，弥补市场作用在促进区域协调发展领域的不足，重点协调区域之间生态建设、环境治理、基础设施建设等重大问题，这些内容大都具有外部性和公共品特性，仅靠市场的作用是不够的。

3．政府的不当干预不利于区域协调发展

政府作为国家的行政机关，具有很大的行政权力，如果在促进区域协调发展过程中出现“越位、缺位、错位”现象，则可能会对区域协调发展产生严重的不利影响。一是政府对经济领域的干预，一般应以间接干预为主，政府通过制定相关政策，动用汇率、利率、准备金等间接的政策工具来干预经济。二是应该由中央政府或省级政府对经济进行间接干预，以减少政策的地域性差别，市县乡政府不宜对经济进行过细的干预。对于社会领域，政府则应发挥主导性作用，深入推进“放管服”，努力提高政府提供公共服务的效率和质量。在现行体制机制下，地方政府出于自己的利益需求，对经济领域的

干预往往存在“越位”现象，沿用计划经济体制下的手段干预经济的情况较多；政府对社会领域的干预则存在“缺位”现象，在提供基本公共服务和社会保障方面还有待完善，比如劳动力流动，虽然我们希望实现劳动力在不同区域之间的自由顺畅流动，但是在计划经济体制下形成的限制劳动力流动的各种措施直到目前都没有彻底消除，劳动力只能实现区域间的自然流动，体制性的流动还比较困难。

4. 政府对区域协调的干预需要克服成本的阻力

需要进一步指出的是，政府担负着校正“市场失灵”的职责，但政府有效发挥作用的前提是克服交易成本的阻力。事实上，在区域协调发展问题上，政府不是一个单一的主体，它涉及行政级别不同的政府主体（纵向维度）、利益各异的同级政府及政府不同部门（横向维度），存在着不同层级和不同行政区划政府间的不同利益的冲突，这就构成了区域协调发展中政府发挥作用面临的交易成本，若不能有效克服这种交易成本，政府尤其是各级地方政府不但不能有效履行其应有职责，反而有可能成为阻碍要素自由流动及区域协调发展的障碍。因此，协调不同层级及行政区政府之间的利益，是政府有效发挥作用的关键，也是建立区域协调发展机制的重要内容之一。

（三）发达国家市场与政府在促进区域协调发展中的作用

发达国家在快速发展的过程中，也普遍面临着区域发展差距不断扩大的问题。为了加强区域管理，促进区域协调发展，很多国家非常注重充分发挥“看不见的手”——市场配置资源的决定性作用，同时，也十分注重发挥“看得见的手”——政府在调节区域发展方面的积极作用，充分利用行政力量，在区域综合开发、财政转移支付和提供资金支持等方面发挥积极作用。

1．积极发挥市场在资源配置中的决定性作用

发达国家大都建立了要素充分自由流动的统一大市场，包括劳动力、资金、技术、信息的区域间流动十分顺畅，甚至在某些经济体中要素的跨国界流动都十分顺畅，比如欧盟地区。面对主要是因为自然禀赋差异而造成的区域差异，这些国家也倾向于通过市场手段、借助市场机制来解决。政府在经济领域所起的作用就是构建完善的市场体制，消除影响市场发育的体制性障碍，充分发挥市场在资源配置中的决定性作用。在促进区域协调发展时，也尽可能地采取间接措施来促进落后地区的发展，比如利用金融、货币政策促进落后地区经济发展，利用社会福利政策帮助落后地区的低收入者，利用教育、科研和职业培训政策提高落后地区人口素质等。

2．规范发挥政府的干预引导作用

在完善的市场经济体制下，政府对经济的干预也比较规范。一是政府有明确的干预区域。政府干预主要是针对区域问题比较集中的问题区域。具体来说，主要是落后区、过度膨胀区、萧条区等。二是明确政府干预的领域。政府干预主要是在社会事业、基础设施建设、财政转移支付、就业培训等领域，很少对经济领域进行直接干预。三是规范政府干预的手段。干预方式从以直接的财政援助为主日益转向以创造公平竞争的环境为主，不至于严重损害公平的市场竞争。其中中央政府的财政转移支付是推进区域协调发展政策中最基础、最重要的手段。例如，1980 年以来，日本地方财政的最终收入中，来自中央的财政转移支付所占比例大体上稳定在 40% 左右。主要形式是中央财政向地方拨付国库补助金，以及支持欠发达地区的各项基础设施建设。日本成立北海道开发管理行政主管部门，负责北海道地区的发展规划、基础设施建设、产业空间布局、大型区域开发项目，加大中央国库对北海道地区开

发建设的补助比例，促进了北海道地区经济社会的快速发展。

二、当前我国区域政策的现状及存在的主要问题

我国尚未形成系统完善的区域政策体系，大部分的区域政策都是在相应的国家规划和指导意见中逐步形成，而且大部分都是方向性和指导性的。

（一）我国区域政策体系现状

我国的区域政策是在我国区域发展的实践中逐步形成并不断完善的。由于我国区域间的异质性很强，差异很大，促进区域协调发展在我国具有非常重要的现实意义。为了促进区域协调发展，我国制定了相关规划，出台了相应的指导意见，其中区域政策是促进区域协调发展的重要支撑保障。

1．构成了以行业（领域）政策为主但区域有别的区域政策体系

目前，我国的区域政策基本上是以行业（领域）政策为主要依托，重点体现区域差别。我国很多区域政策都是在国家的相关规划中制定的，比如国家针对西部地区的政策主要体现在《中共中央、国务院关于深入实施西部大开发战略的若干意见》中，共制定了财政政策、税收政策、投资政策、金融政策、产业政策、土地政策、价格政策、生态补偿政策、人才政策、扶持政策十个领域的政策。东北地区和中部地区也有类似的政策。《全国“十三五”易地扶贫搬迁规划》有专门针对易地扶贫搬迁的政策，列入易地扶贫搬迁的区域和建档立卡贫困户可以享受相应的政策。针对贫困地区，国务院专门印发了《“十三五”脱贫攻坚规划》，分别制定了财政、投资、金融、土地、干部人才五大领域的相应的倾斜性政策，14 个集中连片特困地

区的片区县、片区外国家扶贫开发工作重点县，以及建档立卡贫困村和建档立卡贫困户享受相关的政策，其中国家级扶贫工作重点县由国务院扶贫开发领导小组办公室发布《国家扶贫开发工作重点县名单》确定范围。国务院颁布的《全国主体功能区规划》也制定了因区施策的区域政策，而且领域十分全面。

2. 初步构建起以基本公共服务均等化为目标的政策框架

推进基本公共服务均等化是我国城乡区域协调发展的核心，也是我国城乡区域协调发展中存在的最大“软肋”，更是建立城乡区域协调发展政策的聚焦点。从新时代我国社会主要矛盾转化和新的历史使命来看，推进城乡区域间基本公共服务均等化也是新时代满足人民对美好生活需求的重要内容和实现中华民族伟大复兴的有机组成部分。对于城乡区域协调发展，在不同的发展阶段有着不同的理解。党的十八届五中全会第二次全体会议提出了创新、协调、绿色、开放、共享的新发展理念，这对于破解我国城乡区域协调发展难题具有重大指导意义，城乡区域协调发展逐步从以往关注城乡区域总量差距开始向关注城乡区域人均指标差距转变，从关注城乡区域经济领域差距向关注城乡区域社会领域差距转变。我国在逐步建立针对农村居民医疗、养老保障的基础上，不断提高标准，逐步化解基本公共服务领域的城乡割裂问题。2018 年推进实施养老保险全国统筹，实行基本养老金中央调剂制度，以均衡地区之间的养老保险负担，这为推进城乡区域协调发展提供了很好的支撑。《国家新型城镇化规划（2014—2020 年）》中也提出了一系列促进劳动转移人口市民化的政策，为深入推进城乡区域协调发展提供了很好的政策支撑。国家也不断完善财政政策，加大对基本公共服务的财政支持力度，不断提高落后地区基本公共服务的财政保障能力，为促进城乡区域协调发展提供了相应的财政保障。

3．初步形成社会主义统一市场的政策导向

构建城乡区域统一的市场体系是建设社会主义统一市场体系的重要内容，要发挥市场在资源配置中的决定性作用，破除各种城乡间、区域间的壁垒，促进要素城乡区域间的自由流动。我国通过自由贸易试验区试点，积极探索全国统一的市场准入负面清单制度，消除歧视性、隐蔽性的城乡区域市场准入限制。2020 年颁布的《中共中央、国务院关于构建更加完善的要素市场化配置体制机制的意见》，系统提出了要素市场化配置的体制机制。不断完善有利于城乡间劳动力自由流动的支持政策，全面放宽城市落户条件，深化“人地钱挂钩”配套政策，打破阻碍劳动力在城乡区域间流动的不合理行政壁垒。深化农村土地制度改革，推进建立城乡统一的建设用地市场，进一步完善承包地所有权、承包权和经营权“三权分置”制度，深入推进宅基地所有权、资格权、使用权“三权分置”改革。按照建设统一、开放、竞争、有序的社会主义统一市场要求，率先推动京津冀、长江经济带、粤港澳等区域市场建设，探索建立共同监管、信息互通、规则体系共建和信用体系互认等方面的政策和制度，通过区域一体化市场建设推动全国统一市场建设。

4．初步建立起精准施策的城乡区域政策调控方式

我国城乡区域差异大，面临的矛盾和问题亦不尽相同，我国针对城乡区域的突出矛盾和问题，初步建立起精准施策的城乡区域政策调控体系，以更好彰显城乡区域比较优势，激发城乡区域发展新动能。一是针对城乡差异，逐步建立起强农富农的扶持政策体系。我国不断加强对农业的补贴补助力度，不断完善农村的基础设施和基本公共服务，不断拓展农民增收致富的渠道，下大力度缩小城乡之间的差异。二是针对发展滞后区域和落后区域，逐步建立起扶持政策体系。我国逐步建立并不断完善针对贫困地区、重点生态功能

区、资源枯竭型城市和老工业基地的扶持政策体系，通过加大对发展滞后区域和落后区域的政策扶持，激活这些地区的发展活力，不断改善这些地区的民生。

5．初步建立起兼顾效率和公平的区际利益协调模式

由于区位条件、国家主体功能分区等诸多条件限制，使得我国城乡区域之间的利益关系相互交织，为了实现我国整个国民福利的最大化和分配的相对公平化，我国初步建立起兼顾效率和公平的区际利益协调政策体系。一是初步建立对口支援和对口帮扶体系。我国形成了针对新疆、西藏和青海、四川、云南、甘肃四省藏区的对口支援体系，并建立了针对贫困地区和落后地区的对口帮扶体系，通过对口支援和对口帮扶，促进了我国边疆地区、少数民族地区、落后地区加快发展。二是探索建立横向生态补偿机制。我国按照区际公平、权责对等、试点先行、分步推进的原则，不断完善横向生态补偿机制，拓展了主要生态功能区用于生态建设和民生改善的资金来源渠道，促进了流域上下游之间的协调发展。三是促进城乡区域的协作与合作。通过“政府搭台、企业唱戏”，不断促进相互之间互补性强、合作潜力大的区域开展对口协作与合作，实现城乡区域间互利共赢发展。

6．形成了以目标导向和问题导向相结合的区域政策制定方式

我国区域政策的制定方式，主要是目标导向和问题导向相结合，尤其是进入新时代以后，这种方式更为明显。从目标导向来看，主要以到 2020 年全面建成小康社会以及到 2035 年基本实现社会主义现代化以及本世纪中叶建成社会主义现代化强国的宏伟目标为导向，出台相应的先行先试的政策。从问题导向来看，主要从化解我国区域发展中存在的不平衡不充分等突出问题为导向，出台相应的针对落后地区（滞后地区）的扶持政策。目标导向和问题导向相结

合的区域政策制定模式，使得我国区域发展既能够对国家经济社会发展的宏观目标形成强有力的支撑，又能有效化解我国区域发展中面临的突出瓶颈问题，在促进区域高质量发展中既能体现战略性，又能很好地体现有效性。

（二）我国区域政策存在的主要障碍

我国区域政策大部分都是依据区域问题而制定的，政策缺乏顶层设计和统筹考虑，而且西部地区、中部地区、东北地区空间范围很大，内部异质性很高，以如此大的范围作为区域政策空间单元，影响了区域政策的针对性和有效性。

1．区域政策作用对象划分不科学

目前，我国区域政策的作用对象划分还不是非常科学，比如革命老区、少数民族地区、老工业基地等，并不是根据区域问题而划分的革命老区、少数民族的特点并不是导致其出现问题的原因。我国有不少老工业基地的发展也面临一系列的问题，但老工业基地并不是出现区域问题的必然原因，有的老工业基地目前发展很好，比如上海、武汉等，不需要国家的特别扶持。所以革命老区、少数民族和老工业基地只是一种区域类型，不是区域问题。区域问题主要是指落后、衰退或过度膨胀等问题，此类问题相对集中的区域即构成落后区域、衰退区域或过度膨胀区域，这样，国家才能根据相应的区域问题制定相应的区域政策，来解决或化解这些问题。另外，我国区域政策作用的空间单元过大，缺乏针对性。比如目前的西部开发政策、东北振兴政策、中部崛起政策等，作用的空间单元都是几个省或者十几个省，如此大的空间单元，其内部的异质性非常强，政策往往面面俱到，缺乏针对性，区域政策成了“撒芝麻盐”的政策。

2．区域政策作用有限

目前，我国针对不同区域制定的区域政策种类繁多，但从促进区域协调发展的角度看，这些政策作用有限。一是我国目前区域政策制定的基本空间单元过大，比如西部地区、中部地区、东北地区等，如此大的区域板块，在制定政策的时候往往出于面上的考虑，财政、税收、金融、土地、产业、投资、环境、人才等方方面面的政策都要提及，而其中有不少都是在重复或者强调全国的普惠政策，真正有差别的政策则是力度小、种类少，特别是对于财政转移支付这样事关区域协调发展的关键性政策，往往都是定性描述，指明今后的方向，实际可操作的政策并不多，对促进区域协调发展的作用也有限。二是目前我国区域规划覆盖面广、层次众多，有不少地方甚至出现规划区内再做规划，政策区内又出政策的现象。比如西部地区，既有大的西部地区的规划，其中西部地区内部的省份或重点区域又从国家层面批准或者颁布了不少规划，规划的层次重叠，造成区域政策的层次重叠，要么简单重复，要么实质性内容欠缺，实际作用有限。

3．政策实施的监督和管理不够规范

目前政策实施的监督和管理也不够规范，政策的制定单位往往也是政策实施的监督和管理单位，政策的执行单位往往是政策决策单位的下级单位，这就造成政策的决策、执行、监督在同一部门（包括不同层级的同一部门）内完成，而且相关的信息只是少量公开，甚至不公开，即使公开也往往存在不及时公开等问题，这样的区域政策体制不利于体现政策的公正性，极易导致政策的不公平和权力寻租。而且，在区域政策制定的过程中，利益相关者的参与程度很低，往往只有相关的地方政府有机会参与，一些利益相关者的诉求不能在政策制定过程中得到有效表达，在政策执行的过程中会出现各种

各样的问题。

三、完善我国区域政策体系的主要思路

要以习近平新时代中国特色社会主义思想为指导，根据实施区域协调发展战略和化解区域发展不平衡问题的需要，加快完善区域政策体系，不断提高区域政策的精准性和有效性。

（一）发挥政府对区域政策制定的主导性作用

政府需要在制定区域政策中发挥主导性作用，只有建立起政府主导的区域管理体制和管理机制，才能取得较好的效果。

一是要建立相应的管理体制。目前，国际上的区域管理体制有专门部门管理体制和联合部门管理体制两种主要类型。从效果来看，专门部门管理体制在推进区域协调发展方面的成效比较显著。我国区域发展不协调问题十分突出，区域协调管理机构众多，但是缺乏中央一级统一的、具有权威的区域管理机构，今后可以探索在整合目前众多区域管理机构的基础上，构建我国统一的中央级区域协调管理机构，形成符合中国特色的区域协调管理体制。

二是要有明确并具有针对性的区域政策。区域政策是政府干预经济发展与协调区域经济关系的重要工具。我国区域不协调问题很多，涉及很多领域。目前我国区域政策适用对象过于宽泛，针对性不强，操作难度大。要有效实现区域协调发展的目标，必须使区域政策的适用对象和领域十分明确，政策工具系统完备并要有针对性。

三是要有完善的制度基础。在推进区域协调发展管理方面，需要进一步完善相关的制度建设，使区域政策的制定、实施、监督、评估等各个环节都

建立在严格的制度基础上，保证区域政策的规范性和可行性。

（二）区域政策的制定应不影响市场在资源配置中的决定性作用

区域政策的制定应不影响市场在资源配置中的决定性作用，不以牺牲国民福利最大化为代价。在完善的市场经济体制下，劳动力、资金等各种生产要素的区域间流动比较顺畅，特别是人口的集聚与经济的集聚在空间上基本相匹配，不同区域之间的经济总量可能相差甚大，但是人均可支配财力相差不大。完善的市场经济体制在推进区域协调发展中发挥了决定性的作用，特别是在竞争性领域，一定要发挥市场机制在促进区域协调方面的积极作用。

一是财政税收政策使得经济集聚与人口集聚在空间上基本匹配，在追求效率的同时，不会过度拉大不同区域之间人均可支配财力的差距。根据发达国家的税收经验，对生产环节少征税甚至不征税、对最终消费环节多征税可以推进区域协调发展，因为消费税是地方的主要税源，而地方税收的多少是和当地的人口规模息息相关的，人口多的地方获得的税收也多，人口少的地方获得的税收也少。

二是大力推进有关基本公共服务均等化的政策。基本公共服务是区域经济发展中必需的公共品，落后地区在基本公共服务均等化方面需要获得中央政府的大力支持，这将为推进落后地区依靠市场机制提高资源配置效率和经济增长动力起到十分积极的作用。

（三）发挥财政转移支付和金融支持的主体作用

财政转移支付和金融支持在推进区域协调发展方面起到了主体性作用。

推进区域协调发展，增强落后地区和萧条地区的自我发展能力，可以采用规范和大规模的财政转移支付制度并加强对落后地区和萧条地区的金融支持。实行规范和大规模的财政转移支付，既可以增强落后地区政府提供公共服务的能力，保证当地居民能获得一定水准之上的公共产品和服务，又可以通过改善当地的投资环境，提高企业投资效益，增强对资本和劳动力的吸引力。以较优惠的信贷条款、较低的利率以及提供信用担保等来支持落后地区的企业融资、项目融资，并多种途径拓宽落后地区的融资渠道和融资方式，可以对落后地区中小企业发展产生积极的推动作用，缓解当地的就业问题。从建立完善的区域管理体制和管理机制，有效推进区域协调发展的角度看，我国有关财政转移支付和金融支持方面的管理体制仍有进一步完善的空间。一是要建立起规范、透明的财政转移制度，确保落后地区的人均财力不能落后全国平均水平太多，保持其在提供区域基本公共服务方面的能力。二是要加强对落后地区的金融支持，特别是要营造有利于中小企业的发展金融环境，以解决当地的就业和居民收入问题。

（四）采用法律、经济、行政等综合区域协调手段

要采用法律、经济、行政等多管齐下的区域协调手段。法律手段，主要是通过立法来推进区域协调发展。经济手段，主要是设立相应的基金或者给予一定的资金倾斜、税收优惠、金融支持等。行政手段，主要是对于问题地区的甄选、扶持力度的确定、扶持手段的选择、实施效果的评估等方面都要十分规范透明，并保证相关利益群体的充分参与。我国目前在区域政策制定方面还不够规范（安虎森、肖欢，2015）。从法律的角度来看，我国还没有从法律层面对区域政策进行明确的界定，要建立什么样的区域政策，区域政策都包括哪些方面的内容，目前还都在探索之中。从经济的角度来看，改革开

放以来，我国区域差距不断拉大，尽快采取了诸多促进区域协调发展的经济手段，建立了不少区域政策，但是这些政策手段还不规范、不系统，缺乏全局性，在推进区域协调发展方面的成效不大。从行政角度来看，我国的区域管理体系有待理顺，诸多部门都有区域管理的职能，而专门的区域协调部门则缺乏必要的管理职能。有必要在法律层面明确我国区域管理体制和机制，成立专门机构负责区域协调管理，并赋予其相应的管理职能，同时，建立公开、透明、便捷、高效的行政管理体制，为推进区域协调发展提供体制和机制上的保障。

四、完善区域协调发展机制

我国在长期的区域发展实践中，已经形成了一系列的区域协调发展机制，这些机制对于区域协调发展起到了很大作用。新时代要进一步完善这些区域协调发展机制，并根据区域发展实践的需要，不断创新区域协调机制内容。

（一）建立区域战略统筹机制

目前，我国已经形成了一系列的国家区域战略，如何统筹推进这些区域战略成为我国区域发展实践中亟待解决的问题，要加快建立区域战略统筹机制，统筹推进区域战略实施。

1. 推动国家重大区域战略融合发展

促进三大战略和四大板块相互融通补充。充分发挥长江经济带横跨东中西三大板块的区位优势，以长江生态环境保护为引领，依托长江黄金水道，推进长江上中下游地区协调发展和沿江地区高质量开发。围绕西部陆海新通道以及“一带一路”新亚欧大陆桥、中蒙俄、中国－中亚－西亚、中国－中南半岛、中巴和孟中印缅六大国际经济合作走廊，加强跨区域重大基础设施互联互通建设，构建统筹东中西、协调南北方的区域发展新棋局。借鉴京津冀协同发展经验，推动首位度较大的城市有序疏解功能，建设一批卫星城或战略腹地城市，构建以城市群为主体，大中小城市协调发展的城镇格局（毛汉英，2017）。以跨省城市群为主要空间载体，推动四大板块之间融合互动发展，建立以中心城市引领城市群发展、城市群带动区域经济发展的新模式。以北京、天津为中心引领京津冀城市群发展，以京津冀城市群带动环渤海区域协同发展。以上海为中心引领长三角城市群发展，以长三角城市群带动长三角地区一体化发展（魏后凯，2010）。以广州、深圳为中心引领珠三角城市群发展，以珠三角城市群带动珠江－西江经济带发展。以重庆、成都、武汉、郑州、西安等国家中心城市引领相关城市群发展，并带动周边地区协调发展。推动黄河流域生态保护和高质量发展，探索共抓大保护协同大治理的流域经济发展新模式。

2. 统筹发达地区和欠发达地区发展

率先推动东部沿海等发达地区改革创新、新旧动能转换和区域一体化发展，鼓励各类平台大胆创新探索，推动在有条件的地区新设特殊功能区、试验区等，在推动区域高质量发展方面发挥领头羊、排头兵作用。针对不同类型的发展困难地区，坚持“输血”和“造血”相结合，建立健全长效普惠性的扶持机制和精准有效的差别化支持机制，依托若干市县推动建设一批各具特色的转型发展示范区，依托若干省会城市和地级市建设一批新旧动能转换先行区。逐步化解区域发展瓶颈制约，加快补齐基础设施、公共服务、生态环境等短板，确保革命老区、民族地区、欠发达地区、边疆地区与全国同步实现全面建成小康社会和可持续健康发展，引导资源枯竭地区、产业衰退地区、生态严重退化地区积极探索特色转型发展之路，推动产业结构单一、发展动能不足等困难地区摆脱传统发展模式。推动东部沿海等发达地区与欠发达地区建立改革创新试验的区域联动机制，引导不同创新梯度地区新旧动能同步转换。

3．推动陆海统筹发展

从经济安全、领土安全和国防安全的战略高度，加强对海洋经济发展的顶层设计，逐步完善海洋经济管理机制和规划政策体系，强化各级各类涉海规划的整合衔接。研究制定促进全国海洋经济发展的指导意见，以及支持海洋经济发展的具体措施。充分发挥促进全国海洋经济发展部际联席会议机制作用，强化部门间统筹协调，总结推广全国海洋经济发展试点经验，协调解决沿海地区在发展海洋经济方面的重大问题。完善海洋经济核算制度和核算体系，提升海洋经济监测评估业务能力。完善围填海计划管理办法，进一步细化考核奖惩机制。创新海域海岛资源市场化配置方式，完善资源评估、流转和收储制度。推动建设一批陆海统筹发展示范区，因地制宜探索建立陆海统筹发展机制，促进在空间布局、产业发展、基础设施建设、资源开发、环境保护等全方位的陆海协同发展。推进海上务实合作，统筹运用各种手段维护和拓展国家海洋权益，积极建立并参与维护国际和地区海洋秩序。

（二）深化区域合作机制

我国区域差异大，互补性强，开展区域合作具有现实基础和很大潜力。要根据区域发展实践的实际需要，务实推进区域合作，更好发挥不同区域的比较优势，通过合作实现双赢或多赢。

1. 促进流域上下游之间合作发展

加快推进长江经济带、黄河流域、珠江－西江经济带、淮河生态经济带、汉江生态经济带等协调发展，围绕重点流域，再建设一批流域生态经济带。支持沿江相关省市建立和完善地方政府协商合作机制，合作建设流域综合交通运输体系，推进沿江产业有序转移和优化升级，联手推进流域生态环境保护和建设，推动上中下游地区协调发展。有效推进流域协同治理，积极建立毗邻省份、地市发展规划衔接机制，发挥部际、省际、省部际联席会议制度作用。鼓励公众对流域各项活动的监督，畅通流域内利益相关者参与流域综合治理的渠道。

2. 加强省际交界地区合作

支持省际交界地区开展合作，大力推动晋陕豫黄河金三角示范区、粤桂合作特别试验区、湘赣开放合作试验区、川渝合作示范区、闽粤经济合作区等省际交界地区合作，推动建设一批省际交界地区合作发展试验区，积极探索统一规划、统一管理、合作共建、利益共享的合作新机制。加强省际交界地区相关城市交流合作，推动重要节点城市率先协同发展，构建城市政府间联席会议制度，完善相关省份高层领导会晤机制（金碚，2015）。充分发挥中介组织、社会团体、科研机构的桥梁和纽带作用，更好发挥国家级和省际大型经贸投资洽谈会、论坛、博览会等会展作用，形成多元参与、协商共治、共建共享的区域合作良好局面。支持组建跨区域行业协会（商会）联盟，鼓励相关行业协会（商会）开展合作。

3. 加强城市群内部合作

加强城市群内部城市间的紧密合作，推动城市间产业分工、基础设施、公共服务、环境治理、对外开放、改革创新等协调联动，加快构建大中小城市和小城镇协调发展的城镇格局，率先实现区域协同协调发展，积极建设长三角城市群一体化发展示范区。积极探索建立城市群协调治理模式，发挥政府性合作组织的积极作用，发挥市场在资源配置中的决定性作用，破除行政壁垒和区域垄断，促进生产要素跨区域自由流动和优化配置；鼓励成立多种形式的城市联盟，积极发展区域性行业协会、商会及各类社会中介组织，鼓励企业组建跨地区、跨行业产业联盟、技术联盟、创新联盟和人才联盟等。积极开展城市群之间的协同发展，发挥不同城市群的比较优势，加强在产业转移、技术创新、基础设施、生态环境等方面的合作，促进城市群融合互动发展。

4. 积极开展国际合作

以“一带一路”建设为统领，实行更加积极主动的开放战略，完善互利互赢、多元平衡、安全高效的开放型经济体系。完善对外开放区域布局，探索扩大内陆沿边开放新模式和新路径，建设内陆开放战略支撑带，继续坚定不移扩大沿海开放，支持沿海地区全面参与全球经济合作和竞争，培育具有全球竞争力的经济区。加强区域、次区域合作，进一步发挥澜沧江－湄公河合作、大湄公河次区域经济合作、孟中印缅经济走廊、中亚区域经济合作、图们江地区开发合作等国际区域合作机制作用。充分利用高层次领导会晤、各类政府间合作委员会及下设的地方政府合作分委会等平台机制，推动地方开展国际区域合作。加强边境口岸建设管理，提高通关效能，提升对外开发开放平台水平，推进重点开发开放试验区建设，支持边境经济合作区发展，稳步建设跨境经济合作区，更好发挥境外经贸合作区的带动作用。

（三）优化区域互助机制

开展区域间的互帮互助是中国特色社会主义的优势所在，尤其是对我国的新疆、西藏等边疆少数民族地区，我国建立了相对完善的对口支援机制，同时对贫困落后地区也开展了对口帮扶，此外还有对口协作，这都对促进区域协调发展起到了积极作用。

1. 深入开展对口支援

全面落实中央决策部署，面向新疆、西藏和青海、四川、云南、甘肃四省藏区等特殊边境民族地区，组织开展干部、人才、经济、教育、科技、产业等全方位对口支援，着力促进民生改善和产业发展，不断增强自我“造血”能力，着力促进民族交往交流交融，筑牢社会稳定和长治久安基础。进一步提升对口支援规划的科学性，维护对口支援规划的权威性，加强资金和项目管理，强化绩效综合考核评价，不断将对口支援向更深层次、更宽领域、更高效益推进（陆大道，2002）。

2. 精准开展对口帮扶

按照中央关于实现巩固脱贫攻坚成果同乡村振兴有效衔接的要求，面向中西部脱贫地区，构建以人为中心的对口帮扶机制。继续组织开展对口帮扶和东西扶贫协作，加强组织领导，加大人才和资金支持力度，深入推进携手奔小康，大力开展产业合作和劳务协作，为贫困地区脱贫攻坚提供重要支撑。总结中央国家机关对口支援赣南的可复制可推广做法，向更大范围普及推广。支持以企业合作为载体，推动东西部人才、资金、技术、市场等要素有效对接，鼓励社会组织、公民个人对贫困地区和贫困人口开展帮扶。

3. 创新开展对口协作

面向经济转型升级困难地区，组织开展对口协作（合作），构建政府、企业和相关研究机构等社会力量广泛参与的多层次、宽范围、广领域对口合作体系。深入推进京津对口协作丹江口库区及上游地区，推动水源区实现绿色发展，确保“一泓清水北送”。继续开展对三峡库区等国家重大水利建设项目移民区的对口协作，支持库区提升基本公共服务供给能力。进一步深化东部发达省市与东北地区对口合作，推动东北地区对标东部发达地区先进经验做法，拓展东部发达地区发展空间，实现互利共赢。积极推动东中西合作，加大对承接产业转移示范区建设的指导和支持力度，建设一批承接产业转移示范区。

（四）健全区际利益补偿机制

不同的区域由于区位条件、国家空间管控、发展基础、资源禀赋等差异，造成发展过程中利益在区域间分布的不均衡，在关系密切的区域间建立区际利益补偿机制，对促进区域协调发展具有重要意义。

1. 完善横向生态补偿机制

按照“区际公平、权责对等、地方为主、中央引导、试点先行、分步推进”的原则，围绕流域上下游和重点生态功能区，不断完善以地方补偿为主、中央财政给予支持的横向生态补偿机制。鼓励生态受益地区与生态保护地区、流域下游与流域上游通过转移支付、资金补偿、对口协作、产业转移、人才培训、共建园区等方式建立横向补偿关系。鼓励在具备重要饮用水功能及生态服务价值、受益主体明确、上下游补偿意愿强烈的跨省流域建立横向生态补偿机制，探索开展跨多个省份流域上下游开展横向生态补偿试点。推动京津冀水源涵养区、广西广东九州江、福建广东汀江－韩江、江西广东东江、云南贵州广西广东西江等开展跨地区生态保护补偿试点（何树臣，2016）。

2．建立粮食主产区与粮食主销区之间的利益补偿机制

探索依据粮食调入量多少由粮食调入省级政府财政划拨适当资金建立粮食补偿基金，依据粮食调出量多少对粮食主产区进行补偿（戚斌，2017）。引导粮食主销区参与主产区粮食生产基地、仓储设施等建设，鼓励粮食主销区通过对粮食主产区提供金融、人才、技术等多方面支持等举措支持粮食主产区提高粮食综合生产能力，充分调动粮食主产区地方政府抓粮食生产和农民种粮的积极性，促进粮食产销区共同维护国家粮食安全，确保中国人饭碗里主要装自己的粮食。

3．健全资源转出地与资源转入地之间的利益补偿机制

围绕煤炭、石油、天然气、电热以及其他矿产等重点资源，坚持市场导向和政府调控相结合，加快完善有利于资源集约节约利用和可持续发展的资源价格形成机制，加快形成能够涵盖开采成本、市场供需、生态修复和环境治理等内容的价格形成机制。根据资源转出地与资源转入地之间的资源用量和资源价值，推进资源转出地与资源转入地之间共同建立生态修复和环境治理保障基金，鼓励资源转入地通过共建园区、产业合作、飞地经济等形式支持资源转出地发展接续产业和替代产业。

4．建立产业转出区与承接产业转移区之间的利益补偿机制

充分发挥我国国土空间广阔、区域比较优势明显和空间回旋余地大的优势，加快完善产业转出区与承接产业转移区（示范区）之间的利益补偿机制

（樊杰，2016）。鼓励产业转出区帮助承接产业转移区完善承接环境，务实推进在 GDP 统计、财税分享、建设用地指标置换、生态环境、政绩考核等方面开展创新，加强生态环境监管，严防污染跨区域转移，协同推进产业转出区产业升级和承接产业转移区加快发展。

五、建立有利于促进区域协调发展的政策体系

区域政策要不断明确作用对象，提高政策的精准性。同时，要针对不同类型区域，制定差别化的区域政策。此外，要不断完善区域政策实施的监督和动态调整机制，充分发挥区域政策的作用。

（一）明确区域政策的作用对象

从有利于推进区域协调发展的角度考虑，明确区域政策的作用对象和甄别主要区域问题对于制定具有针对性的政策非常有帮助。要改变目前以如此大的区域板块为空间单元制定区域政策的模式，要甄别影响区域协调发展的主要问题，并将问题相对集中的区域划定为区域政策的作用对象（范恒山，2011）。目前，影响我国区域协调发展的主要问题包括发展滞后、经济萧条和过度膨胀等，可以将这些问题集中的区域划定为落后地区、萧条地区和膨胀地区，制定有针对性的区域政策。要按照党的十九大精神，根据实施区域协调发展战略的需要和解决区域发展不平衡问题的需要，进一步明确我国区域协调发展中存在的主要问题，并划定这些区域问题比较集中的区域，以这些区域为基本空间单元完善我国的区域政策，提高政策的针对性。要对当前众多的区域类型进行归并分类，甄别区域问题和问题区域。我国目前的区域类型已经非常多，仅从国家层面来看，有西

部、东北、中部、东部四大战略板块，有作为乡村振兴重点县，有资源枯竭型城市，有老工业基地，有主体功能区中提出的优化开发区域、重点开发区域、限制开发区域、禁止开发区域，有作为国家重大区域战略的京津冀、长江经济带、粤港澳大湾区等，有特殊困难地区，比如西藏、青海、新疆、宁夏、内蒙古等省（区），有国务院确定负有先行先试任务的改革试验区，如上海自由贸易试验区、广东自由贸易试验区、天津自由贸易试验区、武汉自由贸易试验区、郑州自由贸易试验区，等等。这些不同类别的区域，划分的目的不同，有的是属于区域协调发展中的问题地区，有的则不是。有必要对如此多的区域类型进行梳理归类，根据它们所面临的主要区域问题进行分类管理，明确区域政策的作用对象，重点解决边境地区、资源枯竭型城市、库区、少数民族地区、革命老区、贫困地区、重点生态保护区、城市密集地区在发展过程中面临的特殊困难，促进区域的协调发展。

（二）完善我国区域政策体系

明确了区域问题和主要的问题区域，就可以制定具有针对性的区域政策。在我国不断完善社会主义市场经济体制的大背景下，区域政策的制定，要以不严重影响产业公平竞争和构建全国统一大市场为前提。在所有的区域政策中，最需要推进的就是完善财政转移支付政策。要重点推进预算制度和财政转移制度改革，争取将体制性税收返还全部纳入一般性财政转移支付之中，加强预算外收支管理，尽可能将其纳入预算内管理，财政收支预算和财政转移支付等详细信息要及时向社会公布，至少要向同级人民代表大会的全体代表详细公开，并以标准收支推进预算制度改革，由此推进财政转移支付制度改革，建立与公共服务相适应的公共财政体系，这是均衡不同地区人均可支配财力和推进区域协调发展的政策核心。同时，要针对不同类型地区面临的特殊困难，制定具有针对性的政策，促进区域协调发展。对于边疆地区，要结合国家的“一带一路”建设，制定有利于以贸促工、促进边境中心城市和边境互贸区（边境经济技术合作区）发展的有关政策，重点促进六大经济走廊建设。对于存在特殊困难的资源枯竭型城市，要按照《国务院关于促进资源型城市可持续发展的若干意见》，加大政策支持力度，增强其基本公共服务保障能力，重点用于完善社会保障、教育卫生、环境保护、公共基础设施建设和专项贷款贴息等方面。结合建立矿山环境治理恢复保证金制度试点，研究建立可持续发展准备金制度，由资源型企业在税前按一定比例提取可持续发展准备金，专门用于环境恢复与生态补偿、发展接续替代产业、解决企业历史遗留问题和企业关闭后的善后工作等。对于重点生态保护区，要通过建立并不断完善生态补偿机制，稳定生态保护区的生态保护资金来源渠道，促进重点生态保护区的生态保护工作。对于库区，要结合国务院《大中型水利水电工程建设征地补偿和移民安置条例》《国务院关于完善大中型水库移民后期扶持政策的意见》中的有关政策，切实解决移民安置问题。对于脱贫地区，除了要制定政策加大扶持力度外，还要完善扶持政策，确保扶持资金能够直接用于解决脱贫人口的民生问题。对于少数民族地区，特别是处于边远地区生活贫困的少数民族，要制定专门政策给予重点扶持，扶持资金也要直接用于这些贫困人口的民生问题。对于革命老区，要继续完善原有的扶持政策。对于粮食主产区，要借鉴发达国家扶持粮食主产区的有关政策，按照中央乡村振兴战略的要求，加大扶持力度，保证粮农的种粮收益能够基本与从事其他行业收益持平。对于城市密集地区，特别是“城市病”比较突出的地区，要在环境治理标准、土地利用标准等方面制定相关的政策，促进高能耗、高排放企业的外迁，推动此类区域产业结构的优化升级。

1. 完善以基本公共服务均等化为导向的区域政策体系

一是提高基本公共服务统筹层次。不断完善养老金中央调剂制度，在实现基础养老金全国统筹的基础上，加快推进养老金全国统筹步伐。不断提高基本医疗保险的统筹层级，尽快实现省级统筹，积极推动全国统筹。探索建立“全国统筹、省负总责、市县管理、社会监督”的义务教育经费保障机制，进一步提高中央财政用于义务教育的支出规模，研究设立针对乡村振兴重点县农村义务教育专项扶持津贴。强化省级政府统筹职能，加大对省内基本公共服务薄弱地区扶持力度，通过完善事权划分、规范转移支付等措施，逐步缩小县域间、地市间基本公共服务差距。深入推进基本公共服务领域财政事权和支出责任划分改革，规范基本公共服务领域中央与地方共同财权事项的支出责任分担方式，调整完善转移制度结构，增强市县财政特别是县级财政提高基本公共服务的保障能力。

二是推动城乡区域间基本公共服务衔接。加快养老保险、医疗卫生、义务教育、劳动就业等基本公共服务跨城乡和跨区域流转衔接的制度设计，研究制定养老保险、医疗卫生、义务教育等跨省转移接续的具体办法和配套措施，强化跨区域基本公共服务统筹合作。推动京津冀、长三角、珠三角等率先在基本公共服务跨区域流转衔接方面积极探索，加快形成可复制、可推广的经验。

2. 完善以构建统一开放、竞争有序的全国大市场为导向的区域政策体系

一是促进城乡区域间要素自由流动。全面实施全国统一的市场准入负面清单制度，消除歧视性、隐蔽性的区域市场准入限制，建立市场准入负面清单动态调整机制和信息公开机制。深入实施公平竞争审查制度，消除区域市

场壁垒，打破行政性垄断，防止市场垄断。研究提出促进劳动力跨区域流动的改革意见，全面放宽城市落户条件，深化“人地钱挂钩”配套政策，打破阻碍劳动力在城乡、区域间流动的不合理行政壁垒。促进资本跨区域有序自由流动，完善区域性股权交易市场，鼓励企业跨区域兼并重组，研究设立跨区域 PPP 基金。加快深化农村土地制度改革，推动建立城乡统一的建设用地市场，进一步完善承包地所有权、承包权和经营权“三权分置”制度，深入推进宅基地所有权、资格权、使用权“三权分置”改革。引导科技资源按照市场需求优化空间配置，加强对跨地区侵犯知识产权违法犯罪活动的防范和打击，深化京津冀知识产权服务一体化改革。

二是构建区域一体化大市场。推动长三角区域一体化建设，完善长三角区域合作办公室工作机制，深化三省一市在规划对接、改革联动、创新协同、设施互通、公共服务、市场开放等方面合作，进一步消除市场壁垒和体制机制障碍，共建一批开放性的合作平台，在更大范围内推动资源整合。率先推动京津冀、长江经济带、粤港澳等区域市场建设，探索共同监管、信息互通、规则体系共建和信用体系互认等方面的制度建设，加快构建区域一体化市场。

三是完善区域交易制度。由中央政府负责确定配额方法和市场监管，推动建立健全用水权、排污权、碳排放权、用能权额度初始分配制度，完善自然资源资产有偿使用制度，培育发展各类产权交易平台，积极推动交易机制试点。推进流域上下游间水权市场化交易，推进跨区域排污权、碳排放权有偿使用和市场化交易，总结推广重庆排污权交易、湖北碳排放权交易等试点经验。推进建立健全用能预算管理制度，探索开展用能权有偿使用和市场化交易。

3．完善差别化区域政策体系

实行差别化的区域政策。分区分类推进财税、产业、土地、环保、人才等政策在区域层面的落地实施，充分彰显区域比较优势，因地制宜培育和激发区域发展动能，提高各项宏观调控政策的区域精准性和有效性。中央预算内投资、中央财政一般性转移支付、专项转移支付继续向中西部等落后地区和东北等发展困难地区倾斜，完善对重点生态功能区的财政转移支付，落实西部大开发和中部地区“两个比照”的税收优惠政策。推动制定差别化的区域产业结构调整指导目录。实行差别化的区域用地政策，保障跨区域重大基础设施和民生工程用地需求，对边境和特殊困难地区实行建设用地计划指标倾斜，促进东部沿海等开发强度较高地区和城市化地区集约用地。推动建立差别化的区域环境保护政策，加强承接产业转移过程中的环境监管，防止跨区域污染转移。研究制定鼓励人才到中西部地区和东北地区工作的优惠政策，支持地方政府根据发展需要制定吸引国内外人才的区域性政策。

4．建立健全区域政策与财政、货币和产业政策的联动机制

加强区域政策与财政、货币和产业等政策的协调配合，优化政策工具组合，推动宏观调控政策的精准落地。短期要把稳增长和防风险更好结合起来，加大对经济增速明显放缓地区的短期政策支持力度，通过阶段性提高财政赤字率、实施区域定向准备金率、引导区域间产业转移等手段保持区域经济运行在合理区间，强化对杠杆率较高地区的动态监测预警，遏止地方政府举债冲动，强化地方金融监管合作和风险联防联控，更加有效防范和化解系统性区域性金融风险。长期要更加注重调结构和促改革，财政、货币、产业政策要服务于国家重大区域战略，围绕区域规划及区域政策导向，通过调节财政收支、加大政策性和开发性金融支持、协同制定普惠性、竞争性、引导性和约束性的产业政策等手段，加大力度对跨区域交通、生态环境保护、民生等重大工程项目的支持，推动区域高质量发展。

（三）完善区域政策的动态调整

对区域政策的实施效果建立相应的动态监测机制，对于发挥政策的效用，适时调整政策并不断完善政策具有重要作用。在建立政策实施效果评估的时候，一定要吸纳尽可能多的利益相关者参与，增加他们对区域政策实施效果评价的话语权，并可适当扩大利益相关者对调整完善区域政策的建议权甚至参与决策的权利，不能只是政策的制定者自己进行评估，自己进行调整和完善。同时，有关政策的制定标准、内容和过程等信息要及时公开，力求公正，防止不必要的地方攀比和权力寻租。要打破区域政策制定、执行和监督的内部运行制度，争取建立起区域政策制定、执行和监督的信息公开制度，拓宽非政府组织、广大民众等利益相关者的参与渠道，只有这样，才能保障区域发展中的利益诉求得到充分表达，才能保障区域政策的相对公平公正，才能保障财政资金使用的合法、合规、合理。同时，要建立起区域政策的动态调整机制。制定好的区域政策并不是一成不变的，要根据区域政策执行的情况和执行过程中出现的问题，及时进行动态调整，只有这样，才能使区域政策日趋完善。当然，建立区域政策的动态调整机制并不是增加区域政策的随意性，调整区域政策在有充足理由的前提下才能进行。

六、建立区域政策支撑保障体系

建立区域政策支撑保障体系，是确保区域政策发挥作用，并能够根据区域发展实践与时俱进、适时调整的重要举措，也是确保区域政策有效性和精准性的主要举措。

（一）建立完善区域政策评估体系

根据新时代我国区域发展中存在的不平衡不充分等主要问题以及实施区域协调发展战略的主要目标取向，加快建立并不断完善围绕区域人均收入、经济发展、基本公共服务、生态环境等重点领域，建立区域协调发展评价指标体系，科学客观评价区域协调发展状态，为科学制定区域政策提供参考。同时针对国家发布的区域规划，参照经济社会发展五年规划，开展区域规划实施中期评估和后评估，为及时调整和完善区域规划中的相关区域政策提供支撑。

（二）明确区域政策的责任分工

建立“中央统筹、省负总责、市县参与”的责任分工体系，确保区域政策能够有效运行。国家发展改革委负责区域政策的统筹协调，财政税务、自然资源、人力资源与社会保障、生态环境、农村农业等相关部委协同推进。明确省级政府在区域政策实施中的主体责任，制定相应区域政策的实施方案，确保区域政策能够顺利实施。

（三）完善区域政策法律支撑体系

研究制定促进区域协调发展条例，明确部门职能分工，规范区域政策内容。明确国务院有关部门在统筹区域政策中的具体职责，明确地方政府在推进区域政策实施中的权利、责任和义务，明确社会组织、科研机构、企业等参与区域政策制定和实施的作用。推进区域政策制定的规范化、制度化，在总结实践经验和借鉴国外成功做法的基础上，逐步推进促进区域协调发展的立法工作，使区域政策制定和实施有法律法规支撑。

参考文献

[1] 赵勇，魏后凯．政府干预、城市群空间功能分工与地区差距——兼论中国区域政策的有效性［J］．管理世界，2015（08）：14–29.

[2] 范恒山．国家区域政策与区域经济发展［J］．甘肃社会科学，2012（05）：77–80.

[3] 毛汉英．京津冀协同发展的机制创新与区域政策研究［J］．地理科学进展，2017（01）：2–14.

[4] 樊杰．我国国土空间开发保护格局优化配置理论创新与“十三五”规划的应对策略［J］．中国科学院院刊，2016（01）：1–12.

[5] 何树臣．京津冀水源涵养功能区的横向生态补偿途径探讨［J］．国土绿化，2016（06）：48–49.

[6] 陆大道．关于“点–轴”空间结构系统的形成机理分析［J］．地理科学，2002（01）：1–6.

[7] 安虎森，肖欢．我国区域经济理论形成与演进［J］．南京社会科学，2015（09）：23–30.

[8] 魏后凯，等．中国区域政策评价与展望［M］．北京：经济管理出版社，2010.

[9] 戚斌．我国城乡协调发展的影响因素探究［J］．中国物价，2017（08）：16–18.

[10] 魏后凯．新常态下中国城乡一体化格局及推进战略［J］．中国农村经济，2016（01）：2–16.

[11] 国土开发与地区经济研究所课题组．“十二五”时期促进我国区域

协调发展的重点任务和政策建议［J］. 宏观经济研究，2010（05）：3–15.

［12］范恒山. 我国促进区域协调发展的理论与实践［J］. 经济社会体制比较，2011（06）：1–9.

［13］金碚. 我国区域经济发展空间格局的新态势［N］. 北京日报，2015–06–01.

第九章
城乡区域协调发展研究综述

内容提要：关于城乡、区域发展关系的研究由来已久，这既是一个理论研究命题，更是一个实践问题，城市经济学、区域经济学等学科已有不少成熟的理论来诠释城乡区域发展的演化进程，政府部门在相关战略、规划和政策中对城乡区域发展也做出了明确的规定和引导。其中，“城乡区域协调发展”是一个带有价值判断标准的议题，“协调”体现了人们对城乡区域关系的一种目标追求。随着人类社会发展的不断高级化，以及相关研究对人地关系等问题认识的深化，越来越多的学者聚焦城乡区域协调发展研究，特别是在中国，随着新型工业化、信息化和农业现代化的深入推进，对于城乡区域关系的优化又有了更高层次的要求，亟待在新时代的大背景下，以相关学科的基础理论为支撑深化研究，进一步丰富学科理论，同时也能为国家现代化建设提供服务和指引。

一、城乡区域协调发展的理论溯源

基于对实践问题的研究，学术界梳理总结了城乡关系演化、区域协调发展的一般规律，为我们认识城乡区域发展关系提供了重要的理论依据。

（一）城乡关系理论研究的演进

国外对于城乡关系和城乡发展问题的研究起步较早，形成了相对丰富的理论体系，大致可以分为“早期城乡发展理论”“以城带乡理论”“以乡促城理论”和“城乡一体化理论”（见表 9-1）。20 世纪 50 年代以前，早期城乡发展理论初步形成。其中，三大空想社会主义思想体系代表人物对城乡关系的构想体现了城乡协调发展的原始构想，而马克思、恩格斯城乡发展理论从历史角度解释了城乡关系的演变。以芒福德、刘易斯为代表的“以城带乡”理论侧重于强调城市的作用（申晓艳、丁疆辉，2013），如，刘易斯二元经济理论认为，城乡协调发展就是农村劳动力向城市转移的过程。“以城带乡”理论是早期城市偏向政策的基础，因其忽视了农村对城市发展和国家宏观经济的支撑作用，导致了“城市病”、乡村更为贫困、公共服务更为缺乏等问题，遭受了理论界的广泛批判（李瑞光，2011）。在对“以城带乡”理论的批判基础上，“以乡促城”理论思想则主张通过加大乡村的投入来缓解城市压力，促进城乡协调发展。如，经济学家托达罗（Todaro）提出的“托达罗人口流动模型”认为，人口流动的动因是人们对城乡间的预期收入差距而非实际收入差距，因此单纯依靠城市工业化无法从根本上解决城市的失业问题，必须加强农村的投资发展力度（郭熙保，1998）。然而，部分“以乡促城”理论在实践应用中走向了另一个极端，乡村偏向政策过度强调乡村发展而忽略城市的带动作用，有损全社会的生产效率和城乡总体发展（秦高炜等，2017）。到 20 世纪 80 年代后期，城乡研究开始重视城乡联系和城乡相互作用，避免城市偏向政策和乡村偏向政策存在的弊端，逐渐形成城乡一体化、城乡融合发展的理念（秦高炜，2017）。其中，麦基（McMee）的 Desakota

模式，打破了城乡二元空间概念，标志着城乡关系研究进入城乡一体化理论时代。

表 9-1 经典城乡关系理论的演进

理论类型	代表人物（理论）	主要观点
早期城乡发展理论	三大空想社会主义者（圣西门、傅立叶和欧文）	“城乡社会平等”观、“法郎吉”工农结合社会基层组织设想、“新和谐村”劳动公社设想等从城乡空间形态层面避免城乡分离状态，提倡城乡协调发展
	马克思、恩格斯城乡发展理论	城乡融合是社会发展的总体趋势，随着时间的推移，城乡遵循“分离—对立—融合”的必然趋势，但需要漫长的历史过程
“以城带乡”理论	刘易斯·芒福德（Lewis Mumford）	主张以城市为中心，建立一个大范围的区域统一体，把城市和乡村现有的要素都归纳到该统一体中，最后以城市为主体促进区域整体的发展
	刘易斯（Lewis）	二元经济理论：达到区域之间的平衡应以城市为中心，通过城乡之间资源要素的流通，实现城市带动乡村地区的发展
“以乡促城”理论	霍华德（Howard）	田园城市：用城乡一体化的新型社会结构形态取代城乡对立的旧社会形态
	迈克尔·利普顿（Michael Lipton）	城市利用独特的政治优势使社会资源不合理地流向城市，造成城乡间的不平等，因此，农村地区应获得更多的政策支持，实现有序发展
	迈克尔·保罗·托达罗（Michael Paul Todaro）	单纯依靠城市工业化无法从根本解决城市的失业问题，必须重视农村的发展
“城乡一体化”理论	特伦斯·加里·麦基（Terence Gary McMee）	Desakota 模式，城乡间相互作用导致城乡边界日渐模糊、联系日益密切，从而出现了一种农业与非农业并存、互动的地域结构类型

资料来源：秦高炜，孙东琪，王仲智，等．国内外城乡一体化研究进展［J］．现代城市研究，2017（8）：70-76．申晓艳，丁疆辉．国内外城乡统筹研究进展及其地理学视角［J］．地域研究与开发，2013，32（5）：6-12，45．

（二）区域协调发展的理论解释

从国外学术研究看，关于趋同增长（Convergent Growth）和趋异增长（Divergent Growth）的讨论能够从经济学角度解释区域协调发展的内在规律和演化趋势（见表 9-2）。其中，趋同增长指区域间的差异随着时间的推移而呈现减小趋势。基于规模收益不变（递减）和完全竞争的假设，新古典经济增长理论预测了区域间呈现收敛增长。如，以出口基础理论和索洛模型（Solow，1956；Swan，1956）为代表的新古典外生增长理论指出，较富有地区资本的边际收益率较低，因此资本会从发达地区向欠发达地区流动，最终实现区域经济的趋同。然而，实证发现现实情况往往相反，随着市场开放度或区域一体化程度的提高，资本、劳动力等可流动要素会从欠发达地区向发达地区流动（Dawkins，2003）。趋异增长指区域极化与扩散效应是区域空间结构形成和发展的基本动力机制，区域间的差异随着时间的推移而呈现扩大趋势，即贫者越来越贫，富者越来越富。区域趋异增长理论包括佩鲁的增长极理论（Perroux，1950）、缪尔达尔的循环累积因果理论（Myrdal，1957）、弗里德曼的中心边缘理论（Friedmann，1966）、廉姆逊的倒“U”形理论（Williamson，1965）、赫希曼的不平衡增长理论（Hirschman，1958）等。

表 9-2　区域增长模式与代表理论

区域增长模式	代表理论
区域趋同增长	出口基础理论（Export Base Theory）（Tiebout，1956）、新古典外生增长理论（Neoclassical Exogenous Growth Theory）
区域趋异增长	增长极理论（The Growth Pole Theory）（Perroux，1950）、循环累积因果理论（The Cumulative Causation Theory）（Myrdal，1957）、核心边缘理论（Center-Periphery Model）（Friedmann，1966）、倒“U”形理论（Williamson，1965）、赫希曼不平衡增长理论（Hirschman，1958）、梯度推移理论等

此外，自20世纪80年代以来，新经济地理学的崛起为区域协调发展提供了重要的理论框架和方法论基础（付晓东，2013）。新经济地理学以迪克西特（Dixit）和斯蒂格利茨（Stiglitz）垄断竞争模型为基础，在规模收益递增、不完全竞争和“冰山”形式的运输成本三个前提条件下，从聚集经济、递增收益、规模经济性、外部性或者说溢出效应等角度出发，预测了区域经济的“核心—外围”模型（Core-Periphery Model）。即规模较大区域常常吸引可流动要素，市场规模较大区域会不断强化自身的优势，市场规模较小区域会不断失去自身的优势，这种循环累积过程导致了市场规模较大区域最终成为该经济体的核心区而市场规模较小区域最终沦落为边缘区（Krugman，1991；Fujita等，1999）。由于新经济地理学没有考虑到更广泛的社会、制度和环境问题，忽略了技术外部性，所预测的极端型“核心—外围”空间结构在现实经济空间中并不典型（刘安国等，2014）。因此，扩展的新经济地理学认为，极端的“核心—外围”格局隐含着“市场失灵”，需通过实施长效型的区域空间格局优化政策促进区域协调发展，继而提出将环境变量和技术外部性引入模型，使得“核心—外围”格局为非极端型的适度集聚，将这种非极端型的适度集聚与新经济地理学预测的极端集聚空间均衡格局比较，可以建立起标准化的区域协调发展理论体系（刘安国等，2014）。

从国内看，付晓东（2013）将我国区域增长理论研究划分为三个时期：均衡发展时期、非均衡发展时期和协调发展时期。在均衡发展时期，我国主要借鉴马克思主义的劳动地域分工理论和苏联生产力布局的经验和模式，提出了均衡发展的生产力布局。在非均衡发展时期，随着我国区域政策向效率导向转变，我国区域发展理论更加侧重于区域发展的效率，在引进西方区位理论、增长极理论等的基础上，结合我国实际情况，进行了广泛的应用和探索。例如，在增长极理论的基础上提出的点轴开发理论（陆大道，2002）、针对不平衡增长理论和平衡增长理论提出的非均衡协调发展理论（魏后凯，

1995）。协调发展时期，我国区域发展由侧重效率转为效率与公平兼顾，相对侧重公平。理论界关于区域发展的研究也进入了一个新的“均衡统筹协调发展”阶段，内容上更加倾向于民生福祉、社会公平、人文内涵、自然生态、技术进步、要素流动等全面协调统筹发展（付晓东，2013）。如，孙海燕、王富喜（2008）将自组织理论、劳动地域分工理论、相互依赖理论、竞争合作理论与可持续发展理论作为区域协调发展的理论基础与依据，指出区域协调发展是区域内部和谐及区域外部共生，即在区域内部形成一个有机整体，实现良性竞争与紧密合作，与区域外部关系融洽，形成优势互补、整体联动的经济、社会、文化和生态的可持续区域发展格局。

二、我国城乡区域协调发展评价相关研究综述

国内学者就我国城乡区域协调发展的评价做了大量的研究，但是由于评价标准、思路和方法不尽相同，往往结论也存在一定差异。

（一）对我国城乡关系现状的评价与认识

我国城乡协调发展的提出源于长期存在的典型城乡“二元结构”，具体表现为分割的治理体制和市场体系，不同的工业化模式和投入机制等问题，造成明显扩大化的城乡差距，严重影响了我国的社会主义市场经济体制的形成和我国实现现代化的步伐（魏杰等，2015）。当前，以人为核心的城乡一体化，其根本目标是城乡居民福利水平一体化，实现这一目标取决于三个方面：一是实现劳动力在城乡、地区间流动及农民工市民化，二是城乡土地要素平等交换及农村土地流转，三是城乡公共服务尤其社会保障体系的一体化（安虎森、肖欢，2015）。

关于城乡协调发展的特征和模式，倪鹏飞等（2016）认为城乡一体化发展应该包含四个基本特征，即城乡收入差距合理化、城乡公共服务均等化、城乡基础设施一体化、城乡结构转化合理化，同时借鉴国内外研究经验，可将我国城乡一体化发展进一步细分为萌芽阶段、初现阶段、快速发展阶段和成熟阶段，继而判断我国正处于城乡一体化从初现阶段向快速发展阶段的转换期（见表 9–3）。对于我国城乡协调发展的模式，魏杰等（2015）总结认为，主要分为自上而下型、自下而上型和自上自下混合型三类模式，每类模式呈现不同的动力机制（见表 9–4）。

表 9–3　我国城乡一体化发展阶段

指标	萌芽阶段	初现阶段	快速发展阶段	成熟阶段
城镇化率 / %	30 以下	30~50	50~70	70 以上
城乡收入比	1.5~2.5	2.5~4	1.5~2.5	1.1~1.5
人均 GDP / 美元	≤ 1 400	>1 400~3 500	>3 500~10 500	>10 500
一产增加值比重 / %	>40	>22~40	10~22	<10

资料来源：倪鹏飞等（2016）。

表 9–4　我国城乡协调发展模式

城乡协调发展模式	具体内涵	动力机制
自上而下型	国家通过有计划地发展大城市，通过其辐射扩展效应，带动周边乡村地区发展	城市的辐射带动力
自下而上型	由民间和地方社区政府或者外资通过投资建设城镇，随着乡镇企业发展壮大，促进要素集聚形成小城镇，从而不断发展演变成为城市，最终实现城乡融合	乡镇企业的蓬勃发展
自上自下混合型	城乡协调发展的动力既来自城市对周围农村地区的辐射带动力，也来自乡村吸引要素向乡村流动集聚的吸引力和对城市发展的推动力	城市的辐射带动力和乡村的推动力

资料来源：魏杰等（2015）。

（二）对我国区域协调发展内涵的认识与测度

关于区域协调发展的内涵，随着研究和认识的深入，学界逐渐形成了一些代表性观点。例如，国家发展改革委宏观经济研究院国土开发与地区经济研究所课题组（2003）指出，区域经济协调的内涵由五个部分构成：一是各地区的比较优势得到有效发挥；二是生产要素能够在各地区之间比较顺畅地流动；三是各地区居民在可支配购买力及公共产品享用水平上的差距能够限定在合理范围之内；四是各地区之间基于市场经济导向的经济技术合作能够很好地实现；五是各地区国土资源的开发、利用、整治和保护能够实现统筹规划和互动协调。魏后凯（2009）从科学发展观角度提出"新型区域协调发展"的概念，包括三方面含义：一是全面的协调发展，二是可持续的协调发展，三是新型的协调机制，在区域协调发展的诸多标准中，地区间居民收入差距的缩小和基本公共服务的均等化最为关键。杜鹰（2012）提出区域协调发展的四大目标：一是遏制地区间人均生产总值差距扩大的趋势，使之保持在适度的范围内；二是缩小地区间基本公共服务差距，使各地区人民都能享受大体均等化的基本公共服务，确保改革发展成果由全体人民共享；三是立足充分发挥各地区的比较优势，实现优势互补、共同发展；四是人与自然的关系处于协调和谐状态。各地区的经济发展，必须符合主体功能定位的要求，充分考虑本地区的资源环境承载能力，做到开发有度、开发有序、开发可持续，促进经济社会发展与人口资源环境相协调。

关于测度方法，自 20 世纪 90 年代以来，学界对我国区域发展协调程度的考察，基本上沿用两种实现路径。

一是通过对区域差距的测度来判断区域协调发展的状况。总结起来，有三种区域差距测度手段，即绝对系数（如极差、平均差、极值比、均值比等）、相对系数（如基尼系数、变异系数、泰尔系数等）、收敛性检验（α、β、γ 收敛等）。由于测度视角、指标选择、测度方法的差异性，结论并不完全统一。例如，测度 1978—2000 年中国省区人均生产总值的差距，用基尼系数来描述是缩小的，用库兹涅茨比率描述则略有扩大，而用威尔逊系数描述则是先缩小后略扩大（吴殿廷等，2003）。也有研究发现，基于人均地区生产总值的中国区域差距呈曲线变动趋势，例如，倒“U”形（魏后凯，2010）、倒“S”形（金相郁，郝寿义，2016）等。可见，基于差距角度对区域发展协调趋势的判断并无定论。此外，学者们关于区域经济差距测度的研究，本书第七章有详细综述。

二是对区域内部各要素之间的协调匹配性进行度量，即基于区域可持续发展的基本思想，测算某一区域（如全国范围、特定经济区或省份）内部在特定时期人口、资源、环境、经济、社会等要素之间的协调匹配程度（陈静，曾珍香，2004；刘志亭，孙福平，2005；徐盈之，吴海明，2010）。这类研究对区域内部资源合理配置具有一定的参考价值。但是，该测度视角，一方面由于指标体系庞杂、研究侧重点不同、判断标准不一致，往往对同一对象的研究结论并不统一，一定程度上失去可比性；另一方面基于要素匹配性程度的区域比较，其隐性条件就是将全国统一开放的要素市场进行区域分割，不符合中国建设社会主义市场经济体制的基本要求，同时忽视了区域间发展程度的比较，不能考察国家区域发展战略演变下区域发展协调程度的变动趋势。

此外，一个有启发性的案例研究，即曾福生、吴雄周（2011）选取城乡二元劳动生产率、城乡居民恩格尔系数、支农支出占预算支出的比重、城乡居民人均收入和城乡居民人均居住面积为单项评价指标，以因子分析法对湖南省 1978—2008 年的城乡区域协调发展水平进行测度和评价。在指标的设定形式上，作者并未选取城乡绝对量指标，而是采用了比值形式的结构性指标，即以农村值和城镇值中较大的作为分母，较小的作为分子。这种指标设定方式具有以下优点：一是体现了“城乡区域”在区域协调发展中的主体地位，并将“区际联系”直接反映于具体指标之中，从而较好地体现了区域协调发展；二是比值形式的设置有助于消除指标量纲的影响，保证了指标在时间上或者空间上的可比性；三是所有具体指标值均位于 0 到 1 之间，较符合人们对于“协调”概念的认知习惯。

三、影响我国城乡区域协调发展因素相关研究综述

随着城镇化、工业化的深化推进，我国业已进入城市社会，此外 2008 年金融危机以后，国内外宏观形势发生深刻变化，着眼新时代全面推进现代化建设，影响城乡区域协调发展的传统因素和新的因素都值得重视。

（一）影响城乡关系的主要因素

在我国，长期以来的城乡二元体制结构是制约城乡协调发展的根本因素，因此要加快从体制机制上破除城乡二元结构（王梦奎，2004；吴晓华，2009）。此外，由于城乡关系的演变总是处在特定的时代背景和区域发展条件下，因此，城乡关系的影响因素，既要考虑农村、城市本身，更要考虑外部发展环境变化。

从补齐农村短板看，王艳飞等（2016）基于 GIS 技术和 ESDA 方法，借助空间计量经济学模型探讨城乡协调发展影响因素，现阶段我国教育投资、教育水平、基础设施建设对城乡协调发展的作用仍需进一步加强。特别是农村交通、信息基础设施等公共产品供给的改善，有利于促进资源、劳动力、资金、技术等要素在城乡之间的流动，更好发挥城市的集聚和扩散功能，对城乡经济协调具有很强的拉动作用（朱广芹，佟光霁，2008）。

从城市与区域发展角度看，戚斌（2017）运用耦合协调度模型，基于各省面板数据进行分析并验证城市化率、人均 GDP 和城市集中水平等影响地区城乡协调发展的因素，发现提高城市化水平、经济发展水平、构建扁平化的地区城镇体系对于城乡协调具有正向推动作用。此外，在中国经济进入以“增速减缓、结构优化、动力多元、质量提升”为基本特征的新常态是一把“双刃剑”，既给城乡一体化发展提供了良好机遇，也将使推进城乡一体化面临严峻挑战，其中包括农民增收和市民化难度加大，“农村病”综合治理刻不容缓，资源配置亟待实现城乡均衡，城乡二元体制急需加快并轨等（魏后凯，2016）。

（二）影响区域协调发展的因素

我国区域发展差异大，既有自身的先天因素，也有发展过程中产生的阶段性因素，还有外部因素、制度因素等。归纳起来，可以包括以下几个方面。

一是区域空间属性的不均质。由于在市场机制的作用下，企业总是在自然条件相对优越、生产要素成本低廉、投资环境良好、提供原料产地或销售市场、区位优势较为明显的异质空间（区位）上进行投资，从而出现经济发展的增长极，导致区域经济在空间布局的不均衡（张学良，2012）。

二是宏观经济变动的周期性影响。外部宏观经济环境变化会影响各地区经济要素投入增长的变化。例如，2008 年全球金融危机给我国区域经济增长带来深远影响，由于各地区的产业结构和经济发展阶段不同，金融危机对各区域增长的影响也不尽相同。从资本角度看，由于沿海地区经济增长普遍具有较高的外贸依存度，外部需求的大幅下降导致投资增速放缓，而中西部地区工业化和城市化刚刚进入一个快速发展的车道，固定投资依然保持稳步增长；从人力资本角度看，短期内劳动力会由东部沿海地区向内陆地区转移；

从技术动力角度看，东部沿海地区将会从技术进步中获得更大的增长动力（董雪梅等，2009）。

三是区域创新能力的差异。区域经济增长与技术创新能力呈较强的相关性（谢波，2013），特别是由于资源开发往往易于对创新活动产生挤出效应，因此对于资源禀赋富集地区更要通过提高区域的技术创新能力来驱动经济内生增长，否则会陷入“资源诅咒”困境（邵帅，杨莉莉，2014）。

四是信息化及数字技术应用因素。例如，有研究认为东西部信息化差距缩小将有利于区域经济协调发展（徐瑾，2010）；信息技术发展对我国省域经济增长有显著促进作用，且信息技术具有空间溢出效应（张红历等，2010）。当然，也有研究认为，信息化在不同区域反应到地区经济增长上，会表现出不同的贡献（姜涛等，2010；卜茂亮，展晶达，2011），甚至短期内信息化会加剧地区差距，信息化程度差异与地区收入差距呈正相关关系（胡晓鹏，2003）。

五是交通基础设施改善。例如，林晓言等（2015）分析认为，高速铁路能够带动区域经济增长，优化区域经济结构，形成高速铁路经济带，高速铁路对于区域经济发展及其格局优化具有正相关效应和基础性作用。此外，由于交通条件改善，东中西部发展的战略空间都将发生极大变化，过去的交通闭塞地区可能成为“交通要道”，过去的边远地区可能成为“国际门户”（金碚，2015）。

除此之外，基于不同方法和视角剖析，还有一些其他影响因素。例如，人力资本差异（郭志仪，曹建云，2007），物质资本差异（徐现祥，舒元，2004），不同区域所处发展阶段、需求变化、要素和资源价格变化以及发展战略变化（刘云中，何建武，2011），劳动收入份额、固定资产和人力资本投资强度（谢少华，2015），国有化程度（皇甫荣，2008），产业结构演进区域同质性（吕健，2012），以及主体功能区等国家战略（樊杰，2017），等等。

四、促进我国城乡区域协调发展思路相关研究综述

由于在不同发展阶段城乡区域发展的战略目标不同，促进城乡区域协调发展的思路和任务侧重点也不尽相同，关于相关思路的研究也不断深入。

（一）优化城乡发展关系的思路

与我国城乡发展政策相结合，学界相继沿用了城乡统筹、城乡一体、城乡融合等概念，总体上都着眼于如何缩小城乡发展差距。随着城乡发展由集聚逐步走向扩散，城乡市场一体化趋势日益突出，城乡分割必然会逐步走向融合（李文宇，2015）。从内涵上看，城乡协调发展包括社会、经济、生态等各个方面，其目的是消除城乡差别，打破二元结构，促进城乡协调可持续发展（魏杰等，2015）。对于如何解决城乡分割的问题，学者们基于不同视角提出了相应的思路。

一是制度性建设是城乡融合发展的核心和根本，解决城乡问题的关键是要破除原有城乡关系的惯性思维和固有框架（李人庆，2017）。要积极推动农村集体土地产权制度改革，建立覆盖城乡的公共财政管理体制、完善的乡村社会管理体制、覆盖城乡的社会保障管理体制和覆盖城乡的收入分配管理体制（曲福田，田光明，2011；张明斗，2017）。二是以城乡基本公共服务均等化作为社会突破口，补齐农村基本公共服务均等化的短板（耿卫新，2011）。三是在空间载体上，推动城乡融合发展的突破口在于特色小城镇建设，以小城镇为纽带，促进实现一二三产业融合发展，有效带动城乡一体化发展（郑新立，2018）。四是由于统筹城乡发展具有鲜明的地域性和阶段性特征，不能盲目追求普适性的城乡一体化模式，应进行差别化城乡规划的制度设计，引导城乡协调发展（李兵弟，2010）。

（二）促进区域协调发展的总体思路

随着区域战略的完善推进和国内外宏观形势的变化，不同时期促进区域协调发展的思路在延续中不断深化创新。例如，“十二五”时期，基于区域间基本公共服务差距较大、人口经济资源环境空间失衡、东中西产业互动关系不强、欠发达地区发展困难等问题，将推进各地区居民享有均等化的基本公共服务作为区域协调发展的首要任务（国家发展改革委国土开发与地区经济研究所课题组，2010）。这一时期，以促进区域协调发展为主线，全面贯彻实施区域发展总体战略和主体功能区战略，既重视发挥地区比较优势，加快缩小地区差距，又努力实现区域间的合理分工，不断优化国土空间布局（范恒山，2011），加快构筑经济优势互补、主体功能定位清晰、国土空间高效利用、人与自然和谐相处的区域发展新格局（杜鹰，2012）。“十三五”时期，随着四大区域、三大战略等区域协调发展战略框架的逐渐搭建，东西联动、内外联动形成全方位对外开放格局成为区域发展的新要求，区域协调发展要以深入推进主体功能区建设为重点，坚持创新驱动区域发展和大力促进区域信息化，实施东西并重、内外联动的全方位开放战略，进一步完善区域补偿政策，逐步缩小地区差距（王业强，魏后凯，2015）。

此外，从不同视角，也有不少研究提出促进区域协调发展的具体思路。例如，从国土空间优化角度，有研究提出应当构建“两区、三带、若干点”的区域格局，将全国划分为“西部政策扶持区”和“东中部地区”，依托交通干线和大江大河，构建陆桥经济带、长江经济带和珠江－西江经济带，加强东西方向的经济联系，并形成创新试验型、经济增长型、转型发展型等若干对经济发展有示范带动和支撑保障作用的城市或区域（李华，王青云，

2015)。从体制机制角度，应加快建立完善包括市场机制、空间组织机制、合作机制、援助机制和治理机制所组成的有利于促进区域协调发展的机制体系（覃成林，2011）等。从陆海统筹角度看，应努力建设中国海域大“S”形经济带，作为国家全面经略海洋、建设海洋强国的战略依托（李靖宇等，2017）；应统筹海岛利用、港口建设和沿海城市发展，进一步密切沿海和腹地的经济联系，以环渤海区域、长三角和珠三角等重点海洋经济区为支撑促进海洋经济差异化发展等（马仁锋等，2017）。

（三）统筹考虑城乡区域协调发展的研究

值得一提的是，也有一些研究将统筹城乡区域协调发展作为一个整体性的研究对象提出，较为集中的观点是把城镇化当作缩小城乡之间、地区之间收入分配差距的有效途径，提出我国应该以新型城镇化为主导统筹城乡区域发展（黄坤明，2010；张燕平，胡书东，2011）。程必定（2005）提出了具体路径，认为应以城市为重点，推进城镇化战略，统筹城乡发展，在此基础上构筑城市经济圈，统筹区域发展，从而实现城乡、区域和谐发展。此外，陈钊、陆铭（2008）提出城乡区域协调发展应在集聚中走向平衡，认为地区间平衡要靠发展东部来解决，设计和制定合理的机制让内地分享东部的发展成果，城乡间平衡要靠发展城市来解决，要让更多的农村劳动力在城市安居乐业，通过城乡和区域统筹发展的政策创新，实现平衡与效率携手并进。陆铭（2010）进一步提出土地制度改革是城乡和区域统筹发展的关键，其中建设用地指标可交易是突破口，可以一揽子解决我国城乡和区域统筹发展面临的诸多问题。另外，也有学者通过梳理总结，介绍了促进城乡区域协调发展的地方经验（张军，2012；雷静，程水源，2013）。

五、城乡区域协调发展研究简要述评与展望

关于城乡区域协调发展的理论与实践研究由来已久，已有丰富的研究成果，国内具有中国社会主义特色的城乡统筹和区域协调发展的理论框架也基本建立起来，国外已有不少成熟的学科理论能够较好地解释城乡区域关系的演化。但值得注意的是，由于中国国情的特殊性，国外部分理论不能生搬硬套地应用到中国，特别是国外大部分城乡发展理论都缺少对制度因素的分析，在我国的适用性需慎重考虑（李世杰等，2014；陆铭，2017）。当前，在推进现代化建设的新时代，围绕高质量发展的目标要求，中央提出建设彰显优势、协调联动的城乡区域发展体系，这是对中国特色社会主义城乡区域发展理论的进一步深化，但是显然理论研究滞后于战略思想的提出。下一步至少应围绕以下方面开展深入研究：

一是城乡区域协调发展体系建设的中国理论研究。立足中国国情，按照中央关于现代化经济体建设和高质量发展的要求，系统研究城乡区域发展体系的基本构架、内在运行机理，以及在现代化经济体系中的地位和作用。

二是城乡区域协调发展体系的建设思路与任务研究。着眼到2025年、2035年和2050年等不同发展阶段支撑现代化经济体系的需要，研究提出建设彰显优势、协调联动的城乡区域发展体系的战略思路、路线图和重点任务等。

三是城乡区域协调发展评价的方法论研究。围绕城乡区域协调发展的动态监测、科学评价需要，加快研究提出新时期城乡区域协调发展的评价标准，并以相关学科的技术方法为基础，积极融合新技术手段，研究更加科学的评价方法。

四是城乡区域协调发展的政策体系研究。国家在统筹考虑效率与公平、政府与市场、经济与社会、生产与分配、生态与环境等诸多关系的基础上，

已制定了一系列政策，在很大程度上缓解了我国城乡分割严重、区域发展差距过大等问题。但是，当前紧扣社会主要矛盾变化，我国城乡区域发展不平衡不充分问题依然突出，需要进一步构架完善适应新时代，有利于促进区域协调发展的政策体系。

参考文献

［1］申晓艳，丁疆辉．国内外城乡统筹研究进展及其地理学视角［J］．地域研究与开发，2013，32（5）：6–12.

［2］李瑞光．国外城乡一体化理论研究综述［J］．现代农业科技，2011（17）：336–338.

［3］郭熙保．发展经济学经典论著选［M］．北京：中国经济出版社，1998.

［4］秦高炜，等．国内外城乡一体化研究进展［J］．现代城市研究，2017（8）：70–76.

［5］Solow，Robert M. 1956. A contribution to the theory of economic growth. Quarterly Journal of Economics，70：65–94.

［6］Swan，Trevor W. 1956. Economic growth and capital accumulation. Economic Record，32，44：334–361.

［7］Dawkins，C. 2003. Regional development theory：Conceptual foundations，classic works，and recent developments. Journal of Planning Literature，18，2：131–172.

［8］Perroux，Francois. 1950. Economic space：Theory and applications. Quarterly Journal of Economics，64，1：89–104.

［9］Myrdal，Gunnar. 1957. Economic theory and underdeveloped regions. London：Duckworth.

[10] Friedmann, John. 1966. Regional development policy: A case study of Venezuela. Cambridge, MA: MIT Press.

[11] Williamson, Jeffrey G. 1965. Regional inequality and the process of national development: A description of the patterns. Economic Development and Cultural Change 13, 4: 158–200.

[12] Hirschman, Albert O. 1958. The strategy for economic development. New Haven, CT: Yale University Press.

[13] 付晓东 . 中国区域经济理论研究的回顾与展望 [J] . 区域经济评论，2013（2）：141–153.

[14] Krugman, Paul. 1991. Geography and trade. Cambridge, MA: MIT Press.

[15] Masahisa Fujita, Paul Krugman, and Anthony J. Venables. 1999. The spatial economy: Cities, regions, and international trade. Cambridge, MA: MIT Press.

[16] 刘安国，等 . 新经济地理学扩展视角下的区域协调发展理论研究：综述与展望 [J] . 经济问题探索，2014（11）：184–190.

[17] 陆大道 . 关于"点–轴"空间结构系统的形成机理分析 [J] . 地理科学，2002（1）：1–6.

[18] 魏后凯 . 区域经济发展新格局 [M] . 昆明：云南人民出版社，1995.

[19] 孙海燕，王富喜 . 区域协调发展的理论基础探究 [J] . 经济地理，2008，28（6）：928–931.

[20] 魏杰，等 . 中国城乡协调发展的综合评价与研究 [J] . 山西农业大学学报（社会科学版），2015，14（11）：1124–1128.

[21] 倪鹏飞，等 . 中国城乡一体化进程研究与评估 [J] . 城市观察，2016（1）：5–19.

［22］安虎森，肖欢 . 我国区域经济理论形成与演进［J］. 南京社会科学，2015（9）：23–30.

［23］国家发展改革委宏观经济研究院国土开发与地区经济研究所课题组 . 区域经济发展的几个理论问题［J］. 宏观经济研究，2003（12）：3–6.

［24］魏后凯 . 新中国 60 年区域发展思潮的变革与展望［J］. 河南社会科学，2009，17（4）：8–11.

［25］杜鹰 . 区域协调发展的基本思路与重点任务［J］. 求是，2012（4）：36–38.

［26］吴殿廷，等 . 库兹涅茨比率的分解及其在我国地区差异分析中的应用［J］. 地理科学，2003，23（4）：427–433.

［27］魏后凯，等 . 中国区域政策评价与展望［M］. 北京：经济管理出版社，2010.

［28］金相郁，郝寿义 . 中国区域发展差距的趋势分析［J］. 财经科学，2006（7）：110–117.

［29］陈静，曾珍香 . 社会、经济、资源、环境协调发展评价模型研究［J］. 科学管理研究，2004（3）：9–12.

［30］刘志亭，孙福平 . 基于 3E 协调度的我国区域协调发展评价［J］. 青岛科技大学学报（自然科学版），2005（6）：555–558.

［31］徐盈之，吴海明 . 环境约束下区域协调发展水平综合效率的实证研究［J］. 中国工业经济，2010（8）：34–44.

［32］曾福生，吴雄周 . 城乡发展协调度动态评价：以湖南省为例［J］. 农业技术经济，2011（1）：86–92.

［33］王梦奎 . 关于统筹城乡发展的统筹区域发展［J］. 管理世界，2004（4）：1–8.

［34］吴晓华 . 实施城乡协调发展政策 加快二元经济结构转换［J］. 宏观

经济研究，2009(1)：14-20.

［35］王艳飞，等.中国城乡协调发展格局特征及影响因素［J］.地理科学，2006，36（1）：20-27.

［36］朱广芹，佟光霁.我国城乡协调发展影响因素的ISM分析［J］.商场现代化，2008：373.

［37］戚斌.我国城乡协调发展的影响因素探究［J］.中国物价，2017（8）：16-18.

［38］魏后凯.新常态下中国城乡一体化格局及推进战略［J］.中国农村经济，2016（1）：2-16.

［39］张学良.中国区域经济增长新格局与区域协调发展［J］.科学发展，2012（7）：64-78.

［40］董雪梅，等.金融危机对中国区域经济增长格局的影响分析［J］.价格理论与实践，2009（8）：50-51.

［41］谢波.资源产业集聚、技术创新能力与区域经济增长：基于省际面板的实证分析［J］.科技进步与对策，2013，30（7）：31-36.

［42］邵帅，杨莉莉.人力资本流动与资源诅咒效应：如何实现资源型区域的可持续增长［J］.财经研究，2014，40（11）：44-60.

［43］徐瑾.地区信息化对经济增长的影响分析［J］.统计研究，2010，22（5）：74-80.

［44］张红历，等.信息技术、网络效应与区域经济增长：基于空间视角的实证分析［J］.中国软科学，2010(10)：112-123.

［45］姜涛，等.我国信息化与区域经济增长关系实证研究［J］.科学学与科学技术管理，2010，31（6）：120-125.

［46］卜茂亮，展晶达.信息化与我国区域经济差距的实证研究［J］.科技进步与对策，2011，28（10）：25-30.

［47］胡晓鹏．区域差距与区域信息化：一体化互动关系［J］．财经理论与实践，2003（4）：65-69.

［48］林晓言，等．高速铁路与经济社会发展新格局［M］．北京：社会科学文献出版社，2015.

［49］金碚．我国区域经济发展空间格局的新态势［N］．北京日报，2015-06-01.

［50］郭志仪，曹建云．人力资冲对中已区域经济增长的影响［J］．中国人口科学，2007（4）：42-49.

［51］徐现祥，舒元．中国省区经济增长分布的演进（1978—1998）［J］．经济学（季刊），2004（2）：619-638.

［52］刘云中，何建武．地区经济增长格局的变动与区域差距的缩小：短期波动抑或长期趋势［J］．发展研究，2011（12）：7-12.

［53］谢少华．要素收入结构对区域经济增长的影响：基于我国省际面板数据的实证研究［J］．劳动经济，2015（4）：8-11.

［54］皇甫荣．地区经济增长分化因素分解与评价［J］．统计与决策，2008（22）：91-92.

［55］吕健．产业结构调整、结构性减速与经济增长分化［J］．中国工业经济，2012（9）：31-43.

［56］樊杰．解析我国区域协调发展的制约因素 探究全国主体功能区规划的重要作用［J］．中国科学院院刊，2007（3）：194-201.

［57］李人庆．找准城乡融合发力点［J］．中国发展观察，2017（23）：34-37.

［58］曲福田，田光明．城乡统筹与农村集体土地产权制度改革［J］．管理世界，2011（6）：34-46.

［59］张明斗．城乡一体化发展的体制创新策略研究［J］．宏观经济研究，

2017（2）：123–129.

［60］耿卫星 . 城乡基本公共服务均等化：破解城乡统筹发展的突破口［J］. 河北学刊，2011，31（5）：199–201.

［61］郑新立 . 抓住社会主要矛盾 推动城乡融合发展［J］. 中国井冈山干部学院学报，2018，11（2）：5–9.

［62］李兵弟 . 城乡统筹规划：制度构建与政策思考［J］. 城市规划，2010，34（12）：24–32.

［63］国土开发与地区经济研究所课题组 . “十二五”时期促进我国区域协调发展的重点任务和政策建议［J］. 宏观经济研究，2010（5）：3–15.

［64］范恒山 . 我国促进区域协调发展的理论与实践［J］. 经济社会体制比较，2011（6）：1–9.

［65］王业强，魏后凯 . “十三五”时期国家区域发展战略调整与应对［J］. 中国软科学，2015（5）：83–91.

［66］李华，王青云 . “十三五”时期我国区域协调发展思路研究［J］. 宏观经济管理，2015（10）：14–17.

［67］覃成林 . 区域协调发展机制体系研究［J］. 经济学家，2011（4）：63–70.

［68］李靖宇，等 . 中国陆海统筹战略取向［M］. 北京：经济科学出版社，2017.

［69］马仁锋，等 . 中国海洋经济演变及其区域比较［M］. 北京：中国财经出版社，2017.

［70］黄坤明 . 以新型城市化为主导统筹城乡区域发展［J］. 政策瞭望，2010（9）：4–7.

［71］张燕平，胡书东 . 依靠城市化优化发展助推区域和城乡统筹发展［J］. 社会科学战线，2011（4）：53–65.

［72］程必定. 城市为主导统筹城乡、区域和谐发展［J］. 青岛科技大学学报（社会科学版），2005（1）：9-12.

［73］陈钊，陆铭. 在集聚中走向平衡：城乡和区域协调发展的“第三条道路”［J］. 世界经济，2008（8）：57-61.

［74］陆铭. 建设用地指标可交易：城乡和区域统筹发展的突破口［J］. 国际经济评价，2010（2）：137-148.

［75］张军. 创新城乡、区域统筹发展：以杭州为案例［J］. 中国发展，2012，2（1）：46-50.

［76］雷静，程水源. 以城乡一体化推动城乡区域协调发展：以湖北省鄂州市为例［J］. 湖北农业科学，2013，52（06）：1478-1482.

［77］李世杰，等. 转轨期中国的产业集聚演化：理论回顾、研究进展及探索性思考［J］. 管理世界，2014（04）：165-170.

［78］陆铭. 城市、区域和国家发展：空间政治经济学的现在与未来［J］. 经济学（季刊），2017，16（04）：1499-1532.

案 例 篇

第十章

促进区域协调发展的最新进展、问题与政策启示

——基于国内16省区的案例调研

内容提要：通过对国内多地调研发现，受国家重大区域战略部署实施、各地区经济结构深度调整、交通基础设施条件加快改善等因素交织影响，我国促进区域协调发展既有一些积极进展和趋势性变化，也存在一些突出的新问题和潜在风险，值得引起关注和重视。综合梳理实地调研要点，对于研究今后一个时期促进我国区域协调发展的政策举措具有启示作用。

2018年以来，围绕及时捕捉新时期促进我国区域协调发展的一些新情况、新问题和新态势，以及调查研究实施区域协调发展战略的新思路、新举措等，本书课题组成员先后到多地开展了实地调研，通过与政府部门座谈、企业及从业人员访谈、重点项目考察等，收集了大批一手资料，经认真梳理，初步总结出一些结论性判断和对策启示，以备后续深入研究参考。

一、调研地区、方式与内容介绍

调研组采取集中与分散调研相结合、专题调研和案例地区专项调研相结合的方式，先后到国内东、中、西、东北四大板块16省份多个区、市、县，围绕促进区域协调发展做了深度调研（见表10–1）。主要涉及以下四个方面。

一是重大区域战略实施，包括京津冀协同发展、粤港澳大湾区建设、海南全面深化改革开放等战略实施情况，了解重要进展、面临新挑战以及地方在推动落实中央战略部署方面有关诉求等。

二是区域经济形势变化，包括2018年季度地区经济形势、南北方经济分化问题、地区新旧动能转换、行业企业发展状况等。

三是区域合作最新进展，就重大战略区域、跨省交界区域、城市群（都市圈）、高铁沿线城市之间等多种类型的区域合作进展、存在问题以及趋势性变化进行了专题调研，调研对象涉及政府、企业、医疗卫生教育机构等有关方面。

四是地方性重大发展战略，包括省区内部市县差异化协调发展、省会城市和区域性中心城市建设、资源型城市转型升级、非战略政策地区对接融入国家战略等方面内容，有针对性调研了省、市、县不同层面的案例地区。

表10–1　调研地区及调研内容一览

板块	省（区、市）	区、市、县	调研内容
东部	北京	丰台区、西城区金融街	非首都功能疏解；京津冀协同发展和对接雄安新区建设
	河北	保定、雄安新区	对接雄安新区建设和京津冀协同发展
	浙江	安吉县	发挥生态优势促进绿色发展
	广东	深圳、江门、惠州市（惠东县）、肇庆	粤港澳大湾区建设战略；陆海统筹协调发展；民营经济发展；地区经济形势

续表

板块	省（区、市）	区、市、县	调研内容
东部	海南	三亚、三沙、文昌、陵水	海南全面深化改革开放；陆海统筹；市县差异协调发展
中部	山西	太原、大同、运城	中部崛起战略；跨省交界区域市县协调发展；南北方经济分化；地区季度经济形势
	安徽	合肥（蜀山区、政务文化新区、滨湖新区）	中部崛起战略；新旧动能转换；地区经济形势；行业企业发展状况
	江西	南昌、赣江新区	中部崛起战略；省域区域协调发展战略；行业企业发展状况
	河南	郑州、信阳	中部崛起战略；区域性中心城市；淮河生态经济带；高铁沿线城市发展
	湖北	武汉、孝感、汉川	中部崛起战略；省会城市与周边城市协调发展；都市圈发展；汉江生态经济带
西部	内蒙古	锡林郭勒盟	西部大开发战略；地区经济形势；南北方经济分化；生态经济与绿色发展
	重庆	秀山县	跨省交界区域市县协调发展；高铁线路规划建设对沿线城市发展影响
	四川	成都、泸州、绵阳	省域地级市协调发展；区域性中心城市建设；都市圈发展；长江经济带建设
	甘肃	兰州、武威（一区三县）	西部大开发战略；地区经济形势；区域中心城市；地区经济形势；南北经济分化
东北	吉林	长春、吉林、白山、松原（前郭县）	东北振兴战略；地区经济形势；南北方经济分化；资源型城市转型升级；对接京津冀战略
	黑龙江	哈尔滨、大庆	东北振兴战略；资源型城市转型；新旧动能转换；地区经济形势分析；南北经济分化

二、促进区域协调发展的积极进展和趋势性变化

在新时代新背景条件下，我国促进区域协调发展也已进入了新的阶段，

有一些积极进展和趋势性变化，推动我国区域发展协调性不断增强。

（一）一些新的区域协调关系正被关注热议

从过去实践看，区域协调发展关系的类型主要有：四大板块之间、不同行政区主体之间（包括省区之间、地级市之间、县域之间等）、城市群之间、流域上下游之间以及陆地与海洋之间等。近年来，随着国家重大区域战略的优化部署和区域经济形势的变化，一些新的区域协调关系正在被热切关注（见表 10–2）。一是战略政策区与非战略政策区的协调关系。非政策区普遍担心被政策边缘化，正积极研究对接国家战略。二是南方与北方之间的协调关系。从全国范围看，北方大部分省区营商环境、经济增长后劲都与南方存在一定差距。从板块内部看，不同省份之间也存在差距，如中部的山西、河南的经济增速要弱于安徽、江西、湖北、湖南等省份。三是不同战略区域之间的协调关系。国家区域战略布局日趋成熟，不同战略区域之间需要协调联动，应增强区域战略的叠加共振效应，避免隐形的“战略藩篱”。

表 10–2　新近被关注的区域协调关系

类型	示例	地方诉求
战略政策区与非战略政策区	海南全面深化改革开放：海南本岛（战略政策区）与三沙市（非战略政策区）	三沙市请求落实三沙总体规划的部署；请中央明确三沙对接融入海南战略的抓手任务
	粤港澳大湾区建设：广东 9 市（战略政策区）与广东其他市（非战略政策区）	其他城市呼吁共享粤港澳大湾区建设的战略机遇与政策红利等，如港澳人员往来和投资便利化政策等
南方与北方	全国范围的南方与北方	吉林省提出落实东北振兴文件的具体政策、推进国有企业混合所有制改革试点等
	板块内部的南方与北方：如中部的河南、山西与安徽、江西、湖北、湖南	山西省提出从国家区域战略角度，应将山西纳入西部大开发战略政策区或者京津冀协同发展战略政策区

续表

类型	示例	地方诉求
不同战略区域之间	东北振兴与京津冀协同	吉林省、黑龙江省等提出要有对接京津冀协同发展的可落地举措
	中部崛起与京津冀协同	山西省提出中央层面出台实施山西对接京津冀协同发展的政策文件
	泛珠合作区与粤港澳大湾区协同	泛珠区域共享粤港澳大湾区建设战略机遇，包括交通连通、产业联动和要素共享等

（二）新背景新条件下区域合作在不断深化

当前，影响区域发展的因素正在发生深刻且积极的变化，推动区域合作向纵深发展。一是交通条件的根本性改善，区域合作开局良好或预期趋好，如港珠澳大桥的开通大大便利了粤港澳人员及要素流动，又如随着大张高铁开通，大同市正深化与北京在旅游、科技创新等领域的合作。二是战略区域内部合作进入新轨道。2018 年，海南全面深化改革开放和粤港澳大湾区建设等战略的推动实施，促进区域内部合作进入新阶段。三是都市圈的核心城市与外围城市合作加快，如汉川市积极融入武汉都市圈，信阳市积极与中原城市群核心城市郑州对接合作，进一步深化了大中小城市之间的协作（见表 10–3）。

表 10–3　新背景条件下区域合作深化示例

条件分类	新条件	调研案例地区	合作效果
交通条件改善	港珠澳大桥开通	深圳、江门、惠州、肇庆等	大大便利粤港澳人员往来交流，促进有关要素流动
	大张高铁建设开通	大同、北京	旅游合作；创新研发合作加速
	渝湘高铁规划建设	秀山县	提升秀山在渝湘黔省际交界区域中的电商物流枢纽地位

续表

条件分类	新条件	调研案例地区	合作效果
重大区域战略实施	京津冀协同发展和雄安新区建设	北京丰台、金融街、雄安、保定	正在积极谋划和推动具体对接合作的路径、任务等
	海南全面深化改革开放	海南（三沙、文昌、陵水、三亚等）	整合市县行政板块，深化市县差异发展与合作；陆海全面统筹
	粤港澳大湾区建设	深圳、江门、惠州、肇庆等	积极研究规划或建设粤澳、粤港重点创新合作试验平台
城市群（都市圈）发展	都市圈；区域市场一体化加快	孝感、汉川	汉川在消费市场、产业、医疗教育等方面全面对接武汉发展
	中原城市群；区域市场一体化加快	郑州、信阳	信阳市积极承接来自郑州市的度假旅游、购房等消费市场

（三）基于比较优势推动区域差异特色发展正形成势头

随着主体功能区理念逐渐深入人心，过去一味追求经济规模、速度的发展观和政绩观正在悄然改变，地方政府对本地功能取舍日益理性化。很多地方政府都在积极谋划新时代背景下本地区在更大区域范围或国家战略中的定位，力争发挥比较优势，走具有地方特色的差异化发展路子，这对于优化区域经济结构、促进区域协调联动发展、遏制行政力量干预市场竞争具有积极作用。例如，浙江安吉县作为“两山理论”诞生地，始终坚持生态立县，把生态环境优势转化为生态经济的发展优势。又如，锡林郭勒盟发挥生态优势，积极推进草都建设。再如，汉川属于临近武汉大都市周边的重点开发区域，在产业功能定位上，积极承接武汉的生产制造（汉川 40% 的工业投资来自武汉资本和企业）、近邻都市的城郊农业和休闲经济等，谋求与武汉的错位发展（见图 10–1）。

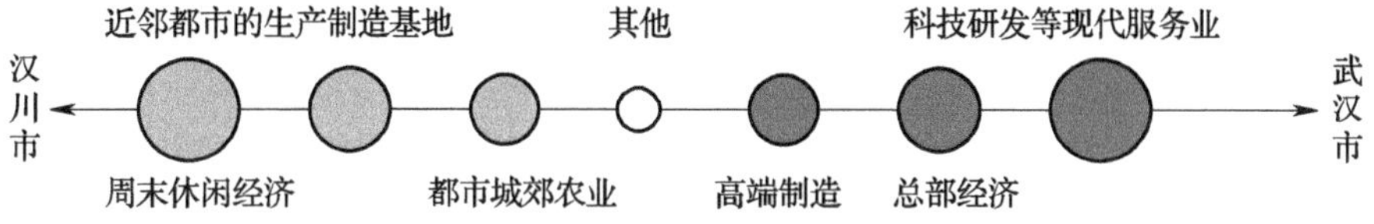

图 10–1　汉川与武汉产业比较优势关系示意

资料来源：根据调研情况绘制。

（四）地方政府积极制定实施地方性区域协调发展战略举措

党的十九大正式提出实施区域协调发展战略后，各级地方政府积极部署落实，从新时代地区战略发展角度出发，正加快谋划部署地方性协调发展战略（见表 10–4）。一是市县差异较大的人口和经济大省，正谋划推动实施着眼省内区域协调发展的区域战略，如四川省、江西省分别提出“一干多支”和“一圈引领、两轴驱动、三区协同”的区域发展新格局，海南省计划按照东、西、南、北、中五大行政区域优化空间格局等。二是共同研究出台跨省交界区域协调发展政策措施，如晋陕豫黄河金三角区域 2018 年推动制定区域合作工作意见和节点市县合作实施意见等。三是地级市层面研究壮大提升中心城市，如信阳市抢抓淮河生态经济带规划建设和乡村振兴战略的重大机遇，积极谋划中心城市周边两湖区域（南湾水库、出山店水库）战略发展，加快提升信阳城市形象与功能。

表 10–4　地方层面区域协调发展战略政策设计

地区层面	案例地区	协调对象	战略与举措部署
省区层面	四川	全省地域范围：推动治蜀兴川再上新台阶	“一干多支”：做大做优做强成都首位城市，发挥“主干”核心作用，引领成都周边、带动四川全省、辐射西部地区高质量发展；在成都周边地区和川南、川东北、攀西、川西北地区打造各具特色的城市群、经济区和生态示范区，重点培育区域性中心城市，发挥“多支”联动作用，推动形成“一干引领、多支共兴”发展新格局

续表

地区层面	案例地区	协调对象	战略与举措部署
省区层面	江西	全省地域范围：打造江西区域发展格局的“升级版”	“一圈引领、两轴驱动、三区协同”：以融合一体的大南昌都市圈为引领，以沪昆、京九高铁经济带为驱动轴，以赣南等原中央苏区振兴发展、赣东北开放合作、赣西转型升级为三大协同发展区，形成层次清晰、各显优势、融合互动、高质量发展新格局
	海南	全岛地域范围：整合打造空间发展新格局	计划按照东、西、南、北、中五大行政区域进行整合，形成“南北两极带动、东西两翼加快发展、中部山区生态保育”的总体空间格局
跨行政区层面	晋陕豫黄河金三角区域	跨省交界区域市县协调发展	《山西、陕西、河南三省关于切实加快晋陕豫黄河金三角区域合作工作实施意见》《关于晋陕豫黄河金三角区域重要节点县（市）协同发展的实施意见》
地市层面	信阳市	中心城区与周边山地湖区板块	正在研究两湖区域战略发展规划建设思路；对接落实淮河生态经济带的任务等

（五）区域协调发展部署正从陆地积极向海洋空间延伸拓展

随着国家海洋强国战略和“一带一路”建设的深化实施，陆海统筹进入了新的阶段，促进我国区域协调发展的战略部署空间延伸到海洋蓝色空间。例如，在全面深化改革开放战略部署下，海南省正推动从国际旅游岛建设向国际旅游消费中心建设转型升级，通过自由贸易港建设促进海南陆海统筹发展纳入全球资源配置视野；惠州市惠东县稔平半岛滨海旅游资源丰富，在粤港澳大湾区建设背景下，为深度对接港澳资源和消费市场，正在积极谋划陆海资源统筹开发新格局；坐落于三亚的中国科学院深海科学与工程研究所和国家（三亚）深海科技创新中心，正在加快建立国立深海研发基地和国家深海研发试验的共享开放平台，推动科技创新研发领域的陆海统筹发展，努力填补深海战略发展空白，这将有利于拓展我国海洋创新发展新空间；广东省正启动实施“沿海经济带综合发展规划（2017—2030 年）”，在省区、省域层面全面推动陆海统筹发展。

三、促进区域协调发展面临的新问题与新风险

当前，受长期和短期、内外部环境变化等多种因素交织影响，我国区域协调发展出现了一些新的问题、矛盾和风险，值得引起关注和重视。

（一）北方地区经济持续平稳增长压力大

从调研地区经济指标看，2018 年以来北方地区经济增长的压力进一步加大。其中，北方地区创新投入少，是导致新旧动能转化慢、经济增长后劲不足的重要原因之一，如山西省研发投入强度为 0.95%，低于全国 1.18 个百分点，吉林省全社会研发投入占比长期保持在 1% 左右，远远落后于国家平均水平。此外，特别值得注意的是，经济下行导致部分地区财政收入收窄明显，财政收支压力持续加大，长期看会影响民生领域支出保障。

（二）中西部地区缺少有实力的节点城市带动区域经济增长

从省区层面看，我国中西部地区总体上仍缺乏能够支撑带动区域经济增长的重要节点城市，大中小城市梯队建设尚不成熟（见表 10-5）。一是一些省份的省会城市实力不强，对全省支撑带动力弱，省内其他城市经济实力更弱，省域层面缺乏经济增长引擎。二是一些省份除了省会城市经济和人口首

位度高、一市独大之外，其他城市相对较弱，单一依靠省会城市也难以支撑带动全省区域协调发展。三是中西部大部分县域经济底子薄、基础差、创新能力弱，新旧动能转换困难。

表 10–5　中西部地区城市经济发展不足示例

城市	短板特点	影响结果
甘肃：兰州市（城关区、红古区、安宁区、七里河区、榆中县、兰州新区、高新区）	发展不足、总量偏小、辐射带动能力不强。城市发展活力不足、功能不完善。辖内县域经济量小质弱	省会城市弱，支撑甘肃省新旧动能转换能力小，县域经济提升困难
甘肃：武威市（凉州区、民勤县、古浪县、天祝县）	地级中心城市只有一个行政区，带动能力弱，辖区内三县产业基础差、底子薄	省级区域性中心城市弱，对周边区域带动辐射作用不强，县域经济转型升级压力大
四川：成都市、绵阳市、泸州市	城市梯队规模整体上存在较大差距，缺少经济总量大、发展质量优、支撑能力强，能与首位城市协同共兴的区域中心城市	省域层面首位城市独大，缺乏梯次城市支撑带动区域发展
河南：信阳市（中心城区及周边两湖区域）	传统产业占主导地位，是传统农业大市，现代制造业发展滞后，新兴产业培育慢	淮河上游、豫鄂皖省际交界区域中心城市尚未建成

（三）经济结构调整期对经济要素的区域争夺更为激烈

各地区为保持经济平稳增长，均力求谋划建设一批重大项目，推动实体经济发展，表现为竞相争夺经济要素（见图 10–2）。总体上看，发达地区之间、欠发达地区之间的竞争表现不同特征。发达地区之间主要集中在对人才、资金、高端企业资源之间的争夺。东部沿海和中部的省会城市对人才需求最为迫切，合肥、武汉、深圳等多数城市都出台了吸引人才的一系列政策举措，这也进一步加速了东北和西部地区的人才外流。再如，在企业资源争夺方面，2018 年 7 月，华为将部分终端制造环节从深圳搬迁到东莞松山湖基地，涉及 2 700 人。而欠发达地区之间的竞争主要集中在产品消费市场、企业加工制造项目等环节，例如，晋陕豫黄河金三角区域、东北和西部地区同属于传统资源型经济地区，均不同程度上存在同质竞争及要素争夺现象，不利于区域统一市场建设。

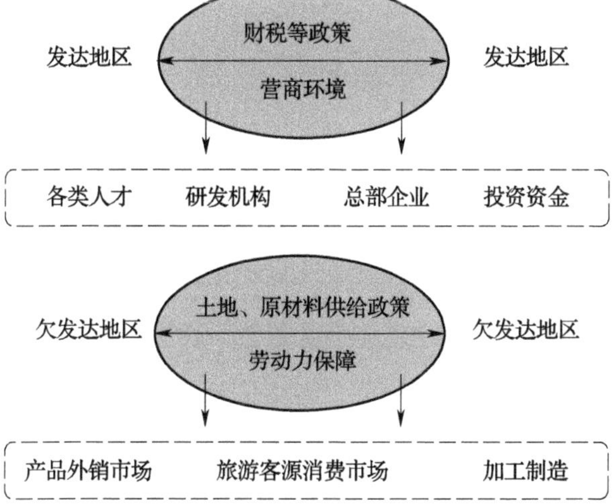

图 10–2　不同发展水平地区之间的要素争夺手段及目标差异比较

资料来源：根据调研情况绘制。

（四）促进区域协调发展的机制建设表现滞后

中央明确要加快推进建设区域协调发展新机制，从调研层面看，机制建设仍然存在短板。一是中央区域战略决策部署与基层推动落实的衔接问题。二是战略政策区域和非战略政策区之间的协作联动发展机制尚未形成，长期不解决会出现新的不协调问题。三是区域一体化市场机制亟待深化完善。例如，受多种因素制约，我国都市圈、跨省交界等区域市场一体化建设任务重，需要加快建立健全统一市场机制。

四、基于案例调研的促进区域协调发展政策建议与启示

充分尊重区域经济发展规律，顺应区域协调发展新趋势，瞄准解决区域发展不平衡不充分新问题，积极防范风险，精准有力施策，着力挖掘彰显区域比较优势，激发区域经济发展活力，促进区域协调发展再上新台阶。

（一）研究实施北方地区新旧动能转换的有力举措

根据调研地区情况看，2018 年以来北方地区经济平稳增长的压力进一步加大，当前，应从国家层面研究解决北方地区经济增长后劲不足问题，围绕北方地区营商环境改善、特色优势产业培育、国有企业改革、创新能力提升等重要方面，推动实施一批有力度、能见实效的政策举措，促进北方地区新旧动能加速转换，有效控制南北方发展差距在合理区间内。

（二）分类推进区域合作向纵深发展

深化区域合作是促进区域协调联动发展的重要路径和手段。当前，区域合作的条件正在发生改变，既有国家战略政策的完善，也有交通、信息等基础设施的改善，还有国内外市场条件的波动影响。由于我国东中西、南北方以及重点区域板块的发展基础、水平和条件等差异较大，应分类推进区域合作。一是切实发挥京津冀协同发展、粤港澳大湾区建设、长三角一体化等重点区域合作的引领带动作用，探索合作新机制、新模式和新路径。二是加强不同战略区域的融合发展。推动京津冀协同、长江经济带建设、海南全面深

化改革、粤港澳大湾区建设、长三角一体化、黄河流域生态保护和高质量发展以及西部大开发、东北振兴、中部崛起和共建“一带一路”倡议等战略融合发展。三是积极推动战略政策区域和非战略政策区域的合作发展，发挥前者的引领带动作用，发挥后者的配套支撑作用。四是深化跨省交界、对口支援和协作、流域上下游、城市群（都市圈）大中小城市、陆海等类型的区域合作。

（三）优化布局建设促进区域协调发展的载体平台

考虑到区域经济增长缺少重要节点城市带动、部分地区发展后劲和活力不足、投资下滑明显等因素，应继续坚持把载体平台建设作为促进区域协调发展的重要抓手。围绕国家重大区域战略实施、东中西和南北方协作，从国家层面统筹谋划在全国优化布局建设以下三种类型的载体平台。一是在全国优选建设一批区域性节点城市，包括省会城市、省级次中心城市、对外开放城市等，作为带动区域经济增长的重要支撑点。二是优化布局建设一批改革开放创新发展平台，包括国家级新区、自由贸易试验区、国家自主创新示范区、军民融合创新示范区、新旧动能转换示范区、海洋经济示范区等重大平台，发挥平台示范带动作用。三是在各省区集中建设一批千亿级、万亿级的产业园区，积极培育形成新动能产业体系。

（四）研究设立国家区域协调发展基金

强有力的资金保障和调控引导是区域政策实施效果的重要手段。改革开放以来，中国区域战略政策不断完善，特别是党的十八大以来，继京津冀协同发展、长江经济带发展战略部署实施以后，2018 年又相继推动实施了海南全面深化改革开放、粤港澳大湾区建设等重大战略，但是在我国至今仍没有一个脱离产业政策、财税政策等之外的区域政策工具。因此，可借鉴参考欧盟区域结构和投资基金的做法，研究由中央和地方财政共同出资，积极吸引金融机构等社会资本参与，成立国家区域协调发展基金，主要投向跨区域重大基础设施建设、生态环保、公共服务供给、创新能力建设等领域，为革命老区、边境地区、欠发达地区、资源型地区、老工业地区和生态退化地区等特殊类型地区发展提供资金支持。

（五）加强对行业企业及就业情况的动态监测预警

部分地区经济转型压力大、困难多，近年来动荡多变的国际政治经济形势也成为我国经济发展的不确定因素，这些都会在短期内影响实体经济发展，导致行业企业的分化进一步加剧，特别是会影响到部分从业人员就业稳定。从国际经验看，各国都把提供就业岗位机会、营造公平发展环境、增加劳动者收入作为重要政策目标。我国也应加快建立健全针对行业企业及就业群体的动态监测机制，特别要关注重点地区、重点行业和重点就业群体的结构性变化，对影响企业生存发展、劳动力就业的潜在风险加强预警控制和疏通引导，谨防引发社会风险。

第十一章 中心城区应在更大区域格局中推动发展势能提升
——以泉州市丰泽区为例

内容摘要：中心城区是城市功能的集中承载区域，一定程度上决定了一个城市的综合影响力和发展势能。泉州是福建的经济大市、人口大市、工业大市、著名侨乡和历史文化名城，是古代海上丝绸之路的起点城市，也是福建三大中心城市之一。丰泽区作为泉州中心城市的核心区，在泉州中心城市建设中发挥着重要作用，应顺应经济发展规律，强化综合优势发挥，积极拓展开放合作空间，在更大的区域格局中谋划提升发展势能。

一、泉州市丰泽区发展现状特征

泉州市丰泽区地处福建东南沿海，东与台商投资区隔洛阳江相望，西与鲤城区、南安市毗邻，南与晋江市隔晋江相邻，北与洛江区接壤，东南濒临台湾海峡，辖区总面积 129.6 平方公里，下辖 8 个街道 80 个社区，涵盖泉州市中心城市规划中的东海、城东、北峰组团及中心组团部分。

（一）国家一批重要改革试验的先行区

丰泽区是泉州市建设国家级金融服务实体经济综合改革试验区、民营经济综合配套改革试验区、21 世纪海上丝绸之路先行区、国家自主创新示范区、“中国制造 2025”试点示范城市的重要承载区，是国家第二批大众创业万众创新示范基地。同时，丰泽区也是福建省级服务业综合改革试点区。这些重点领域改革的深化推进，将进一步为丰泽区集聚优势要素、推动高质量发展提供强有力的制度性保障。

（二）引领泉州高质量发展的重要动力源

丰泽区是泉州市人口、经济要素和高端产业集聚的高地，是泉州推动产业转型升级和加快新旧动能转换的重要依托，是引领泉州高质量发展和城市能级提升的重要动力源。

从经济规模上看，2018 年丰泽区常住人口 58.3 万人，实现地区生产总值 660 亿元（增长 8.9%），分别占泉州市辖区人口和经济总量的 36.9%、32.3%，在四个市辖区中排首位。

从发展水平上看，2018 年丰泽区人均地区生产总值约 17 107 美元，已达到高收入国家（地区）门槛水平（12 375 美元）。

从经济结构上看，常住人口和户籍人口均实现全域城镇化，2018 年三大产业比重为 0.3：29.8：69.8，服务经济、消费经济日益成为经济增长的重要支撑。

从增长动力上看，随着双创示范基地加速建设，一批创新载体平台先后建成，创新主体加快成长，双创成果不断涌现，双创引领民营经济发展和实体经济转型升级的作用日益凸显。

（三）推动泉州湾跃升发展的核心引擎

丰泽区地处泉州湾的湾顶位置，紧临惠安（台商区）、晋江两个人口和经济大市（县），曾经的东方第一大港后渚港位于丰泽，是海上丝绸之路的起点，海陆交通发达，区位条件优越，节点带动和辐射能力强。

在泉州湾“一环两带一廊”产业布局中，丰泽区位于都市高端商务智能环上，且属于海上丝绸之路文化国际经贸带和智慧产业跨界融合带的中间地区，是科技软驱动双创走廊的主体部分，是泉州湾产业高端化的重要集聚地。

作为创新创业新城区，丰泽区拥有华侨大学、泉州师院等 7 所高校，国家级科技企业孵化器 2 个、国家级众创空间 5 个，南京大学环保产业研究院、新加坡南洋研究院等科技创新平台 45 家、院士专家工作站 4 家、博士后工作站 3 家、国家级高新技术企业 43 家。丰泽区将是推动泉州湾从工贸型湾区向创新型湾区转型升级的重要引擎。

（四）已进入现代化精品都市建设的新阶段

在泉州市域版图中，丰泽区被定位为全市政治、金融、商贸、交通中心，重点发展总部楼宇经济、金融商务经济、文化创意会展经济、商贸购物现代消费经济、先进制造工业经济、智慧产业数字经济等都市型经济。

近年来，丰泽区通过全面开展“城乡建设大会战”，极大促进了城区生态系统建设和环境整治，城市面貌不断更新升级。随着东海片区、城东片区、北峰三大片区进入实质性开发建设阶段，老城区改造和智慧城市建设加快推进，城市功能和产业发展载体进一步完善，产业转型升级和新动能培育同步推进，城市布局结构逐步清晰，环湾沿江向海组团发展的城市空间格局逐渐形成，城市规模不断拓展，城市功能不断完善、都市产业不断壮大，城市品质和整体形象不断提升，业已进入现代化精品都市建设的新阶段。

二、强化优势发挥，积极拓展区域开放合作空间

突出比较优势发挥，增强综合承载力，提升城市发展品质，着力汇聚各类优质要素，深化区域合作，扩大对外开放，在不同尺度区域开放合作格局中开拓发展空间。

（一）强化比较优势发挥，增强辐射带动力

提升放大传统优势。一是地理区位优势，丰泽区地处泉州湾湾顶，陆海兼备，通江达海，是泉州对外开放的重要窗口和门户。二是历史文化优势，文化名城是丰泽区扩大对外开放的重要纽带和桥梁。三是生态环境优势，青山绿水、碧海蓝天的自然生态禀赋及各类景观资源，为宜居宜游城市建设提供本底支撑。四是行政服务中心优势，丰泽区是泉州市级行政服务中心所在地，这将有利于汇聚更多的行政商务资源。

塑造激发各类新优势。一是创新创业集聚优势正在形成，丰泽区是国家第二批大众创业万众创新示范基地，同时又有国家自主创新示范区和国家级金融服务实体经济综合改革、民营经济综合配套改革等政策叠加条件，将有利于汇聚创新创业要素。二是产业优势正在优化重塑，区内纺织服装、包袋制鞋、机械制造等特色优势产业和电子制造、软件信息及各类都市经济业态

发展势头较好，是新旧动能加快转换的重要依托。三是著名侨乡的优势还未充分发挥，有望借力对台和对港澳合作机制及共建“一带一路”倡议的深化，将原有优势转换为对外开放合作的新优势。

（二）提升城市发展品质，向心高效集聚要素

打造现代化优质生活区。优化生产生活生态空间格局，合理划分产业功能区、生活功能区、服务功能区、行政功能区，促进职住平衡、产城融合发展。高品质推进绿色城市、智慧城市、健康城市、休闲城市、宜居城市建设，加强基础设施建设，完善基本公共服务供给，提升城市公共服务功能，打造宜居、宜商、宜业的优质生活区。

增强经济和人口承载能力。强化土地集约集聚高效利用，盘活存量，争取增量，汇聚更多人才、知识、技术、资本、管理、数据等生产要素，提高单位面积的要素集聚度和产出规模，强化城市的再规划、再建设更新水平，城市更新和新片区开发并重，塑造城市发展新气象新面貌。

（三）深化国内区域合作，促进创新链产业链协作

加强与周边区县协调互动。增强丰泽区在行政服务、文化交流、商贸往来、科技创新等方面的综合功能，辐射带动泉州湾高质量发展，更好支撑泉州中心城市建设，依托城市快速路、高速公路、轨道交通、高速铁路等交通网，加快建设 1 小时通勤圈，推动丰泽区与周边区县联动发展。

服务支撑厦漳泉大都市区建设。加强与福建、厦门优势园区、企业总部、科研院所、高校等主体合作，采取一区多园、总部－孵化基地、整体托管等多种模式推动共建产业园区和科技成果孵化基地，积极探索厦漳泉大都市区

创新链、产业链、政策链、人才链、资金链深度融合的发展新路。

深化扩大对台合作。瞄准文化创意、智能制造、软件信息、休闲旅游等台湾优势产业，依托“泉州（闽台）工业设计技术创新战略联盟”等两岸合作平台，积极吸引台商投资和台湾地区人才到丰泽区就业创业。

扩大与粤港澳大湾区合作。积极对接融入粤港澳大湾区建设战略，坚持民间交往与官方合作并举，主动融入闽港澳合作机制，深化与广东、香港、澳门在智能制造、科技创新、人才培养、专业服务等领域的务实合作。

加强与其他区域务实合作。主动对接融入京津冀协同发展、长三角区域一体化、长江经济带、粤港澳大湾区建设、黄河流域生态保护和高质量发展等重大区域战略实施，重点在科技创新、产业转移协作等方面深化合作。继续做好援藏援疆援宁等对口支援工作，深化与南平顺昌山海协作，为全国发达地区和欠发达地区协作积极探索经验。

（四）持续扩大对外开放，提升国际影响力

积极搭建对外开放平台。对接融入中国（福建）自由贸易试验区建设，支持推动国别产业合作园区，研究建设区域性的进出口展销平台，培育壮大一批具有外贸竞争优势的企业，加快培育形成出口企业集群。

加强国际优质要素引进来。扩大制造业、服务业和农业领域对外开放，加大吸引外资力度，在关键领域引进更多资金和先进技术。积极争取国际组织在生态治理、节能环保、绿色城市建设等方面的技术援助、优惠贷款和其他合作项目。

积极推动走出去。发挥华侨熟悉国际商品市场、资本市场规则惯例的优势，助推丰泽企业联合走出去。支持和鼓励本地企业开展国际化经营和产能合作，积极构建国际生产和营销网络，支持本地企业深度参与全球供应链，积极参与建设境外园区，支持有条件的企业在发达国家合作共建创新孵化机

构、科技园区和技术转移中心。

深化国际人文合作。发挥华侨华商资本、人脉等资源优势，深化泉籍精英故乡行等行动，积极培育海外侨社骨干和后备力量。利用华侨华人双重文化优势，通过华文学校、华文（华人）媒体等渠道和平台，促进国际人文交往。

三、泉州市丰泽区发展对策建议

强化国家战略导向，积极搭建高水平的对外开放合作平台，深化对台合作，打造优质发展环境，提升要素汇聚能力，增强影响力，全力服务支撑泉州中心城市建设。

（一）对接落实国家重大战略，谋划实施一批抓手性政策举措

围绕对接落实国家重大战略导向和布局，积极谋划一批新举措新任务，将丰泽区发展融入国家战略，如在区域战略对接上，积极对接粤港澳大湾区、长三角和京津冀等重点战略区域，逐步融入全国区域协调发展新格局，以产业合作为重点，研究实施一批深化区域合作的新任务；在重点领域方面，围绕提高中心城市综合承载和资源优化配置能力、提升产业基础能力和产业链现代化水平、推动先进制造业和现代服务业深度融合发展、促进陆海统筹发展等方面，研究实施一批有针对性的区域合作举措。

（二）优化布局建设一批重要平台载体，发挥引领示范带动作用

立足丰泽区、服务泉州全市域，围绕提升创新创业能力、深化与港澳台

合作、参与共建“一带一路”倡议、提升服务经济水平、培育新经济增长点，统筹现有产业园区与功能板块，强化园中园、楼宇经济、境内外飞地经济等要素集聚新形态，谋划布局建设一批新平台载体，如国家或省重点实验室、青年创新创业基地、先进制造业和现代服务业融合发展示范区、新兴产业孵化基地、都市产业社区、城市更新示范点、海外生产基地和营销中心等，发挥这些平台载体的示范引领作用，推动开放合作不断升级。

（三）全面深化实化对台合作，积极拓展对台合作发展新空间

加大对台招商引资力度，完善对台招商政策体系，积极引入台湾企业、技术、人才、金融等优质资源，建设高品质的台商园区（楼宇经济），打造成为对台招商品牌载体。围绕产业合作、科技创新、青年创业就业、文化交流、投资贸易、教育医疗合作等方面，积极搭建各类对台交流合作平台，促进台泉（州）融合发展。发挥龙头企业带动作用，带动泉州及周边区域，协同台湾市场主体抱团走出去，共同参与“一带一路”沿线地区和国家经贸投资合作。积极争取在国家、省层面获得对台合作先行先试政策和优惠措施。

（四）打造优质发展环境，着力汇聚国内外经济要素

统筹现代都市生活区和高品质营商环境建设，打造宜居宜业优质发展环境，为人才等高端要素集聚创造更加优越的条件。一方面瞄准现代化都市生活区建设目标，加快城市更新升级，提高公共服务供给和精细管理水平，统筹智慧城市、绿色城市等新型城市建设，建设一批高品质国际化未来社区，全面提升城区形象，配套发展各类新型商业业态，融合商业圈和生活圈建设，

积极引领都市生活新方向。另一方面以双创示范区建设为引领，不断创新政府服务方式方法，对标对表和充分借鉴国内自由贸易试验区营商环境建设成果，完善对外招商引资政策，持续优化投资营商环境，面向国内外吸引更多人才、企业等市场主体投资创业。

（五）以更宽视角审视区域开放合作空间，深化研究“十四五”丰泽区发展时空格局

受新科技革命和产业变革及现代化基础设施普及应用等影响，当前生产力和生产关系正在发生深刻变革，一个地区的时空格局也随之发生变化。丰泽作为泉州中心城区，在对外协作空间上由小及大，包括泉州湾、泉州市域、厦漳泉大都市区、福建全省、港澳台、东部沿海、全国及全球等不同层面，应顺应和把握全球化大势，研究谋划在不同空间尺度上的功能定位和发展角色。充分利用航空、高铁、城际铁路、新一代信息基础设施等现代化设施的普及应用，积极畅通对外便捷交流的通道，逐步压缩丰泽区对外联系的时间距离，提升通达性、扩大社交圈，加强人才、知识、技术、管理、数据、信息等生产要素交换。在新的时空格局中，不断提升丰泽区的枢纽性地位和功能，同步推进要素向心集聚和扩散，为丰泽高质量发展源源不断注入新动力。

第十二章
积极推动都市圈核心城市与外围城市协调联动发展
——以汉川市“依托武汉”发展为例

内容提要：都市圈是城市群的主体部分，是实现大中小城市和小城镇协调发展的重要抓手，是新时代推动区域经济高质量发展的重要引擎。促进都市圈核心城市与外围城市协调联动发展，对于提升核心城市发展质量、促进都市圈一体化和提高区域经济竞争力具有重要意义。以武汉都市圈中的汉川与武汉联动发展为例，虽然目前在产业协作、市场共享、人员交往等方面已有积极进展，但受行政区划阻隔、体制机制不顺、规划不衔接等因素制约，对接合作尚处于起步阶段，需要国家和省级层面有力施策，促进都市圈核心城市与外围城市协调联动发展。

一、武汉都市圈中的武汉与汉川

都市圈是城镇化进程中人口、经济等要素不断向城市地区集聚形成的一种地域空间组织的较高级形态，是以良好的资源环境承载力、基础设施体系为依托，在核心城市（都市）的组织协调下，联动周边若干个不同等级规模和功能结构的城市（镇）一体化联动发展的城镇化区域，具有城镇化连绵性、以都市为核心向心性发展、人口活动由中心向外围圈层式组织布局和具有较强的对外开放枢纽功能等特征。

武汉都市圈以武汉为核心，覆盖黄石、鄂州、黄冈、孝感、咸宁、仙桃、潜江、天门等周边大中型城市所组成的城镇化连绵区域。武汉都市圈以占湖北省不足 1/3 的面积（总面积 5.78 万平方公里，占湖北省总面积的 31.1%），集中了湖北省五成以上的人口（2019 年 3 231.46 万，占湖北省总人口的 54.52%）、六成以上的 GDP 总量（2019 年 27 681.5 亿元，占湖北省 GDP 的 60.4%），是湖北经济发展的核心区域和武汉建设国家中心城市的重要依托。

2018 年 1 月，武汉市出台了《武汉建设国家中心城市实施方案》，提出到 21 世纪中叶建成具有国际影响力、全球竞争力和可持续发展能力的世界亮点城市。目前，武汉正处于国家中心城市加速跃升阶段，围绕产业转型升级、补齐高端功能短板、打造国际交通枢纽、构建内陆开放高地，着力提升城市综合实力。2019 年，武汉市实现 GDP 16 223.21 亿元，同比增长 7.4%；人均 GDP 达到 145 545 元；年末常住人口 1 121.20 万人，城镇化率为 80.49%。

汉川属孝感市代管的县级市，1959 年至 1961 年曾隶属于武汉市。汉川有 5 个乡镇与武汉蔡甸、东西湖接壤，有汉江、汉北河、西湖及南屏垸等 4 大水系与武汉水域相连，共享武汉铁、水、公、空资源，距武汉市中心约 40 公里，距武汉天河国际机场约 37 公里。武汉城市圈环线高速（武汉六环线）、沪蓉高速、沪渝高速、G348 国道、汉丹铁路、汉宜高速铁路穿境而过，沿江高铁和武西高铁经过汉川合并设站，是武汉城市外围重要节点城市，是武汉西部的重要生态屏障，也是承接武汉经济辐射的重点区域。

汉川市近年来经济发展势头良好。2019 年，汉川市完成地区生产总值

677.63亿元，同比增长8.4%，高于全省7.5%的增速（见图12–1），人均GDP达到65 269元，年末常住人口103.83万人，城镇化率为60.9%；规模以上工业增加值增速10.2%；固定资产投资同比增长12.6%；实现社会消费品零售总额282.38亿元，同比增长11.0%；完成财政收入41.38亿元，同比增长8.3%；实现外贸出口40 441万美元，同比增长30.3%；招商引资（合同引资）721亿元，同比增长6.0%。

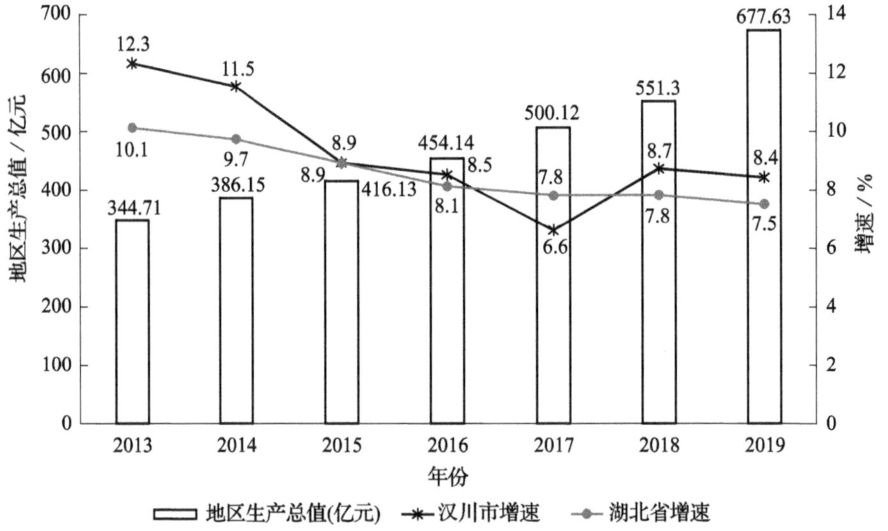

图12–1 2013—2019年汉川市地区生产总值、增长速度及与全省增速对比

二、汉川积极融入武汉发展的现状基础

（一）汉川正在全力实施"依托武汉"发展战略

近年来，孝感市顺应武汉都市圈一体化趋势，提出了汉（武汉）孝（感）一体化发展战略，全方位推进相关工作（见专栏12–1）。汉川毗邻武汉，资源优势突出，产业配套能力强，在汉孝一体化中具有得天独厚的基础条件。

为此，汉川提出实施“依托武汉”发展战略，成立了工作专班，从战略思路、产业发展、基础设施、人文旅游、水利环保等方面推进与武汉互通、互补、互用、互融，立足于建设武汉卫星城，把汉川打造成为武汉都市圈工业协作配套基地、农副产品加工供应基地、商贸物流集散基地、旅游休闲度假基地和科技成果转化基地。

专栏 12–1　汉川市推进汉孝一体化的主要工作

汉川市高度重视汉孝一体化工作，专门成立了由市主要领导挂帅的高规格领导小组，4 名市级领导领衔组建 5 个工作专班，牵头负责推进“五个一体化”（规划和基础设施一体化、产业和市场一体化、科技和人才一体化、公共服务一体化、生态环保一体化）发展。制定出台《汉川市加快推进汉孝一体化工作方案》，着力推进规划衔接、交通接轨、产业对接、市场融合，努力把区位优势转化为经济优势、发展优势。

科学完善规划衔接。推进汉川纳入武汉都市区发展远景规划，结合空间布局、产业发展特点，编制完成了融入武汉城市圈总体规划和推进汉孝一体化发展规划，制定了交通、水利、产业发展等专项规划。按照规划项目化、项目清单化的要求，策划包装了一批融入武汉、接轨武汉发展的重大项目挤进国家和湖北省计划，为多渠道、深层次、全方位加快汉孝一体化发展奠定了坚实基础。

主动加快交通接轨。打通出口路，消除断头路，沟通循环路，努力打造融入武汉半小时经济圈。近年来，建成了武荆高速汉川连接线、G348 国道汉川段、S109 汉蔡快线汉川段及汉江特大桥，改造升级了 S105 蔡城公路汉川段、S106 汉川城区到 107 国道一级公路。目前，汉川有 2 条高速公路、2 条一级公路、2 条二级公路和 1 条客运专线直通武汉。对接武汉交通路网规划，谋划推进了沿江高铁、武西高铁、武天高速等一批重大交通工程项目在汉川设立枢纽节点，积极促成武汉轨道交通向汉川延伸，“节点城市、高铁枢纽、轨道交通”将使汉川逐步成为武汉产业转移的重要承接地和休闲娱乐的“后花园”，两地同频共振、一体化发展进程不断加快。

推进产业融合。一是抓好产业承接。抢抓武汉“腾笼换鸟”产业外溢机遇，高标准规划建设“两区五园”(市经济开发区、福星开发区、马庙工业园、分水工业园、北河产业园、城南工业园、金鼓城产业园)，吸引承接武汉企业向汉川转移。承接引进武汉纺织服装中小企业及商户2 200余家。主动对接武汉沌口开发区，成功引进了维尔汽配、九鼎汽配等汽车零配件生产企业。武汉百年四台工业园整体转移至汉川。二是实施产业配套。大力发展与武汉工业配套的包装产业和武汉·中国光谷产业配套的光电产业。包装企业通过与武汉百威、格力、美的、海尔等企业配套合作，逐步打开武汉市场，目前包装产业50%的市场份额主要为武汉企业配套服务。马口镇聚集光电企业20多家，主要为武汉邮科院、长飞光缆、峰火通信等企业配套生产光纤光缆系列产品，成为武汉·中国光谷的重要协作配套基地，年产值达40亿元。2020年4月30日，长飞集团电利线缆项目签约落户汉川，为汉川光通信产业发展注入强劲动能。三是推进市场融入。依托武汉市场，大力发展城郊型农业，着力构建为大武汉服务配套的大宗鲜活农副产品供应基地。目前汉川市每年有70%的水产品、55%的畜禽产品和60%的蔬菜，进入武汉或通过武汉销往全国市场，成为武汉周边重要的“菜篮子”基地。四是构建文旅集群。汉川借力水乡湖泊资源优势，大力发展文化旅游产业，倾力打造武汉后花园，加速融入武汉旅游产业带。天屿湖国际休闲社区初具规模，年接待游客30万人以上；黄龙湖国际生态城一期主体工程完工，二期喻集古街初步成型；中辉汉江古城会客中心、汉江书院完成主体工程；金凤湖文旅特色小镇前期工作积极推进；汈汉湖湿地公园项目完成招商。汉川全域旅游发展推进迅速，加速构建生态文化旅游聚集区。

多方加强产学研对接。充分发挥武汉高校和科研院所人才和技术优势，积极引进武汉智力成果在汉川转化。一是开展院地合作。汉川全市现有13家企业与武汉高校、科研院所合作建立院士工作站或成果转化基地，开展技术合作及申报发明专利多项。二是大力招才引智。实施“151”人才工程，制定出台“人才18条”，持续实施“我选湖北·立业汉川”等系列活动，不断完善人才服务保障措施，千方百计招才引才抢才。仅2019年度，赴汉引才210余人，其中研究生学历及以上28人，教授、博士10余人；大学生实习实训3 500余人次，累计发放生活补贴396.1万元；奖励人才载体单位和优秀人才109万元。三是开展医疗合作。积极促成武汉大学人民医院全面托管汉川市人民医院，通过植入武汉大学人民医院先进的管理理念和技术力量，极大提升了汉川市人民医院医疗服务水平。四是开展教育合作。积极推进校企联合办学，引进华师一附中教育品牌，由福星集团投资1.7亿元建设华师一附中福星学校，辐射提升汉川教育事业发展。

全力推进环保共治。坚持把节能减排和生态环境保护作为支撑汉孝一体化发展的重要保障。一是建立耗能产业准入制度。实施最严格的环保督查，推进电力、金属加工、纺织服装等重点耗能企业节能减排，支持重点企业开展设备更新改造和技术升级，严控新上高能耗、高污染项目，坚决从源头上实现节能减排。二是加快环保基础设施建设。先后投资6.72亿元完成城区、马口等4座污水处理厂建设，新建市级垃圾填埋场1个、乡镇垃圾中转站25个、污泥处置中心1个，采取PPP模式推进乡镇污水处理厂建设；加快推进跨区集中供热项目建设，东线供热管网工程（一线工程）

完成部分热力管网和热力站的建设，已实现向东西湖区新沟工业园企业供汽；城乡环保基础设施逐步健全。三是加强农村生态环境治理。大力发展生态农业，积极治理面源污染，划定禁养限养范围，促进农业节能减排。积极推进清洁乡村工程，建立覆盖全市、运转有序的垃圾收运体系；大力推进河湖长制，全市529条河渠和15个湖泊全部建立河湖长；全面实施饮用水水源地保护工程，整治危害水源地安全的突出环境问题；全力抓好秸秆禁烧，着力开展治污截污，促进乡村环境进一步改善。

（二）汉川积极承接武汉产业外溢

汉川40%的工业投资来自武汉资本和企业的投资兴业，纺织服装、包装印刷、金属制品、建力建材、光通信等产业主要是承接武汉产业转移或为武汉产业发展配套。武汉的汉阳百年四台工业园、吴家山食品工业园、汉口北佳海工业园等园区产业正加速向汉川转移，汉川的汉正服装工业城、北河服装科技园中90%是承接武汉服装产业转移；汉川50%的包装份额为武汉企业配套。此外，依托武汉－中国光谷，汉川正配套发展光通信产业，打造武汉光谷重要配套基地。总体来看，汉川与武汉在产业方面各自发挥比较优势，正加快形成中心－外围梯度联动、协同互补、一体化发展的格局（见图12–2）。

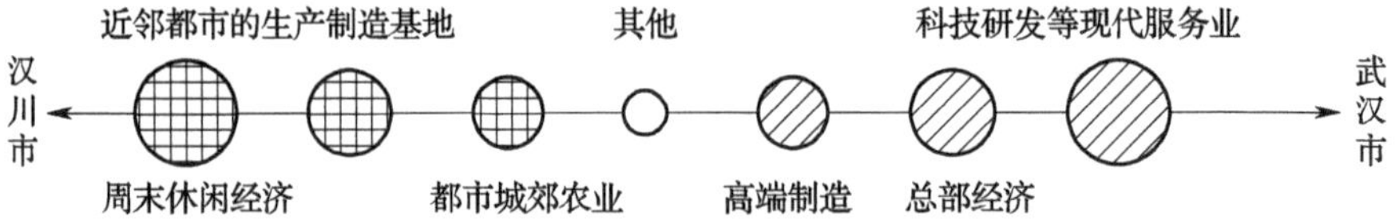

图12–2　汉川与武汉产业比较优势关系

（三）汉川与武汉消费市场的一体化趋势明显

随着交通出行的日益便捷和人们消费水平的提高，越来越多的汉川居民到武汉实现同城化、日常化的购物消费，10% 左右的家庭在武汉购房居住，享受武汉大都市的商贸服务、休闲娱乐、文化消费等。

汉川农业是典型的依托武汉发展的城郊型农业。汉川 70% 的水产品、55% 的畜禽产品和 60% 的蔬菜进入武汉或通过武汉销往全国市场，是武汉近郊较大的“菜篮子”“米袋子”和“活鲜库”。近年来，汉川文化旅游、生态旅游、休闲旅游等农文旅养融合发展迅猛，作为武汉后花园的功能日益增强。越来越多的武汉市民利用闲暇时间到汉川度假休闲。此外，汉川万亩湖山、临湖亲水等优质房地产项目也吸引着大批武汉市民购买康养居住。

（四）汉川与武汉之间人员往来密集频繁

由于区位交通、风俗习惯、经济走向等原因，汉川与武汉之间人脉相连、交往频繁。汉川常年在武汉务工、经商、求学、发展的人口达 15 万之多。据不完全统计，汉川每天进出武汉人口达 1.5 万人，节假日超过 2 万人。同时，武汉也有一批在汉川办厂、经商的人口，常年有数千人，近年来一批工作在汉川、居住在武汉的迁徙客不断涌现，创造了大量的消费需求和投资需求，为汉孝一体化发展奠定了基础。

三、汉川与武汉协调联动发展的积极变化

（一）武汉产业转移趋势凸显

随着武汉推进高质量发展和国家中心城市建设步伐加快，传统产业外迁转移趋势明显。汉川作为武汉都市圈重要节点城市，发挥交通区位、产业配套等方面优势，成为武汉产业转移的优先选择。以食品产业为例，以前武汉东西湖与汉川在食品产业发展上存在明显竞争关系，但随着东西湖区建设国家网安基地，瞄准高端产业发展，大批食品产业面临转型升级或外迁发展问题，汉川成为产业外迁的首选之地。汉阳区百年四台工业园已整体搬迁至汉川，黄金口产业园等园区也有向汉川转移的积极势头。

（二）汉川“飞地经济”成为对接武汉的重要平台

2017年以来，武汉聚力高质量发展，大力实施“四大资智聚汉工程”[①]，高位推进招商引资。招商引资呈井喷之势，2019年招商引资突破2万亿元，实际到资8 600多亿元。汉川借力武汉招商引资大势和产业转移势头，大力发展“飞地经济”，建设“园中园”“托管园”等合作平台，积极承接武汉部分招商引资项目外溢和产业转移，实行错位协作发展，正积极构建“总部在武汉、基地在汉川，研发在武汉、生产在汉川，主品在武汉、配套在汉川，成果在武汉、转化在汉川”的发展格局。

---

① “四大资智聚汉工程”：即“百万大学生留汉创业就业工程”“百万校友资智回汉工程”“高校科研成果转化对接工程”和“海外科创人才来汉发展工程”。

（三）汉川正积极打造对接武汉的半小时通勤圈

汉川坚持交通先行，与武汉交通一体化步伐加快。公路方面，加快推进连通武汉的汉蔡快线蔡甸段、川索一级公路建设，协调推进 2 条对接武汉的高速公路（武天高速、武汉都市圈内环高速）建设。铁路方面，即将开工的沿江高铁、武西高铁直通线经过汉川城区东北并设立枢纽站，目前，汉川段及站场规划设计、迁建勘测及开工建设等前期准备工作正在抓紧进行，同时，武汉轨道交通将向汉川延伸。水路方面，全面疏浚汉江下游航道，建设汉江综合港，打造武汉西部水运枢纽和物流基地。通过铁、水、公“三路齐进”，逐步形成融入武汉的同城化交通格局。此外，随着全国高速铁路网的不断完善，汉川与全国主要城市高铁联系也日益便捷（见图 12-3）。

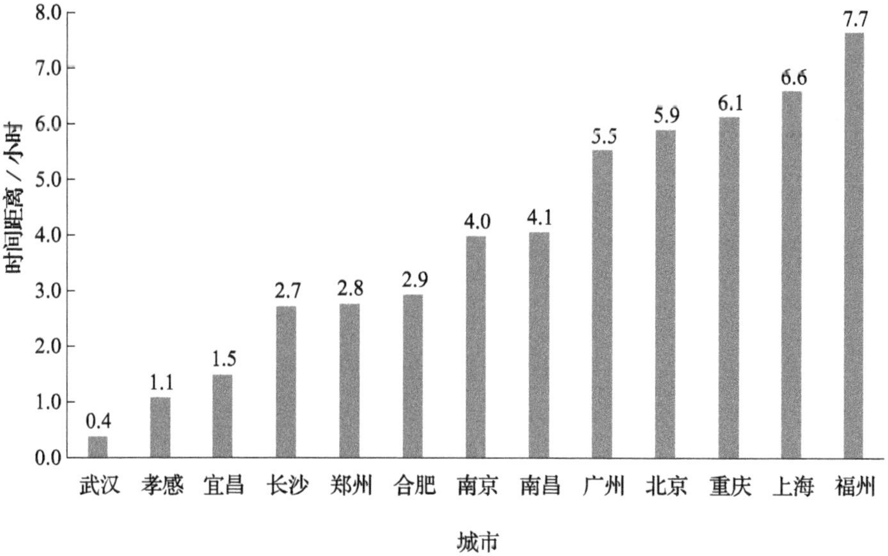

图 12-3　汉川与全国主要城市的高铁时间距离

四、汉川与武汉协调联动发展中存在的问题与不足

（一）对接合作水平有待提高

汉川与武汉的对接合作尚处于低水平发展阶段，尚未达到联动协调发展的目标要求，如产业对接合作层次还较低，汉川纺织服装业主要承接武汉“腾笼换鸟”转移出来的中小服装及配套企业，属于传统低端的来料加工，设计研发、自主创新的元素较少，大型品牌服饰企业落户少。在汽车零配件、光通信等产业配套上，也多处于中低端层次，进一步拓展提升的空间还很大。再如，交通有待实现快捷畅通接轨，突破两地之间快速通道瓶颈，纳入武汉立体交通规划建设体系范畴，加速推进对外出口通道建设，打通对外断头路。

（二）规划编制和项目建设上彼此分割

目前，汉川充分考虑到与武汉在规划和项目建设等方面的对接，提出要在基础设施、产业市场、科技人才、公共服务、生态环保等领域推动实现与武汉一体化、同城化发展。但是，由于受到跨行政区划的制约影响，两城市在规划编制、项目投资等方面仍然自成体系，规划上尚未实现充分衔接和有效打通，项目建设还存在进度、标准不一致、不配套等问题，需要在顶层设计、规划编制、项目布局等方面彼此联动、相互畅通和一体化发展。

（三）合作联动发展动力不足

受行政层级等因素的制约影响，作为县级市的汉川谋求与武汉市及其下

辖区和有关部门、单位的对接合作，特别是具体项目工程的实施和操作层面的推进还不够顺畅，区域协作发展的进程有待加快。

（四）缺乏都市圈城际协调发展机制的引导

湖北省级层面还未建立直接协调武汉都市圈内部城市合作联动发展的机制。在省级战略部署上，武汉与汉川的定位发展相对独立。武汉作为省会城市，是湖北省推动“一主两副多极”竞相发展中的“一主”。湖北省第十一次党代会提出：“支持20个左右发展后劲足、承载能力强的县市建设成为新的增长点，力争更多县市进入全国县域经济先进行列”，其中包括连续多年位居湖北县域经济前列的汉川。根据《湖北省县域经济发展规划（2016—2020年）》，汉川被列为重点开发区域，重要任务是打造县域经济高质量发展的“升级版”。根据该规划，湖北省21个县市列为全省县域经济高质量发展示范县市，汉川市位列其中。下一步，武汉在推动实施2049远景发展战略过程中，在立足武汉发展视角的同时，在考虑对周边县市的经济辐射和有效带动上也需要系统谋划与安排。

五、汉川与武汉协调联动发展启示与建议

（一）凝聚形成都市圈发展的战略共识，由省级层面推动编制都市圈发展规划

都市圈是城市群的主体部分，是实现大中小城市和小城镇协调发展的重要抓手，是新时代推动区域经济高质量发展的重要引擎。党的十九大以来，我国逐渐明确了以城市群都市圈作为未来区域发展的主要形态，出台了一系

列我国都市圈发展战略和指导意见，确立了都市圈发展定位、差别化发展思路等，形成战略发展共识。建议由省级政府根据各地区城镇化阶段特点和发展实际，因地制宜推动编制都市圈发展规划，明确都市圈的范围边界、战略定位、目标愿景、发展路径和政策措施等。根据需要，可研究探索都市圈核心城市托管部分周边外围城市的体制。

（二）以城市功能协调互补为着眼点，建立健全去行政化的核心城市与外围城市协调发展机制

要素自由流动、产业协同发展、交通等基础设施互联互通、公共服务共建共享、生态环境共保共治等是都市圈一体化发展的内在要求。为打破都市圈跨行政区的制度壁垒，应强化城市之间的功能关系，弱化行政级别观念，充分发挥市场机制决定性作用，由省级层面推动建立核心城市与外围城市协调发展的新机制，包括产业合作机制、市场一体化共建和要素自由流动机制、基础设施规划统筹和项目共建机制、公共服务合作和共享机制、生态环境共保共治机制等。

（三）创新协调联动发展模式，高质量推动建设核心城市与外围城市合作发展平台

按照经济高质量发展要求，瞄准解决都市圈发展不平衡不充分问题，鼓励和支持都市圈核心城市与外围城市在“飞地经济”发展、产学研一体化、创新链产业链融合共建、新经济联动培育等方面创新合作发展模式，共同建设产学研中心、产业园区、创新创业基地等合作平台，促进核心城市与周边外围城市新旧动能同步转换，推动都市圈城际协调联动，实现整体高质量发展，切实发挥核心城市的引领辐射和带动作用，强化外围城市的错位发展与

功能配套。例如，武汉可鼓励武汉经开区、东湖高新区等在汉川建设“园中园”“托管园”等，整合要素资源，完善利益共享机制，通过发展“飞地经济”，实现合作共赢。

（四）削减政策上的城际梯度差异，打造都市圈一体化的优质营商环境

遵循都市圈向心发展和圈层组织布局生产力的规律，按照市场化原则，在加强城际协商合作的基础上，推动核心城市和外围城市制定适度差异的土地、人才、资金等要素保障和吸引政策，尽可能减少具有强排他性或恶性竞争性的优惠政策，清理不利于都市圈城际公平竞争的政策措施，打造都市圈一体化的政策环境。按照国际化法治化便利化等高标准要求，围绕政务能力提升，推动不同层级城际之间加强交流合作，积极推动政务服务协作，搭建政务信息共建共享平台，打造一体化的政务服务环境。

（五）加强对都市圈经济发展等重点指标监测，为政府决策提供参考

都市圈具有经济一体化的趋势性特征，城际经济联系紧密，过去各城市孤立地统计分析经济发展指标，已不符合推动都市圈一体化发展的决策需求。因此，一方面，应树立区域一体化思维，打通数据信息渠道，依托已有统计方法及口径，加强各个城市经济发展重点指标的关联性分析；另一方面，不断创新统计方法，积极探索运用大数据平台等新手段，围绕都市圈发展形成一些地域性的特色指标，加强动态性监测分析预警，为都市圈一体发展提供决策支撑。

第十三章
资源型城市转型发展在路上
——基于娄底城乡区域发展的调研

内容提要： 在上一轮经济快速发展时期，资源型城市起到了重要支撑和保障作用。随着经济结构的深化调整，我国资源型城市面临较繁重的转型发展任务。娄底是我国典型的资源型城市，也是全国产业转型升级示范城市，近年来在供给侧结构性改革与新动能培育方面不断积累形成了一些好的经验做法，同时也还有一些瓶颈制约待解。深化对娄底市近年来转型发展进展、存在问题的调查研究，对于推动同类地区加快转型和促进高质量发展具有重要的启示意义。

娄底是湖南最年轻的地级市，由原湘潭、邵阳、益阳三地划入部分区域组建而成，于 1977 年经国务院批准设置涟源地区，地区机关驻涟源县娄底镇；于 1982 年，更名为娄底地区；于 1999 年撤地设市，辖娄星、冷水江、涟源、双峰、新化五个县市区。目前，娄底市下辖 1 区 2 市 3 县，总面积 8 117 平方公里。长期以来，依托能源矿产资源的开发利用，成为我国重要的老工业基地城市，是全国 126 个地级资源型城市之一，也是全国 120 个老工业城市之一。

一、娄底发展基础与特点

（一）经济发展势头较好

近年来，积极应对经济下行压力，以国家产业转型升级示范区建设为总揽，扎实推进新旧动能转换，加速推动经济高质量发展。2019 年，娄底市实现地区生产总值 1 640.58 亿元，同比增长 8.1%，居全省第一位，其中，第一产业增加值 174.44 亿元，同比增长 3.6%；第二产业增加值 632.69 亿元，同比增长 7.5%；第三产业增加值 833.45 亿元，同比增长 9.6%。三次产业对全市经济增长贡献率分别为 5.1%、37.5% 和 57.4%。

（二）区位条件优越

娄底地处湖南省的地理几何中心，是长江中游城市群、环长株潭城市群的重要组成部分。目前，沪昆铁路、沪昆高铁、沪昆高速、长韶娄高速、娄怀高速横联东西，洛湛铁路、二广高速、益娄衡高速纵贯南北，龙武高速、龙琅高速、娄醴高速、呼南高铁、张桂铁路也正在建设中，以高速、高铁“双十字”格局为主要支撑，娄底逐渐成为中部地区重要的交通枢纽。

（三）资源禀赋优良

娄底境内矿藏多样，工业基础雄厚，曾形成千万吨优质钢、千万吨煤炭、千万吨水泥的强大优质产能，享有“世界锑都”“江南煤海”“现代钢城”等美誉。拥有双峰全国商品粮基地、桥头河全省蔬菜基地。拥有等级旅游资源

177 处，其中 5A 级旅游资源区 2 处、4A 级旅游资源区 5 处，大多数属自然与人文相互融合的复合型优质资源，山水洞天，千姿百艳，蚩尤文化、耕读文化、中药文化、红色文化、龙凤文化源远流长，全域旅游磅礴兴起。紫鹊界梯田被评为全球重要农业文化遗产、世界灌溉工程遗产；梅山龙宫、曾国藩故居、湄江国家地质公园等建成国家级 4A 级旅游景区。

（四）城建基础完备

娄底先后编制完成了 52 项城市发展、民生事业、生态环境等方面的专项规划，中心城区控规覆盖率达到 100%。各县市总体规划控规覆盖率超过 95%，编制完成 67 个建制镇总体规划和市域 50% 的村庄规划。2017 年 1 月，涟源市水洞底镇、双峰县蛇形山镇并入娄星区，中心城区建成区面积达到 49.8 平方公里，人口增加到 53.9 万。城镇化率由 2012 年的 39.23% 提高到 2019 年的 49.25%。通过基础设施、民生服务、政务服务、城市管理、产业发展五大领域的均衡化发展与数字化建设提升城市现代化水平，城市综合承载能力和聚集能力显著增强。

二、娄底转型发展的积极进展与成效

（一）一批重大改革创新平台正在加快建设

近年来，在中央和湖南省支持和指导下，娄底先后获得了一系列国家重大政策支持，包括全国两型社会建设综合配套改革试验、全国老工业基地城市调整改造、全国资源型城市可持续发展、全国二级物流园区布局城市建设、国家循环经济示范创建城市建设、武陵山片区扶贫攻坚与生态文明先行区建设等。2017年4月，又与株洲、湘潭一起获批国家产业转型升级示范区，标志着娄底与长株潭的协同融合获得了国家层面认可和支持，迎来新的契机。在国家重大改革创新平台的带动下，创新资源持续不断汇聚，截至2019年娄底市累计建成国家级企业技术中心、监测中心7个，省级工程中心、企业技术中心、重点实验室65个，省级以上众创空间孵化器17个，院士工作站8个。

（二）产业转型发展取得积极进展

“十三五”以来，娄底市以国家产业转型升级示范区建设为总揽，深化供给侧结构性改革，强力“出清”落后产能，以产业项目年建设为抓手，着力打造板材深加工及汽车零部件等12条优势产业链10大特色产业园，以新能源新材料、文化旅游、生物医药为主力推动绿色发展，牵引市域经济发展稳中向好，三次产业结构由2012年的14.6 ∶ 55.4 ∶ 30.0调整到2019年的10.6 ∶ 38.6 ∶ 50.8。

2014年至2018年，娄底共退出煤矿194处，煤炭产能由1 800万吨减少到700万吨，同时关闭水泥企业121家、非煤矿山120家。2019年，关退不安全落后小煤矿25处、非煤矿山10处、采（碎）石场63家。采矿业增加值占地区生产总值比重由2012年的7.6%降至2019年的2.4%。

加快发展高新技术产业。2019年，娄底市高新技术企业总数由7年前的50家增至165家，高新技术产业总产值由7年前的550.56亿元增至1 231.97亿元，高新技术产业增加值占GDP的比重达17.0%。

大力发展现代服务业，聚焦文旅体育、现代物流、现代金融、现代商贸商务、健康养老与家庭服务、科创信息与研发设计、节能环保服务产业等重点领域和关键环节，将现代服务业培育成为拉动全市经济增长的重要动力。

服务业增加值占地区生产总值比重由 2012 年的 30% 提高到 2019 年的 50.8%，其中，2019 年实现旅游总收入 452.57 亿元，增长 36.7%；休闲农业经营收入 29.39 亿元，增长 11.4%。

（三）全市域对内对外总体发展框架逐步拉开

早在 2013 年 7 月，娄底市委四届四次全会就提出按照“向外积极融入长株潭城市群，对内着重拓展中心城区承载能力”的思路，实施“交通融城、产业融城、基础融城、文化融城”四大“融城战略”。近年来，依托娄底大道为主干的城际路网基支撑，全市域发展空间构架上，以娄星区为主核牵引涟源、双峰融合发展，打造“娄涟双”主板块，形成半小时经济圈；以冷水江市为副中心，与新化县融合发展，打造“冷新”副板块，形成 1 小时经济圈。此外，依托沪昆高铁、沪昆高速、长韶娄高速、娄湘公路“北扩东进”，加强与湘潭对接，共建水府庙国家湿地公园；加强与湘江新区和宁乡的对接，协同发展战略性新兴产业。

（四）小城镇正成为城乡融合转型发展的重要载体

按“并乡合村”方针调整乡镇区划，优化乡村发展格局。截至 2019 年底，原有 80 个乡镇 3 260 个建制村合并为 71 个乡镇 1 968 个村，获全省“乡镇区划调整改革工作先进市”。以现代农业大镇、特色工业强镇、商贸物流重镇、文化旅游名镇、生态环境美镇作为城乡融合发展、转型升级的重要载体，形成点面结合、以点带面的城乡互动发展格局。高速公路沿线 8 个特色小镇试点建设全面启动，建成杨市、青树坪、三塘铺、温塘、琅塘等全国重点镇、省级历史文化名镇和省级中心镇，双峰县荷叶镇、冷水江市禾青镇获批全国特色小镇，双峰县荷塘村等3个村获评第五届全国文明村镇，新化洋溪文印小镇、双峰永丰农机小镇被列入全省首批特色产业小镇。通过各类特色小城镇建设，有力推动了农民向城镇就地就近转移，形成点面结合、以点带面的城乡互动发展格局。

（五）绿色发展基础不断得到夯实

按照“因地制宜、分类实施、突出重点、注重实效”的原则推进生态环境综合治理，全市大气环境近年来明显改善，中心城区及县城空气质量优良率连续两年保持在85%以上，$PM_{2.5}$年均值由55微克/立方米下降至41微克/立方米，$PM_{2.5}$浓度年均下降12.7%。水环境明显好转，全市7个县级以上集中式饮用水源水质达标率均为100%、13个地表水省监控断面Ⅲ类水质达标率100%。

一是着力抓好青山绿水生态建设。狠抓重点流域重点镇污染治理。6个工业园区废水处理设施基本建成，乡镇污水处理设施建设达100%。生活垃圾无害化处理等一批重点项目快速推进，县级及以上城市生活垃圾无害化处理率达到98.8%以上，395家医疗机构纳入医疗废物集中处置范围。推进资水、孙水、涟水等治理和山体复绿工程，夯实山水生态基底。建成14处小游园，新建绿地面积达到4万余平方米，建成区绿地率达35.38%、绿化覆盖率为40.95%、人均公园绿地面积达9.61平方米，培育田园城市特色，提升了城市品位。

二是扎实推进矿区综合治理。以中央环保督察反馈意见问题整改为重要抓手，以锡矿山区域作为“一号工程”，结合区域资源禀赋、工矿旅游潜力等因素，从环境污染治理、工矿区改造搬迁、产业转型升级、土地整理和地质恢复、矿山风貌改造、交通基础设施建设、植绿复绿等方面进行生态环境综合整治。治理历史遗留废渣 2 880 万吨，矿区地质环境恢复治理率由 2013 年的 6.3% 提升到 2019 年的 15.74%，其中，锡矿山地区已完成 27 个项目建设，总投资超过 11 亿元，修复重金属污染土壤 400 亩，植树造林 0.6 万亩，完成 300 余栋房屋风貌改造，完成了矿山地区农村人口安全饮水目标。

三是积极推动矿产企业绿色转型。鼓励矿区企业依托“生态 + 现代服务业”，发展山地特色高效农业和文化生态旅游，让土地、劳动力、资产和自然风光等要素活起来。冷水江市成功推动 21 家关退煤矿转型发展现代农业。涟源市围绕“煤海披绿”走“农旅康养”融合发展新路，如康麓生物以“生物医药 + 现代农业”模式创业富民，开发出 NHDC（新橙皮苷二氢查耳酮）、橙皮苷、精油等七大高附加值产品，出口至欧洲、北美、东亚、澳洲等 30 多个国家和地区。

三、娄底转型发展存在的困难与问题

娄底在后发赶超、加速赶超、奋力赶超中奔跑了近十年，却一直赶而不超。从全省各地 GDP 来看，相对于益阳的差距由 2012 年的 17.63 亿元增加到了 2019 年的 151.88 亿元，相对于怀化的优势由 2017 年的 41.01 亿元降至 2019 年的 23.94 亿元。这既有外部的因素，也有自身发展和历史的原因，需要找准问题、短板和不足，加快促进新旧动能转换，源源不断地形成强劲的发展动力。

（一）产业转型升级的动力不足

娄底发展总体上仍以资源型产业为主力。2019 年，全市 36 个工业大类行业中，钢铁、水泥、电力等传统产业仍是主要产业支柱；六大高耗能行业增加值增长 3.8%，占规模工业增加值比重为 41.8%，相对于 2012 年没有明显变化；万元规模工业增加值能耗仍相当于全省平均水平的两倍以上。受人才、技术、资金等方面的制约，产业转型升级的内生发展动力明显不足。一些传统类型的企业正处于关停闭或减产状态，造成大量的产业用地、工业厂房闲置，利用率不高，亟待加速行业企业重组，促进生产要素资源优化重塑配置。

（二）城乡区域板块之间的统筹整合力度不够

受条块分割的制约影响，城乡、区县、园区之间重复建设、同质竞争问题仍然突出。经济工作千头万绪，国家层面的有老工业基地城市调整改造、资源型城市可持续发展、“双百工程”示范、武陵山片区扶贫攻坚、乡村振兴、易地扶贫搬迁，以及二级物流园区布局城市、循环经济示范城市、可再生能源示范城市、两型试验区、生态文明先行区、产业转型升级示范区建设等；省级层面的有产业项目建设年活动、产业园区创新发展、大湘西扶贫开发等；市级层面的有 7 个行动计划、项目建设大比拼、12 条产业链 10 大产业园建设等。数十个专项如蛛网般交叉牵扯，城乡、区县和园区各自主体在实施上却各行其是，造成资源分散、重复劳动，甚至存在互相干扰的现象。“上面千条线，下面一根针”，基层更是应接不暇，出实招干实事压力大、困难多。

（三）对外区域合作有待优化深化强化

从湖南省区域战略发展板块看，省内有长株潭、大湘南、环洞庭、大湘西四大区域板块，涉及 13 个市州，唯独娄底处于孤立状态。娄底市与省内其他城市协调联动发展不足明显，一度选择挂靠大湘西，却被排除在湘南湘西承接产业转移示范区之外；对接融入长株潭处于“一头热”的状态，一直没有形成有效的市际合作机制，产业链配套不充分不顺利。此外，娄底承接东部产业转移、对接长三角、珠三角等区域的渠道有限，局面还没有打开。

值得注意的是，娄底工矿区曾经为全省发展作出了巨大的资源贡献，但也留下沉重的生态与民生欠账。当前矿区的重生已非一地之力可为，但至今没有形成强有力的对外拓展合作有效机制。娄底全市 11 个大型采煤沉陷区，总面积约 1 013.5 平方千米，占市域面积的 12.5%；沉陷区人口达 88.8 万，占全市人口的 20%。娄底还有众多非矿采空区，其中锡矿山工矿区面积 226 平方千米，涉及 12.3 万人口，仅宝大兴采空区就有 19 处塌陷点，有 11 000 余人急需搬迁。

四、资源型城市转型发展对策与建议

(一) 建立对内对外协调联动体系，形成发展合力

当前，城乡区域分工协作关系不断被强化，增强城乡区域发展的联动性有利于优化资源配置、重塑新优势，促进形成发展的合力。就娄底而言，应进一步厘清各方面关系，推动建立对内对外协调联动体系。一是深化与区外合作。从提升娄底市在湖南省、中部地区战略功能以及加强与东部沿海地区合作等角度，深化研究娄底与区外合作新路径、新模式，借力对外开放合作，汇聚新要素新业态。二是推动产业园区协同发展，错位互补、协调联动，加快形成全市转型发展的合力。以国家级娄底经开区、娄底高新区为主核，探索将娄星工业集中区、万宝新区规划范围纳入娄底高新区，争创国家级高新区，探索将双峰经开区作为娄底经开区的第二工业园，按“飞地”模式进行托管。三是研究娄底空间发展新格局，为娄底推动经济特色高质量发展提供

新空间载体支撑。如在重点开发区域上，可探索以国家级娄底经开区、娄底高新区为双引擎，以娄底大道为主轴，融合全市产业园区，研究规划建设湘中绿色工业走廊；在生态功能区上，围绕富饶美丽健康祥和新娄底建设，结合乡村振兴、脱贫攻坚等战略实施，规划建设湄龙生态新区、桐凤生态颐养园，开拓先导性的实践基地，以农旅医养共生产业集群为主力，推动城乡融合绿色高质量发展，打造中部健康谷。

（二）着力培育接续成长产业，摆脱资源型依赖

挖掘和形成新优势，积极培育发展接续替代产业是资源型城市摆脱资源型依赖的必由路径。一是积极培育壮大新兴产业。目前，娄底市已经有一批新材料、新能源、汽车零部件、生物医药等新兴产业项目相继落地，发展势头较好，应继续汇聚人才、技术等经济要素，培育壮大战略性新兴产业。二是推动传统优势行业企业转型升级，一些传统优势企业集聚了一批熟练的产业技术工人，有较好的加工制造生产基础，但是由于跟不上新技术新业态新模式或受整个行业周期性衰退影响，产品市场优势逐步削弱，但部分仍然可以通过企业兼并重组、新技术注入、战略投资者加入等方式，依托原有的基础生产能力实现新一轮的转型升级和复苏。三是培育壮大幸福产业。娄底农业、生态、文化、旅游资源禀赋优越，要发挥山城水乡的基础优势和有利条件，积极培育壮大以文化旅游、健康、养生养老、体育、特色农业及健康餐饮等为主导的幸福产业。

（三）统筹城乡生态文明建设，构建绿色发展共同体

资源型城市受资源开采、传统粗放式产业发展的影响，一直以来绿色转

型发展任务重。应坚持绿水青山就是金山银山和绿色发展理念，通过全域统筹、城乡融合打造绿色发展共同体。一是着力抓好污染治理与生态建设，增加生态资源存量，恢复青山绿水原貌，推进城市增绿、增花、增彩，以城带乡推进特色小城镇和美丽乡村建设全覆盖，形成“山水林田湖草、城－镇－村”融为一体的田园式人居生态体系。二是推进一二三产业融合和绿色发展，实施近零碳排放区示范工程，构建集约高效、业态联动、有机循环的生态新经济体系。三是研究推动在娄底建设绿色监测指标体系、绿色评价指标体系和绿色考核指标体系，形成既相互支撑，又有差别的“监测－评价－考核”体系，以政府财政资金为引导推动设立绿色发展专项基金，统筹城乡绿色发展项目布局和建设，加快建立健全绿色治理体系。

（四）探索资源型城市创新发展路径，推动新旧动能加速转换

创新是驱动资源型城市转型的内生动力，应依托不同地区和城市发展基础条件和发展导向，以科技创新为引领，协同推进资源型城市制度创新、文化创新、模式创新等综合创新。以娄底探索创新驱动发展实践为例，一是探索建立科技创新网络，搭建完善科技创新平台体系，包括科技研发中心（实验室）、研发转化基地（产业园区）和科技服务平台，形成多主体协同合力的区域性创新网络。二是创新构建区域性的公共投融资服务体系，为各类资产、资本、资金的社会化聚合搭建顺畅的平台，让民间资金有更加健康更加多元化的投资渠道。三是可积极探索乡村振兴创新模式，落实国家乡村振兴战略部署，对生态功能区和农业主产区进行整体规划，结合矿区转型发展合理布局生态保护区、农业经济区、农产加工园和居民生活区，探索系统推动实施“农六化”工程（即农村社区化、农民市民化、农地股权化、农经生态化、农艺科技化和农作机械化），搭建乡村振兴平台，有力盘活和优化整合乡村资

源，探索现代村镇建设新模式。

（五）开启新一轮思想大解放，推动优质营商环境建设

资源型城市由于长期以来国有经济比重较高，计划经济色彩浓，人们思想观念的转变是最大动力也是最大困难。在深化改革和扩大对外开放的新时代，应在娄底掀起新一轮思想大解放，以思想大解放、观念大转变推动改革开放走向深入，带动打造优质营商环境。一是明确政府工作边界。把服务型政府建设作为头等大事，切实发挥好政府在战略、规划、政策制定上的引导作用，减少对市场的干预，多为市场主体和人民群众做好服务工作。二是改进部门工作方法。落实中央决策部署要注重系统集成，同类工作事项可以合并的要合并进行，并切实减少检查、调度和观摩，让基层把更多时间用在抓工作落实上来。特别是市县一级作为执行层，更要加强统筹整合、协同联动，把“千条线”拧成“一股绳”，梳理形成精简有序、切实有效的协同行动体系，形成抓铁有痕、踏石留印的强大推动机制。三是深化干部人事制度改革。根本性破除官本位思想与部门化陈规，坚持反腐反庸两手抓，内增活力、外树形象，开辟“有为自有位”的人才绿色通道，发现适用之才、培养勤奋之才、重用盛德之才，率先在重点地区、重点领域打造干净担当的先锋队，以全新思维、全新作风开创全新局面。四是狠抓营商环境优化，实施一批营商环境示范工程，规范市场秩序，打造创新创业创投新环境。

第十四章
强化陆海统筹 加快建设海洋强省
——基于海南省的实地调研

内容提要：党的十九大提出："坚持陆海统筹，加快建设海洋强国。"作为全国管辖海洋面积最大的省份，海南因海而名，向海而兴，具有实施陆海统筹，建设海洋强国的独特区位优势和资源优势。2018 年 4 月，习近平总书记在庆祝海南建省办经济特区 30 周年大会上指出要把海南打造成海洋强省。海南应深度融入海洋强国等重大国家战略，充分借鉴国外著名岛屿发展海洋经济的成功经验，做好陆海资源开发、产业升级、科技创新、生态保护、联动开放"五个统筹"，努力形成陆海资源、产业、空间互动协调发展新格局。

一、海南海洋经济发展的主要成就

经过 30 多年的发展，海南海洋经济的产业体系初步形成，海洋资源开发服务保障能力大幅提高，智慧海洋建设明显加快，海洋经济的支撑作用不断增强。

（一）海洋经济不断壮大，产业体系初步形成

海洋经济已经成为海南省国民经济快速发展的重要支柱。30 多年来，海洋经济占海南省 GDP 的比重由不到 6% 提高到 30% 左右。2019 年海南省海洋经济生产总值约为 1 585 亿元，同比增长 6%，高于地区生产总值增幅。海洋产业体系初步建立，逐步形成了海洋渔业、海洋旅游业、海洋交通运输业、海洋科教服务业等四大支柱产业，并且在海水产品加工、海洋工程等涉海产业有所布局。

（二）海洋开发逐步推进，保障能力大幅提升

海南拥有极其丰富的海洋资源，海岸线长达 1 994 公里，滩涂面积 5 500 多平方公里。依托丰富的油气资源，海南油气开发日渐升温，现已建成 60 万吨甲醇、环岛天然气管网、800 万吨炼油、30 万吨聚酯、20 万吨聚丙烯、8 万吨苯乙烯等项目。近年来，海南着力推进海洋资源开发服务保障基地、海上救援基地、海洋执法基地建设，海洋综合管控能力逐步提高，完成了多艘千吨级执法船和南沙渔业生产渔船的建造，海口海监渔政综合服务基地也建成投入使用，由此提升了南海特别是三沙海域巡航执法能力和远海捕捞作业能力。

（三）科技兴海深入实施，智慧海洋建设加快

近年来，海南全面实施创新驱动发展战略，着力打造海洋科技新高地，在热带现代农业、海洋、生物医药、航天、电子信息等领域的技术创新和成

果推广取得显著成效。我国首个深海科研基地中科院深海科学与工程研究所通过验收，“探索一号”首次完成马里亚纳海沟万米级深海科考，中科院三亚深海所牵头承担其中的“南海环境立体观测”项目正式启动。大力推进智慧海洋建设，中国电科海洋信息产业基地奠基、南海大数据应用研究院农业大数据中心揭牌，不断提升海洋信息化管理能力，积极创建国家智慧海洋建设工程海南示范区。

二、海南陆海统筹面临的问题

海南由于陆域经济发展相对滞后，南海开发受到国际局势影响以及近岸生态较为脆弱等因素，发展海洋经济面临着以陆促海缺引擎、依海兴陆缺支点、发展保护存矛盾等问题。

（一）陆域经济不强，以陆促海缺引擎

强大的陆域经济是陆海统筹的基础。历史上，海南的经济一直以农业种植和近海捕捞为主导。国际旅游岛获批后，海南经济在旅游、房地产等服务业带动下获得了快速发展。但由于工业化进程滞后导致陆域经济基础薄弱，客观上造成以陆促海能力不足。一是港口发展受限，我国沿海的港口大多依托当地出口加工而发展起来，海南制造业规模小，进出口的货物数量有限，制约了港口发展壮大。二是远海捕捞受限，南海渔业资源丰富，但由于造船技术和维修能力不足，远海捕捞受到较大限制，海洋渔业难以做大做强。三是服务贸易发展受限。服务贸易是发展岛屿经济的重要手段，海南缺少体量较大的中心城市，人口、产业、资本集聚度不高，实体经济对服务贸易的支撑能力弱。

（二）南海开发受限，依海兴陆缺支点

海南是唯一被全国人大常委会授予海域管辖权的省份，也是拥有特区立法权的省份，管辖着西沙、南沙、中沙等南海众多岛屿及辽阔海域。作为太平洋印度洋交汇和中国－东盟地理中心，南海开发对海南本岛发展具有很强的溢出效应。南海渔业资源、矿产资源、生物资源极其丰富，已探明石油储量400多亿吨，天然气储量超过16万亿立方米，可燃冰地质储量约为700亿吨油当量，诸多海岛中有很大一部分具有开发和利用条件，开发前景十分广阔。近年来，南海局势的争端逐渐复杂化，个别域外势力不断地通过各种方式，包括炒作所谓航行自由与安全受到影响的伪命题来搅动南海局势，对南海开发产生了不利影响。

（三）近岸生态脆弱，发展保护存矛盾

长期以来，受到主客观条件的制约，海南突出对近海资源的利用，在海洋生态保护上存在薄弱点。一方面，经济的发展、旅游业的繁荣和游客数量的激增，对滨海生态环境带来不可避免的冲击，加之城镇污水管网不完善，导致陆地近海岸海域污染和海水质量下降。2018年海南省海洋环境状况公报显示，海南岛近岸海域水质总体为优，但陆源入海排污口超标排放次数增加，海口市龙昆沟重点排污口邻近海域环境状况较差，白沙门污水处理厂深海排放口邻近海域环境状况一般。另一方面，大量近海作业渔船的非法捕捞行为，严重破坏了海南近海的渔业资源和生态环境，在海平面上升、海浪、风暴潮等自然因素作用以及人工涉海项目建设影响下，海南岛部分岸线受到侵蚀，当地环境受到影响。

三、国际著名海岛发展海洋经济的经验

增强海洋经济的产业支撑能力，依托优质自然环境，做强做大海洋旅游；提升农业、手工业竞争力，积极发展先进制造业；吸引中央政府支持，培育海洋科技。

（一）深挖海景资源，做精海洋旅游

海景资源是岛屿的核心优势，利用生态资源，做强海洋旅游，发展“旅游＋产业”是著名岛屿的共同选择。夏威夷、爱德华王子岛、毛里求斯、济州岛、冲绳岛、巴厘岛、普吉岛、马尔代夫是世界3万平方公里以下的著名岛屿，在20世纪60年代以前，普遍以农业作为地区主导产业，经济发展高度依赖种植、捕鱼等自然资源。“二战”以后，航空运输成本的逐步下降为旅游业腾飞提供了机遇，而旅游业真正成为当地主导产业也仅仅是近几十年的事情。当地政府充分挖掘岛屿生态资源优势，做强滨海、近海、深海旅游，并推动旅游与服务业的融合，重点发展与旅游配套的医疗、教育、房地产、文化创意、会展、金融、交通、零售等服务业。

（二）勇攀制造高峰，增强产业支撑

绝大多数岛屿由于自然资源匮乏、人才资金不足、远离经济腹地等先天劣势，制造业普遍停留在食品加工、纺织服装等轻工业阶段。特别是当旅游业成为支柱产业后，生态环保要求大大提高，导致制造业规模不断萎缩。旅游业的繁荣高度依赖外部市场，与世界经济形势密切相关，亚洲金融危机、国际金融危机等都对旅游业产生过很大冲击。当地政府逐渐意识到，经济发展必须依靠产业多元化，降低对旅游业的依赖，增强经济的抗风险能力。包括运用资金与技术改造传统优势产业，提升农业、手工业竞争力，而少数有实力的岛屿，如夏威夷、爱德华王子岛、冲绳等敢于瞄准高端制造业，特别是制造业的研发环节，来促进地区产业多元发展（见表 14-1）。

表 14-1　夏威夷、爱德华王子岛、冲绳先进制造业布局情况

岛屿	生物医药	信息技术	海洋经济	航空航天	新能源
夏威夷	√	√	√		√
爱德华王子岛	√	√		√	√
冲绳		√			

资料来源：当地政府网站。

（三）谋求岛外支持，培育海洋科技

夏威夷是海洋研发活动的天然实验室，也是世界范围内少数有实力培育海洋科技的岛屿，在海洋渔业、海洋工程、船舶制造三大领域都投入了较多科研力量。夏威夷的海洋科技发展主要是借助岛外资源实现的，其科研经费来源的 81.8% 是联邦政府，其次是私人部门的 5.9%，州政府的 5.3%，国际组织的 4.3%。总体来看，来自夏威夷州以外的资金约占全部科研经费的 88%，来自各级政府的资金约占全部科研经费的 87%。这反映出，提升海洋科技能力，仅靠岛屿自身的力量是远远不够的，必须想方设法吸引岛屿以外的资源支持。其中，政府部门必须起到主导作用，中央政府的大力支持是提升岛屿海洋科研活动的基本前提。

四、海南陆海统筹发展对策建议

做好陆海资源开发、产业升级、科技创新、生态保护、联动开放“五个统筹”，不断把海洋经济推向纵深发展。

（一）统筹陆海资源开发

海南是全国唯一的热带岛屿省份，拥有最小的陆地面积和最辽阔的海洋辖域，保护好、开发利用好陆域资源和海洋资源，既是海南发展大局的需要，也是海洋强国战略的重要内容。要充分考虑到海洋、海岛和海岸带，强化以海带陆、海陆联动的发展意识。在陆域资源方面，以省域“多规合一”为指导，统筹考虑海南本岛的东西南北中差异化定位，加强中部山区生态环境保护，提供更多优质生态产品，优化开发沿海资源，加强港口整合，建立三沙后勤和南海开发保障基地。在海洋资源方面，发展远洋捕捞和深海捕捞，积极推进南海天然气水合物、海底矿物商业化开采，把握国家南海开发与南沙岛礁建设战略机遇，选取部分试点开展军民融合共建，加快三沙建设发展。

（二）统筹陆海产业升级

产业统筹是海南陆海统筹发展的核心，要把海陆产业的发展有机地联系起来，促进陆海统筹一体化。一是做精海洋旅游，逐步把滨海旅游引向近海、深海，建设三亚海上旅游合作开发基地，开发三沙旅游资源，开辟三亚三沙游轮航线，加强与医疗健康、教育文化的深度融合，拓展旅游消费发展空间。二是做大做强临港产业，以沿海重要港口为依托，以先进制造业和生产性服务业双轮驱动，利用海南自由贸易港政策优势，发展海口总部经济，促进临港产业集群化、规模化、园区化，推动临港制造业与金融、保险、商贸等产业联动发展。三是建设国际航运中心，三沙地处南海航线，可以发展成为船只补给基地和区域性周转中心。四是培育壮大海洋新兴产业，促进海洋生物、海洋可再生资源、航空航天等战略性新兴产业发展。

（三）统筹陆海科技创新

科技是海南陆海统筹发展的保证，要发展海洋科学技术，着力推动海洋科技向创新引领型转变。一是争取国家重大海洋科技项目落户海南、建设国家级研发平台，积极引进国际海洋组织和国内海洋研究机构入驻，加强在深远海探测、海洋遥感、海水淡化、海洋生态保护和利用等关键技术的研究，推进智慧海洋建设。二是大力扶持省内海洋科研院所建设，加快三亚深海科学与工程研究所的筹建，填补海南在海洋科学工程领域缺乏专业科研机构的空白，促进热带海洋学院与中科院三亚深海所的合作与发展，发展南繁育种基地海洋基因库，建设三亚海洋“科技硅谷”。三是加强与海洋经济相关人才的培养和引进，壮大科研队伍，大力实施科技兴海和人才强海战略，通过高质量的协同创新和联合攻关，为陆海统筹发展战略提供坚实的人才支撑和技术保障。

（四）统筹陆海生态保护

海洋生态系统是一个稳定性较强的生态系统，与陆域生态系统存在着较大的互补性。只有坚持陆海统筹，才能推进海岛的经济建设与环境保护协调发展，走可持续发展的道路。一是加强陆海污染源监管。海洋污染物主要来自陆地，只有把陆地的污染治理好，才能从源头上减轻污染，要严控污染源，控制陆源污染和海洋开发利用活动污染物排放以及海洋倾废。二是加快海洋生态建设和生态修复工程，构筑海洋、海岸带和海岛生态文明建设体系，推进海洋生态建设和修复。有效保护海南热带特色鲜明的珊瑚礁、红树林、海草床、滨海湿地、海岛及其周边海域海洋生态系统，进一步加强海洋自然保护区和海洋特别保护区的建设和科学管理水平，保护生态与环境。三是建立海洋保护区或海洋公园，保护和修复海洋生态环境。坚持开发与保护并举，依托海洋公园的建设，加强生态系统的整治与修复，强化对海岸带区域的监管，确保海洋资源开发有序有偿有度。

（五）统筹陆海联动开放

海南地处 21 世纪海上丝绸之路的关键节点，也是中国与东盟、南亚、中东沿海各国开展海上交往的最前沿，海南在发展海洋经济过程中，要统筹陆海联动开放。一是以建设海南自由贸易试验区和自由贸易港为引领，加快形成法治化、国际化、便利化的营商环境和公平开放统一高效的市场环境，打造开放层次更高、营商环境更优、辐射作用更强的开放新高地。二是积极融入粤港澳大湾区建设，谋划建设琼港、琼澳服务业合作园区，依托泛珠三角区域和北部湾城市群合作机制，广泛开展经贸合作，共同推进南海保护与开发，加快建设粤桂琼海洋经济合作区。三是充分利用博鳌亚洲论坛等国际交流平台，加强海南与东南亚国家的沟通交流，推动与南海周边国家在海洋渔业、邮轮旅游、南海生态环境管控、海上搜救、信息共享等方面的合作，把海南打造成为我国面向太平洋和印度洋的重要对外开放门户。

第十五章
人口大市、农业大市、生态城市和革命老区的高质量发展路径
——基于信阳两湖区域的调研

内容提要：信阳位于河南省最南部、鄂豫皖三省交界处，自古既为江淮河汉之间的战略要地，也是人口大市、农业大市、生态城市和革命老区。信阳市提出“把城市轻轻地放在山水之间”的发展理念，谋划信阳两湖区域开发，希望通过两湖区域发展践行生态文明理念，打通绿水青山向金山银山的转化通道，推动高质量发展。为此，调研组深入两湖区域，就两湖区域的发展现状、战略发展思路和重点任务作了调查研究。

2019 年，信阳市人均 GDP 超过 6 100 美元，正处在中高收入向高收入迈进、高速增长向高质量发展的关键阶段。从城市空间尺度上看，信阳老城区沿浉河扩展，西北—东南呈条带状分布，面积狭小，市政、交通、教育、经济等都面临着发展困境，不能很好地满足城市经济发展的需要，向外拓展是大势所趋。为使城镇化建设与环境保护并驾齐驱，信阳市提出“把城市轻轻地放在山水之间”的发展理念，谋划两湖区域高质量发展规划，践行生态文

明理念，打通绿水青山向金山银山的转化通道，带动信阳经济社会高质量发展。

一、信阳高质量发展面临的困难

信阳市是人口大市、农业大市、生态城市和革命老区，经济发展总体滞后，城镇化建设、经济结构升级等任务较重。

（一）人口大市，城镇化发展总体滞后

信阳是名副其实的人口大市，2019 年户籍人口超过 887 万，常住人口达到 646 万，每年有 200 多万的外出务工劳务大军。然而，信阳城镇化水平总体偏低，2019 年全市常住城镇化率为 48.98%，比河南省和全国分别低 4 个和 11 个百分点以上。信阳中心城区集聚人口的能力薄弱，中心城区建成区面积 94 平方千米，常住人口 87 万人，仅占全市常住人口的 13%。信阳城镇基础设施建设相对滞后，农村人居环境仍待改善，生活垃圾无害化处理率、污水处理厂集中处理率、农村无害化卫生厕所普及率在全省地级市中排名靠后。

（二）农业大市，经济结构升级压力大

信阳是全国著名的优质农产品生产基地，粮食产量多年稳定在 110 亿斤左右，是全国少有的粮食产量超百亿斤的产粮大市。信阳是茶的故乡，茶叶产量占全省九成，信阳毛尖是全国十大名茶之一。信阳水产品丰富，水产品产量占全省的 21.6%，南湾鱼远销全国二十多个省（区、市）。信阳市农业产值占比高，2019 年，全市农业增加值 498 亿元，农业占地区生产总值的

18.0%。

与此同时，信阳作为农业大市，经济发展质量不高和产业结构不合理的问题较为突出，经济增长主要依靠投资拉动，消费的贡献相对较低，服务业占比较小，结构转型压力大。2019 年，信阳三次产业结构为 18.0 ∶ 36.6 ∶ 45.4，三产比重低于全省和全国 2.6 个和 8.5 个百分点。服务业普遍存在“小、散、弱”现象，缺乏骨干龙头企业的支撑，核心竞争力不强，产业层次较低。商贸流通、餐饮住宿等传统服务业所占比重较高，而现代物流、信息服务、金融保险、文化旅游、电子商务等高成长服务业占比较低，养老服务、科技研发、健康服务等新兴服务业发展较为滞后。

（三）生态城市，尚待向发展优势转化

信阳地处淮河上游，是大别山腹地，属于生态敏感区，其生态地位非常重要。信阳市共有国家级生态区、县 5 个，自然保护区 9 个，自然保护区面积 20.5 万公顷，国家级森林公园 5 个，省级森林公园 5 个，全市森林覆盖率达 36.1%，高出全省和全国十多个百分点。水资源总量 107 亿立方米，占河南省 31.3%，年平均降水量 1 339 毫米，是全省的 1.7 倍。信阳市的环境空气质量一直保持在河南省最高水平，2018 年空气质量优良天数 244 天，$PM_{2.5}$ 平均浓度 48 微克 / 立方米。作为我国南北气候过渡带，信阳山清水秀、雨水充沛、四季分明，林茂粮丰，是河南省生态环境最好的城市。

然而，信阳的生态优势向发展优势转化路径尚未打通。例如，旅游业是生态与经济的重要结合点，信阳山水资源丰富，历史悠久、文化底蕴深厚、生态环境良好，拥有得天独厚的旅游资源，但信阳游客人均消费不到 600 元，与全国平均水平（926 元）差距较大，在河南省各地市中也排名倒数，旅游发展尚处于起步阶段（见图 15-1）。

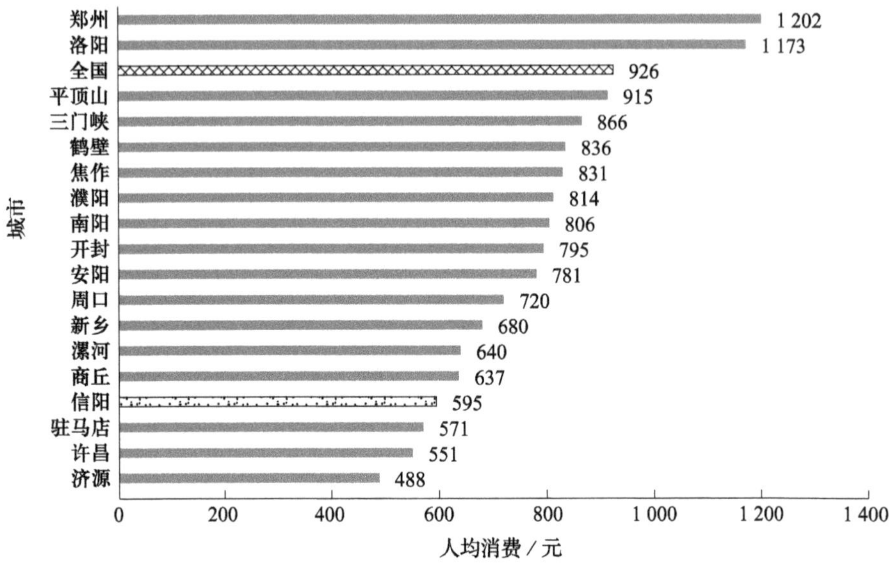

图 15-1　2018 年河南省各地市接待游客人均消费

（四）革命老区，居民脱贫后稳定致富任务重

信阳是革命老区，属于原大别山集中连片特困地区，鄂豫皖省际交界地区和中原城市群的边缘圈层，远离省会经济中心，整体发展不足，乡村经济条件差。与全国同步全面建成小康社会后，信阳农村和城镇居民收入在全省、全国依然处于较低水平（见表 15-1），要实现 2035 年基本建成社会主义现代化和 2050 年全体人民共同富裕的目标仍需付出艰苦努力。

表 15-1　2019 年信阳市居民人均可支配收入　　单位：元

指标	信阳	河南	全国
全体居民收入	20 928	23 903	30 733
农村居民收入	14 010	15 164	16 021
城镇居民收入	30 425	34 201	42 359
城乡收入比	2.17	2.26	2.64

二、两湖区域对信阳高质量发展的重要意义

信阳两湖区域以南湾湖、出山店湖两个大一型水库为核心，主要包括与两湖联系紧密的周边 14 个镇（乡、街道办、功能区），总面积 1 118 平方千米，2016 年末总人口 38.6 万，地区生产总值 124 亿元，分别占全市的 5.9%、6.4% 和 6.1%。

推动两湖区域的山水资源优势转化为生态经济优势，有利于推动城乡融合发展、有利于发展绿色高效农业、有利于提供优质生态产品、有利于康养文旅产业萌发，为信阳市高质量发展提供支撑空间。

（一）两湖区域是信阳中心城区近郊，有利于推动城乡融合发展

两湖区域属于典型的城市近郊区，金牛山街道办、北湖管理区、家具小镇、南湾乡、贤山街道办、十三里桥乡等辖区跨中心城区和两湖区域，南湾水库大坝距离信阳市中心仅有 7 公里，出山店水库大坝距离信阳市中心约 15 公里。两湖区域发展有利于构建以城带乡的城乡共兴互荣新机制，吸引中心城区的资源要素、产业市场向周边流动，推动主城区道路、市政基础设施和教育、医疗、文化等基本公共服务向农村地区延伸，改善乡村办学办医硬件条件，增强农村地区就近就业吸纳能力，建设好美丽宜居乡村，促进农村生产方式现代化、生活方式城镇化，实现城乡居民基本公共服务均等化、基础设施通达程度较均衡和生活水平大体相当，打造信阳城乡融合和乡村振兴的样板。

（二）两湖区域是信阳毛尖核心产区，有利于发展绿色高效农业

茶叶和水产是信阳的主要优势农产品。两湖区域内的董家河镇、浉河港乡、十三里桥乡是驰名全国的信阳毛尖的原产地和主产区，茶叶产量和产值占全市的21.4%和58.9%（见表15–2）。龙头企业龙潭、文新、广义三家跻身全国茶企百强，“广义”牌商标成为中国驰名商标，“文新”毛尖被指定为上合组织成员国总理第十四次会议唯一用茶，浉河港镇联农茶叶合作社成为“全国百家合作社百个优质农产品”品牌榜全市唯一上榜品牌。两湖区域发展有利于整合信阳茶叶资源，加强农业面源污染治理，提高茶叶品质，实施标准化、品质化生产，制定信阳毛尖标准、壮大龙头企业、培育制茶大师、拉长茶产业链条。此外，两湖区域还是南湾鱼的产地，南湾湖开渔节已成为信阳南湾湖秋季最重要的民俗文化和体验旅游活动，为推动一二三产业融合发展提供了重要素材。

表15–2　两湖区域茶叶种植情况（2016年）

地区及占比	茶园面积／万亩	茶叶产量／吨	茶叶产值／亿元	茶产业就业人数／万人
两湖区域	43.1	12 735	59.3	2.73
信阳	210.8	59 500	100.8	120
两湖占全市比重／%	20.4	21.4	58.9	2.3

注：资料来源于两湖区域各乡镇。

（三）两湖区域是信阳绿色生态空间，有利于提供优质生态产品

“环境就是民生，青山就是美丽，蓝天也是幸福”，绿色发展是新时代人

民对美好生活的迫切需要，也是经济社会可持续发展的内在要求和高质量发展的重要标志。两湖区域是信阳的生态源头，区域内山水林田湖分布错落有致，西部和西南部以浅山丘陵为主，其他地区大部分都是平原或低缓丘陵岗地，森林覆盖率高达 41.5%，茶山绿水相映，稻田果园相连。南湾水库总库容达 13.55 亿立方米，生态优美，水质良好，是信阳市重要的饮用水源区（见表 15-3）。两湖区域为市民提供了难得的生态休憩空间，也是信阳市文化、生态优势的集中展示区，其设立可以进一步完善城市功能，并为主城区提供更多生态产品。

表 15-3　两湖区域内主要水库情况

水库名称	等级	防洪标准	防洪库容 / 亿立方米	主要功能	次要功能
南湾水库	大一型	万年	3.05	防洪、灌溉、城市供水	水产养殖、发电、旅游、航运
出山店水库	大一型	万年	6.91	防洪	灌溉、供水、发电
顾岗水库	中型	千年	0.018	防洪、灌溉	水产养殖、旅游

注：资料来源于信阳市水利局。

（四）两湖区域是信阳预留发展区域，有利于康养文旅产业萌发

两湖区域基本处于未开发状态，两湖之间多为低缓农地和林地，尤其是平桥区作为省级主体功能区中的重点开发区域，发展潜力较大。两湖区域已经利用的建设用地为 35.6 平方公里，通过规划调整可利用土地 101.04 平方公里，直接可以利用的建设用地共 85.31 平方公里，其中平桥区 44.50 平方公里，浉河区 40.81 平方公里，开发强度远低于河南省主体功能区设定的 2020 年控制目标。两湖区域还是国家主体功能区试点示范区，不仅拥有茶山绿水

的生态优势和豫风楚韵的人文优势，而且发展空间广阔，吸引了众多康养旅游和科教培训等领域的投资者前来洽谈，康养文旅科教培训等产业萌发势头明显，为两湖区域实现高质量发展奠定了较好基础。

三、谋划两湖区域发展的思路与任务

两湖区域发展，要守好生态保护红线、环境质量底线、资源利用上线，构建现代生态经济体系，提供优质生态产品，打通“茶山绿水”向“金山银山”的转换通道，实现高质量发展。

（一）走“茶山绿水就是金山银山”的绿色发展之路

特色优势是促进两湖区域高质量发展的最大生命力，两湖区域有别于其他地区最大的特色优势就是“茶山绿水 + 豫风楚韵”与毗邻信阳中心城区的有机组合，要进一步彰显两湖区域的特色，依托信阳主城区的城市功能和市场，不断开拓市场空间，打通“茶山绿水”向“金山银山”转换通道。

一要放大“茶山绿水 + 豫风楚韵”优势，促进“茶山绿水 + 豫风楚韵”特色向产业优势转变。两湖区域的董家河镇、浉河港乡的茶山是信阳毛尖的主产区，良好的生态环境孕育了高品质的信阳毛尖，市场信誉度高，要不断丰富两湖区域的茶产品，并与南湾水库和出山店水库的鱼水优势结合起来，开展集营销推介于一体的冬捕活动，通过“茶山绿水 +”，配合浓郁的“豫风楚韵”，促进产业融合发展，打通“茶山绿水”向“金山银山”转化通道。真正突出茶乡特色，树立茶乡形象，举办茶文化节和茶歌茶舞展演，打造精品茶文化旅游，建设生态茶园和茶景观设施，努力把两湖区域打造成为全国知名的茶文化特色美丽乡村，把信阳茶的资源优势、品质优势、品牌优势和信阳的生态、文化、旅游资源优势融合转化为经济效益、生态效益和社会效益。

二要充分利用毗邻信阳主城区的区位优势，不断拓展两湖区域的消费市场。两湖区域有优质的生态产品，也有优质的农产品和旅游产品，这些都是新时代人民对美好生活向往的重要内容。要充分发挥毗邻信阳主城区的区位优势，在开拓信阳城区市场的同时，依托信阳便捷的交通优势，积极开拓郑州、武汉、西安、南京等周边大城市市场。

（二）构建“三湖三廊三区三带两组团”总体格局

依托两湖区域丘陵地形特点和城乡居民点分布基础，充分利用现有的山水格局及自然地形地貌，保护恢复自然水体水系，开辟绿化景观通道，加强区域相互促进、联动发展，在自然景观中谋划两湖区域发展，打造山水相依、蓝绿交织、城乡融合、联动发展的“三湖三廊三区三带两组团”总体格局。

一是全力以赴保护“三湖三廊三区”生态屏障。构筑以南湾水库、出山店水库、顾岗水库区、沿淮生态廊道、两湖分水岭生态廊道、黄缘闭壳龟省级自然保护区为主体的生态屏障。

二是因地制宜推动三大特色农业带发展。通过规划引导，以特兴农，以绿兴农，推进两湖区域茶山绿水发展带、发挥董家河镇、浉河港乡、十三里桥乡等信阳毛尖核心产区的独特优势建设茶山绿水发展带；发挥吴家店镇、平昌关镇等基本农田集中连片的优势，依托良好灌溉条件和生态本底，重点发展生态农业、休闲农业、设施农业，建设环湖休闲生态农业发展带；发挥甘岸街道办、双井街道办、彭家湾乡等毗邻城区的区位优势，将农业发展与休闲旅游结合起来，建设沿淮城郊休闲农业发展带。

三是高水平推动两大组团集约发展。以两湖区域内南湾与游河之间可集中建设用地为主要载体，以南湾街道办驻地和游河乡驻地为主要据点，引进有实力的战略投资者，做足“茶山绿水”文章，促进健康养生、度假休闲、教育培训、文化体育等幸福产业发展，形成两湖集约发展组团；以北湖区域内的北湖片区、金牛山片区、家居小镇片区为主要空间载体，发挥北湖良好的生态优势和信阳后花园的区位优势，促进康养旅游等相关产业发展，形成北湖集约发展组团。

（三）打造以幸福产业为主导的现代化生态经济体系

按照高质量发展要求，瞄准新时代人民群众对美好生活新需求，统筹整合生态、文化、农业、旅游等资源，按照全域幸福产业发展的思路，加快推动健康养生、生态休闲旅游、山水体育、文化创意、教育培训等产业融合发展，不断提升生态农业发展质量，积极孵化培育其他生态型业态，激活两湖区域“沉睡”资源，挖掘发展潜力，形成两湖区域高质量发展的内生动力。

一是完善康养产业链。充分发挥两湖区域及信阳市环境优美、气候宜人、空气清新、物产丰富的独特优势，把传统养生文化与现代人的健康需求相结合，运用现代服务业的经营理念和经营方式，大力发展以健康养生、健康旅游、健康体育、健康文化等为重点的健康服务业。鼓励开发多层次、多样化的康养旅游和养生养老产品，鼓励康养与度假、养老与医疗结合，积极发展休闲养生、运动健身、颐养健康、医疗保健、生态医养及健康管理与咨询等健康产业，打造一批特色保健疗养中心和健康养生基地。

二是深挖全域旅游发展潜力，按照“发展大旅游、开发大市场、繁荣大产业”的要求，推动旅游资源整合，统筹两湖区域“茶山、绿水、文体”等优势旅游资源，完善旅游产业链条，发展集观光、休闲、娱乐、体验于一体的综合旅游业，把两湖区域打造成为全国知名生态文化休闲旅游目的地。

三是提升山水体育运动承载功能。利用两湖区域茶林密布、山脉连绵、河湖交错、田园多姿的生态环境优势和独特的乡土文化优势，统筹茶山、绿水、山丘、田园等资源，积极开展“水陆空”立体运动，以山地户外运动、水上户外运动和低空旅游为重点，创建体育旅游品牌，在“茶山绿水”中推进体育产业多元化发展，打造全国知名的户外运动基地。

四是拓展文化创意产业发展空间。深度挖掘与整合历史文化资源，丰富地域文化内涵，结合健康养生养老产业、旅游产业、生态农业等特色产业发展以及当代创新创意发展新趋势，积极拓展文化创意产业发展新空间。积极推进经济与文化融合发展，增强经济发展的文化底蕴。

五是支持教育培训与创新创业。发挥两湖区域毗邻主城片区科教资源分布集中的优势，以信阳学院扩建新校区为重要契机，积极对接信阳专业技术人才市场需求，促进教育培训与创新创业融合发展。

（四）提高优质生态产品供给能力

协同推进两湖区域林地、茶园、湖库、乡镇、田畴生态系统保护和建设，不断扩大优质绿色生态空间，严格保护水环境和水生态，着力改善农村人居环境和城市大气环境，增加清新的空气、干净的水、绿色的国土、优美的景观等优质生态产品供给，促进城乡面貌发生根本性改变，为两湖区域高质量发展提供高品质的生态保障。

一是严格保护三湖清水。将保护三湖清水作为两湖区域发展的刚性约束，强化入湖污染物总量控制，系统推进水污染防治和水生态保护，严格控制各类环境风险，维持湖泊生态健康，以美丽三湖装扮美丽信阳。

二是加强生态保护与修复。全面落实主体功能区规划，科学划定并严守生态保护红线，构建人与自然和谐相处的空间发展格局。贯彻“山水林田湖草是生命共同体”的理念，坚持保护优先、自然恢复为主，保护与修复生态系统，提高城镇绿地品质，提升生态系统稳定性和服务功能，推进生态优势转化为经济优势，持续释放生态红利，实现绿色强区、绿色富民。探索推进生态保护红线、环境质量底线、资源利用上线和环境准入负面清单（“三线一单”）的生态保护和环境治理管控模式。

三是着力解决突出环境问题。以大气污染防控以及南湾、出山店水库等重要水源地周边生活污染防治为重点，使重污染天气明显减少，水环境质量稳定达标，农村人居环境明显改善。梯次推进两湖区域城乡生活污水处理，优先将十三里桥等与城市控制区接壤乡镇的生活污水纳入市政污水管网，推进农村和城镇污水管网互联互通，解决邻近城镇村庄污水直排问题。全面治理农村垃圾污染，按照“村组保洁、乡镇转运，县（区）运输、集中处理”的生活垃圾收运处理运营机制，有效治理农村生活垃圾、建筑垃圾、景点景区垃圾，实现“一镇一站”“一村一点”，确保各乡镇垃圾站（点）的垃圾日产日清。

（五）推动与城区及周边地区联动发展

发挥邻城近路区位优势，按照整体规划、协调推进的思路，着眼于重大通道建设、关键平台打造、产业链条延伸、空间风貌管控等目标要求，强化空间节点及功能组团间紧密联系，促进高端要素畅通流动与共享，推动与周边区域联动发展。

一是有机对接信阳中心城区。围绕设施对接、功能配套、一体管理思路，有机对接信阳中心城区，成为美丽信阳的集中展示区。统筹考虑两湖区域和信阳主城区、羊山新区、信阳高新技术开发区之间的功能定位，避免重复建设。全面畅通与中心城区的交通联系，强化两湖区域与信阳站、信阳东站、明港站三大客运枢纽的快速联系，完善游客集散及公交换乘功能，推进到市区的客运公交化。

二是全面对接市域重点组团。强化两湖区域与市域主要功能组团的联系，加强与明港镇、鸡公山管理区联动发展，加强与罗山县城互动；加快构建市域旅游合作大通道。加快构建区域融合、便捷的快速交通网络，形成功能互补、相互依托、各具特色的市域功能网络体系。以产业为载体，以主要园区、景区、县城为重点，深化与潢川、息县、淮滨等农产品主产区县在现代农业、生态农业、都市农业等方面合作，拓展与商城、新县、光山、罗山等生态功能区县在幸福康养、旅游休闲、体育运动等方面合作。

三是加强与周边地区合作。加强与驻马店、南阳、六安、黄冈、随州等周边城市协作，加强跨区域基础设施协同规划建设，合作确定产业重点、共同开展生态建设。密切联系中原城市群，主动加强与郑州航空港、中国（河南）自贸区等对接，探索政策外溢的可能机制。主动对接武汉城市圈、皖江经济带，在大格局中进一步找到发展差距，找准发展空间，共同打造精品旅游线路，推进康养、医疗等跨区域合作，完善跨界污染防治制度和生态保护修复机制，加强大气、水环境等重点领域联合防治，共同保护淮河流域生态环境。

四、两湖区域发展的支撑保障

完善基础设施，启发改革创新，加强与国家战略对接，注重规划引导，为两湖区域发展提供基础设施保障、体制保障、组织保障。

（一）提升基础设施支撑能力

按照“统筹规划、合理布局、适度超前”的原则，构建规模合理、网络完善、结构优化、衔接高效的现代基础设施体系，为新时代两湖区域“茶山绿水”向“金山银山”转换提供更好支撑和引导。

一是抓紧完善环境基础设施，率先在两湖区域开展“厕所革命”，加快完善两湖区域的污水处理设施和污水收集管网建设，推进南湾湖和出山店水库的环湖截污基础设施建设，构建户收集、村集中、乡转运、区处理的农村垃圾收集处理体系，因地制宜推进农村面源污染治理，守好环境质量底线。

二是抓紧完善交通基础设施，构建内通外联的便捷交通网络。结合旅游业发展，以南湾湖环湖路和出山店水库环湖路为骨架，加快构建联通两湖和信阳主城区的便捷旅游交通网络。

三是不断完善能源基础设施，以贯彻落实乡村振兴战略为契机，积极推进天然气管道进村入户，改变两湖区域农村炊事用能结构，减少对薪炭的依赖。

四是提高信息服务能力。结合两湖区域旅游业、观光农业、文化体育等产业发展，加快物联网、云计算等信息基础设施建设，加快新一代信息网络基础设施的提前布局，实现城乡重要区域和公共场所无线局域网全覆盖。

（二）改革创新激发发展活力

创新生态保护、环境治理和高质量发展的体制机制，按照生态保护区、农业发展区、集约发展区进行分类空间管控。针对饮用水源保护区、黄缘闭壳龟省级自然保护区、国家级和省级生态公益林等生态保护区，探索推行市场化多元化的生态补偿机制，拓宽生态保护资金来源渠道。针对农业发展区，探索宅基地所有权、资格权、使用权“三权分置”，落实宅基地集体所有权，保障宅基地农户资格权，适度放活宅基地和农民房屋使用权。加快培育家庭农场、农民合作社、农业产业化龙头企业等各类新型经营主体，既要立足差异化功能定位，引导各类新型经营主体多元发展，充分发挥其在各个生产经营环节的组织优势，鼓励扩大经营规模、提高规模效益，又要坚持融合发展，积极培育和发展家庭农场联盟、合作社联合社、产业化联合体等，提升主体市场竞争能力，培育发展优势。

（三）加强国家战略与政策对接

研究国家、河南省相关重大战略部署与政策安排，积极融入对接上级发展战略，争取相关政策支持，确保两湖区域开发建设与国家和省的发展战略保持一致，为两湖区域开发建设提供长效政策保障。

一是实施淮河生态经济带规划。发挥两湖区域作为淮河上游重点功能区的载体功能，加快推动信阳两湖区域规划建设成为淮河源生态旅游体验地，构建以大别山国家公园为导向的全域旅游示范区，推进生态经济化、经济生态化，把生态优势转化为发展优势。

二是全面实施乡村振兴战略。加快研究推动实施一批支撑性工程项目，规划建设一批“农村产业融合发展示范园”“农业主题公园”“田园综合体”特色小（城）镇，打造“美丽乡村风景线”，让革命老区早日脱贫。

三是落实国家生态补偿制度。争取国家部门对两湖区域的中央财政专项转移支付的支持，同时努力争取省级配套资金，积极推动与下游地区建立起横向生态补偿机制，积极探索开展跨多个省份淮河流域上下游横向生态保护补偿试点，为两湖区域生态环境保护提供有力支撑。

四是积极创建国家先行先试示范项目。立足区域特色和基础条件，主动作为，积极对接，争取在行政管理制度改革、创新创业、幸福产业（旅游、健康养生、文化体育、教育培训、养老等产业）发展、基础设施投融资、特色小（城）镇建设、乡村振兴发展、土地制度改革、城乡融合发展等相关领域争创先行先试示范点。

（四）注重规划引导和组织保障

在明确两湖区域发展战略的基础上，按照多规融合的思路，加快启动两湖区域控制性详细规划，涵盖产业发展规划、空间布局规划及相关道路、水系、管网等专项规划内容，完善发展规划、空间规划、专项规划体系。同时，在两湖区域率先划定生态保护红线、永久基本农田和城乡开发边界三条控制线，科学划分城镇空间、农业空间和生态空间，强化空间用途管制。以空间规划为统领，提高空间利用效率和行政效能。建议建立由市委市政府主要领导牵头、多部门参与的领导小组，及时协调解决两湖区域开发中的重大问题。领导小组下设办公室，办公室主任由发展改革委主任兼任，负责协调开发中的具体事务。政府相关部门要加强分类指导，将具体任务、目标细化分解，制定完善配套政策措施，定期开展规划实施情况督促检查和跟踪评估，确保项目落地、工作落实。进一步加大宣传力度，营造两湖区域开发良好氛围。建立健全目标绩效考核评价体系，将两湖区域开发目标任务纳入考评体系。

第十六章
欧盟凝聚政策（2014—2020年）推进情况及对我国促进区域协调发展的启示

内容提要：欧盟区域凝聚政策及其基金工具的使用，在缩小区域差距、促进经济增长、增加就业等方面发挥了重要作用。欧盟正在推动实施的凝聚政策（2014—2020年），除了致力于缩小区域发展差距之外，还为欧盟2020年战略目标作支撑，对我国研究制定促进区域协调发展政策具有借鉴作用和启示意义。

2018年9月，本书课题调研组先后到比利时、捷克、匈牙利开展了关于欧盟区域政策等方面的调研。调研形式包括：与欧盟委员会地区总司、布拉格经济大学、匈牙利科学院经济与区域研究中心等单位代表的座谈交流、学术研讨等，与当地有关从业人员的访谈、对相关文献资料的收集整理，以及对代表性项目（如，城乡交通建设、环境设施、企业及园区布局建设、货币兑换与商品贸易等）的考察。课题组对欧盟区域政策、区域协调发展等有关方面进行了较为全面的梳理，对我国新时期深入实施区域协调发展战略颇有借鉴意义。

一、欧盟区域政策回顾：凝聚政策的源起

课题组通过收集关于欧盟区域政策方面的中英文文献资料及座谈会了解了欧盟区域政策的演变过程。总体上看，欧盟区域政策是在欧洲经济一体化进程中不断完善的，是一个长期探索演化的过程。欧盟区域政策主要集中统一为“凝聚政策”，其中欧盟结构和投资基金是其重要的政策工具，该基金又主要由结构基金（欧洲区域发展基金、欧洲社会基金）和凝聚政策基金（凝聚基金、欧洲农村发展基金、欧洲海事与渔业基金）组成。其中，欧洲区域发展基金、欧洲社会基金和凝聚基金是凝聚政策重要的基金使用来源。

凝聚政策及基金设立具体演变过程如下：

1957 年 3 月，在欧洲煤钢共同体的基础上，法国、联邦德国、意大利、荷兰、比利时和卢森堡六国在罗马签署《欧洲经济共同体条约》和《欧洲原子能共同体条约》(两条约统称为《罗马条约》)。该条约提出的总体目标包括强化经济一体化，通过降低各地区之间的差距、消除欠发达地区的落后面貌，确保各国的均衡发展；同时，提出竞争政策、设立欧洲社会基金和欧洲投资银行等政策。

1965 年 4 月，联邦德国、法国、意大利、荷兰、比利时、卢森堡六国签订《布鲁塞尔条约》，决定将欧洲煤钢共同体、欧洲原子能共同体和欧洲经济共同体统一起来，统称欧洲共同体（以下简称欧共体），该条约于 1967 年 7 月 1 日生效，欧共体总部设在比利时布鲁塞尔。

1973 年，丹麦、英国、爱尔兰加入欧共体，欧共体第一次扩大。各成员国决定在欧共体层面为欠发达地区的经济发展设立一个区域发展基金，该基金于 1974 年 12 月正式成立，并于 1975—1977 年完成了第一个项目资助期。

1986 年，欧共体成员国在卢森堡签署了推动欧洲一体化进程的文件，即《欧洲单一法案》，规定于 1993 年建立商品、资本、劳务、人员自由流动的统一

共同大市场。其中，提出在欧共体条约第三部分增加“经济与社会联合”篇，即第130条（见专栏16-1），主要涉及关于欧共体凝聚区域政策的规定表述。

1989年，欧盟将区域发展基金和欧洲社会基金统一纳入欧洲凝聚政策范畴，凝聚政策被正式确立为一个拥有独立财政工具的政策，对欧洲一体化意义重大，在缩小区域发展差距、促进一体化进程中发挥了重要作用。

专栏16-1　欧共体条约新增“经济与社会联合”篇第130条主要内容

一、为促进欧共体全面协调发展，欧共体应发展并继续进行旨在加强其经济与社会联合的行动。欧共体应力求缩小各地区与落后地区之间的差距。

二、此外，各成员国应指导并协调其经济政策，以便实现130条之一所规定的目标。共同政策的实施和内部市场的实现，应考虑到130条之一、之二所规定的目标，并有助于这些目标的实现。欧共体应通过结构性基金，欧洲投资银行及其他现有金融机构所采取的行动，来支持这些目标的实现。

三、设立欧洲地区发展基金的目的，是通过参与落后地区的发展与结构调整以及衰退工业地区的恢复，来扭转欧共体内部主要的地区性不平衡。

四、委员会应向理事会提交综合性建议，目的在于对现存结构性基金的结构和使用规则做必要修改，使其任务明确而合理，提高其有效性，并使它们之间的活动，以及它们的活动与现存金融机构的工作得以协调。理事会应在与欧洲议会、经济和社会委员会协商后，经一致同意，根据该建议采取行动。

五、在通过上述决定后，有关欧洲地区发展基金的实施决定，应由理事会根据委员会建议，并同欧洲议会合作，以特定多数通过。

1991年12月11日，欧共体马斯特里赫特首脑会议通过了建立“欧洲经济货币联盟”和“欧洲政治联盟”的《欧洲联盟条约》（通称《马斯特里赫特条约》)。1992 年 2 月 7 日,《马斯特里赫特条约》签订,并设立理事会、委员会、议会。1993 年 11 月 1 日,《马斯特里赫特条约》正式生效,欧洲联盟正式成立,欧洲三大共同体纳入欧洲联盟,这标志着欧共体从经济实体向经济政治实体过渡,同时发展共同外交及安全政策,并加强司法及内政事务上的合作。

1994 年,欧盟成立了专门的凝聚政策基金(Cohesion Fund),成为凝聚政策(Cohesion Policy)的一个财政工具,适用于成员而不是地区层次,专门用来为交通设施和环境项目中的国家投资进行补贴。自 20 世纪 90 年代以来,欧盟开始通过统筹安排资金和项目,以促进欧盟地区和城市的协调发展。到目前为止,欧盟已经先后实施了凝聚政策六年计划(1994—1999 年)、第一个七年计划(2000—2006 年)、第二个七年计划(2007—2013 年)和第三个七年计划(2014—2020 年),不同时期欧盟凝聚政策基金规模安排如图 16-1 所示。

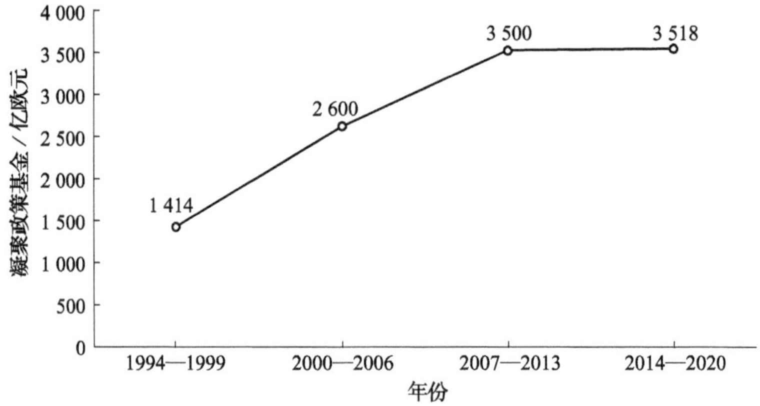

图 16-1 不同时期凝聚政策基金规模安排

总体上,欧盟区域政策目标主要由三部分组成:一是注重推进经济共同发展,主要是帮助新成员国中欠发达地区缩小与较富裕地区的差距;二是设立旨在增加区域竞争力和就业率的多方面措施;三是加强地区和国家的直接合作,并通过合作缩小各国的经济差距。可用的资金有三个来源,是在欧盟发展不同阶段设立的。一是欧洲区域发展基金,主要注重与经济增长、就业率和竞争力有关的活动，其中包括对基础设施的投资。二是凝聚基金，专注于交通、能源与环境基础设施建设。三是欧洲科学基金，主要用于教育和培训领域的人力资本的投资。

二、欧盟凝聚政策（2014—2020 年）实施情况

欧盟近期推动实施的凝聚政策（2014—2020 年），除了致力于缩小区域发展差距，还要为欧盟 2020 年战略目标作支撑：一是实现以知识和创新为主的智慧型（Smart）增长；二是实现以发展绿色经济和提高能源使用效率为主的可持续（Sustainable）增长；三是实现以提高就业水平、消除贫困和加强社会凝聚力为主的包容性（Inclusive）增长。

（一）新财政周期区域政策制定的依据：区域差距状况

欧盟区域政策的首要目的是缩小区域差距。因此，对基期欧盟内部地区和国家发展水平差距的评估是推动当期凝聚政策基金安排的重要依据。欧盟地区总司表示，欧盟内部的区域差距依然较大。以凝聚政策第三个七年计划的基期年 2014 年为例，欧盟发展水平最高的前 10% 区域与发展水平落后的后 10% 区域的人均 GDP 比值为 3.8。根据 OCED 的数据，美国该比值仅为 1.8，日本为 2.5。

此外，20~64 岁人口的就业率，欧盟的差距也非常明显。2015 年，前 10% 的区域和后 10% 的区域就业率比值为 1.6，这直接体现在群体的收入水平和消费能力上。因此，欧盟一直把提高就业和增加收入作为区域政策的重要目标。近年来，围绕创业就业，欧盟凝聚政策对一些国家和区域的企业发展给予了特别支持。

（二）凝聚政策（2014—2020 年）基金预算及分配结构

欧盟将援助资金集中于人均 GDP 低于欧盟平均水平 75% 的地区以及人均 GDP 低于欧盟平均水平 90% 的成员国。因此，根据不同国家发展水平，资金使用分配将充分体现差别性（见图 16–2）。例如，使用资金最少的为卢森堡，仅 1 亿欧元，这主要是因为卢森堡是世界上最富裕的国家，2017 年人均 GDP 已经达到 10.58 万美元。在调研座谈过程中，欧盟部分学者、企业从业人员对欧盟凝聚资金使用以及促进区域协调发展方面存在的一些不足，也提出了一些看法。如使用资金较多的波兰、匈牙利学者提出一个值得注意的现象，由于欧盟市场经济一体化，发达国家大企业支持欠发达国家的项目资金往往通过这些企业的跨国投资又回流到发达国家，对欠发达国家企业的实际支持较少。再如，欧盟很多资金都投入在“水泥”上，即交通等基础设施建设，而真正用于老百姓生活福利的投资相对较少。

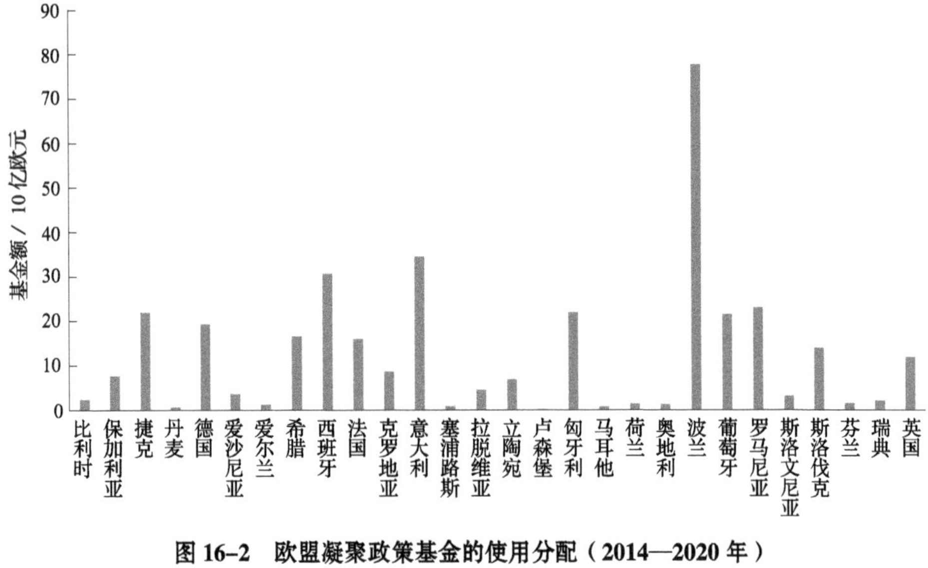

图 16–2　欧盟凝聚政策基金的使用分配（2014—2020 年）

（三）欧盟立法支持制定国家或区域智慧专业化战略

欧盟在 20 世纪 90 年代就提出区域创新战略，意在帮助那些欠发达区域在技术研发等创新领域实现赶超发展。此后又提出智慧专业化战略（Smart Specialization Strategies），作为推动区域创新和经济增长的重要政策工具。该战略主要利用欧盟凝聚基金，支持和指导欧盟内各区域制定符合其自身发展特点和优势的创新战略，并且立法将区域创新的智慧专业化战略作为欧盟内区域获得欧盟结构与投资基金的必要条件。

2014—2020 年欧盟区域与凝聚政策的立法提案进一步明确了智慧专业化战略的内涵，并要求欧盟成员国应结合国家改革计划制定国家和地区智慧专业化战略，将智慧专业化纳入国家和地区研究与创新战略政策框架中。从政策含义上看，智慧专业化就是要将公共资源集中投资于国家或区域特定领域的知识创新，从而获取竞争优势，推动经济增长，并且将过去分散的政策如研发政策、部门政策、凝聚政策、产业政策、网络化政策等有机结合起来。此外，智慧专业化战略强调在制定区域创新战略过程中，注重市场力量和多方参与，自下而上地选择并自主确定具有区域优势和特点、具有创新创业潜力的领域。

（四）关于英国脱欧的影响与讨论

经过公投后，2018 年 6 月 26 日，英女王批准英国脱欧法案，允许英国退出欧盟；7 月 12 日，英国发布脱欧白皮书；11 月 25 日，欧盟除英国外的 27 国一致通过英国脱欧协议草案。英国与欧盟随后就脱欧及脱欧后有关事项进行谈判。英国正式脱欧后，不能再享受之前的经济一体化政策，英国与欧盟经济体之间将存在关税等问题，英国与欧洲大陆之间的货物往来便利化会受到严重影响。一个对脱欧影响的极端担忧是，由于物流贸易等不再自由流动，今后去往欧盟的英国货车可能会从伦敦一直排队到欧洲大陆口岸。显然，从欧盟一体化进程上看，英国脱欧是一种阶段性曲折或倒退，对于欧洲统一市场建设有一定的冲击。

三、欧盟凝聚政策对我国促进区域协调发展的启示

欧盟凝聚政策及其基金工具的使用，在缩小区域差距、促进经济增长、增加就业等方面发挥了重要作用，对我国研究制定促进区域协调发展政策具有借鉴作用和启示意义。

（一）确立持续稳定的区域政策目标

从欧洲一体化及欧盟成立以来的进程看，缩小区域差距、提供平等发展机会、促进经济可持续增长一直是欧盟区域政策的目标。只是在不同时期，阶段性目标和任务有所侧重和调整。因此，长达几十年的区域政策推动，对欧洲经济一体化发展取得积极成效，特别是对跨区域基础设施、欠发达地区基础设施建设、创新能力提升、就业岗位增加等方面给予了较大的支持。在我国促进区域协调发展过程中，也应该确立中长期协调目标，并在不同时期制定阶段性目标和重点任务。在当前推进经济高质量发展的社会主义现代化建设新阶段，一方面要明确区域协调发展的新内涵，确定面向 2035 和本世纪中叶的区域协调发展目标；另一方面应确立“十四五”时期不同地区新旧动能转换、经济结构调整的重点，确保不同发展水平地区能够走各具特色的高质量发展路子。

（二）加强对政策区域的精准定位

欧盟凝聚政策基金的使用，一方面，对所有欧盟国家都有涉及，体现出了普惠性；但另一方面，其资金投向规模差异显著，对欠发达地区的支持力度更大。资金分配的重要依据就是对欧盟国家和区域发展差距的评估。欧盟明确将援助资金主要集中于人均 GDP 低于欧盟平均水平 75% 的地区以及人均 GDP 低于欧盟平均水平 90% 的成员国。凝聚政策的区域对象，包括跨国边界地区、国家、国家以下的次区域和城市等不同层次。同时对产业长期处于衰退状态的地区、以农业为主和缺乏工业发展所必需的基础设施的地区，以及工业和人口过于密集，超过土地或环境容纳能力、进一步扩展会造成严重环境问题的地区等给予重点支持。显然，政策区域的选择有较为规范严格的标准，包括定性和定量的综合评估，并且是“自上而下”的选择，而不是各个国家积极争取得到资金。这对我国在选择政策区域上有积极的启示意义，即国家层面应加强对政策区域选择的标准、范围和方法的制定，对不同发展阶段的政策区域进行遴选，减少各地方“自下而上”的争取，避免各地方在谋求国家区域发展战略的“帽子”和“标签”上盲目攀比。

（三）研究设立中国区域协调发展基金

欧盟凝聚政策战略及目标能够得到有效实施的关键在于有欧盟结构和投资基金的政策工具支持。强有力的资金保障和调控引导是区域政策实施效果的重要支撑。

改革开放以来，我国区域政策不断完善，制定实施了很多重大区域发展战略以及相应的配套政策，但是至今仍没有一个脱离产业政策、财税政策的全国性区域政策工具。因此，可以参考欧盟区域结构和投资基金的做法，研究由中央和地方财政共同出资，成立中国区域协调发展基金，吸引金融机构等社会资本参与，主要投向跨区域重大基础设施、生态环保、公共服务、民生产业等领域，重点扶持革命老区、民族地区、边疆地区、贫困地区、资源型地区和产业衰退地区等欠发达地区发展。

（四）实施差异化的区域创新政策

欧盟实施的智慧专业化战略，对推动地区创新创业发展起到了很好的作用。各成员国家、地区和城市按照欧盟的指导和要求，都制定了适合自身的智慧专业化战略，并得到欧盟基金的支持。特别是在 2014—2020 年实施的凝聚政策周期内，智慧专业化战略对于提升地区创新能力、调整经济结构、促进经济增长、提高就业率等方面发挥着重要的作用，激发了企业等市场主体的活力，挖掘了经济发展的潜力，有利于提高欧盟整体经济竞争力，这对我国促进区域创新发展具有很好的启示意义。当前，我国提出要推动经济从规模型、速度型增长向高质量发展转变，在发展动力上从要素驱动、投资驱动转向创新驱动。我国各地区由于资源禀赋条件、经济基础、技术条件等差异较大，促进创新发展的方向、任务、路径和模式等都不尽相同。借鉴欧盟的智慧专业化战略，各区域的创新要发挥比较优势，走因地制宜的创新之路。如北京、上海、深圳等城市由于人力资源丰富、创新基础好，应加强在基础科学和前沿技术领域的原始创新；一些欠发达地区和城市则应侧重于某个专项领域的集成创新和发展模式创新等。